Dilemmes énergétiques

PRESSES DE L'UNIVERSITÉ DU QUÉBEC
Le Delta I, 2875, boulevard Laurier, bureau 450
Québec (Québec) G1V 2M2
Téléphone : (418) 657-4399 • Télécopieur : (418) 657-2096
Courriel : puq@puq.ca • Internet : www.puq.ca

Diffusion / Distribution :

CANADA et autres pays

PROLOGUE INC.
1650, boulevard Lionel-Bertrand (Québec) J7H 1N7
Téléphone : (450) 434-0306 / 1 800-363-2864

FRANCE
AFPU-DIFFUSION
SODIS

BELGIQUE
PATRIMOINE SPRL
168, rue du Noyer
1030 Bruxelles
Belgique

SUISSE
SERVIDIS SA
5, rue des Chaudronniers
CH-1211 Genève 3
Suisse

Préface de **Bernard Landry**

Dilemmes énergétiques

Mohamed Benhaddadi et Guy Olivier

2008

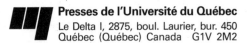

Presses de l'Université du Québec

Le Delta I, 2875, boul. Laurier, bur. 450
Québec (Québec) Canada G1V 2M2

*Catalogage avant publication de Bibliothèque
et Archives nationales du Québec et Bibliothèque et Archives Canada*

Benhaddadi, Mohamed

    Dilemmes énergétiques

    Comprend des réf. bibliogr.

    ISBN 978-2-7605-1549-9

    1. Ressources énergétiques. 2. Ressources énergétiques - Aspect de l'environnement. 3. Ressources énergétiques - Canada. 4. Politique énergétique. I. Olivier, Guy, 1952- . II. Titre.

HD9502.A2B46 2008   333.79   C2008-940276-6

Nous reconnaissons l'aide financière du gouvernement du Canada par l'entremise du Programme d'aide au développement de l'industrie de l'édition (PADIE) pour nos activités d'édition.

La publication de cet ouvrage a été rendue possible grâce à l'aide financière de la Société de développement des entreprises culturelles (SODEC).

Mise en pages : INFO 1000 MOTS

Couverture : RICHARD HODGSON

PRÉFACE

En abordant de front les nombreux dilemmes liés à l'univers de l'énergie, les professeurs Benhaddadi et Olivier conjuguent compétence et intelligence à une audace remarquable : il existe, en effet, peu d'ouvrages aussi complets en la matière. Il est édifiant de voir ces deux scientifiques avertis s'attaquer courageusement à une aussi vaste problématique. Les auteurs ont bien compris que ces questions débordent largement le monde universitaire et le cercle fermé de la recherche et que c'est un devoir de les expliquer et de les rendre accessibles au plus grand nombre sous peine de conséquences irréparables pour l'humanité. Leur sujet ne constitue pas simplement celui de l'heure, mais plutôt celui du siècle, sans doute l'un des plus cruciaux de l'histoire humaine.

La production d'énergie par les hommes, depuis la domestication du feu, il y a près d'un million d'années, jusqu'à la relativement récente fission nucléaire, a joué un rôle déterminant dans l'évolution de l'espèce et de ce qu'il est maintenant convenu d'appeler la longue marche de l'humanité vers la liberté. Sans production d'énergie, le destin de l'homme aurait été radicalement différent. Plusieurs éléments importants pour la recherche d'une certaine forme de bonheur humain nous auraient fait défaut.

Sans l'électricité en particulier, plusieurs des composantes les plus déterminantes de la modernité auraient été impensables : que l'on songe au rôle des technologies de l'information dans la vie contemporaine des pays développés et à l'immense espoir qu'elles rendent maintenant possible dans ceux qui ne le sont pas encore. Le courant électrique a joué un rôle majeur dans l'établissement de plusieurs des formes de liberté et nos sociétés seraient d'une autre nature sans la radio, le téléphone, la télévision, les ordinateurs et Internet. Or, jusqu'à maintenant, la production de cette forme vitale d'énergie provient essentiellement de la combustion d'hydrocarbures fossiles, par essence non renouvelables et polluants. Le cas du Québec, avec l'hydraulique, et celui de la France, avec le nucléaire, sont atypiques.

Se pourrait-il que tous ces progrès soient remis en cause et même menacés de régression ? En raison des effets combinés de l'épuisement des ressources et de l'augmentation des ravages écologiques découlant de cette production énergétique, est-il exagéré de penser que l'avancement, voire la survie de l'espèce, soient remis en cause si on ne parvient pas à résoudre rapidement les nombreux dilemmes qui sont si bien inventoriés et décrits dans le présent ouvrage ? La connaissance profonde de tous ces phénomènes devient le fondement majeur de l'optimisme raisonnable que l'on peut espérer conserver.

C'est pourquoi dans les pages qui suivent rien n'est négligé et toutes les pierres sont retournées pour aller au fond des choses : géologie, physique, chimie, économie, écologie et même politique. Tout est abordé avec lucidité, courage et on y fait les nuances nécessaires à des sujets souvent délicats. Toutes les formes d'énergie y sont traitées de même que tous les pays concernés et toutes les données historiques pertinentes. Les projections d'avenir, au cœur du problème, sont également bien explorées.

Les deux professeurs, par la publication d'un tel instrument d'analyse, vont bien au-delà de leur seul travail scientifique. Ils permettent au lecteur de s'acquitter du véritable devoir qu'est devenu, pour chacun, le fait de s'informer de ces enjeux : c'est une question de civisme contemporain. Une grande lucidité est nécessaire pour mieux agir collectivement et individuellement afin d'affronter ces énormes défis qui sont aussi de plus en plus urgents. L'humanité a évolué sur bien des plans au cours des âges, mais généralement à un rythme extrêmement lent. La spectaculaire accélération technologique du dernier siècle est plutôt exceptionnelle. Cette fois, en matière de production d'énergie le temps n'est simplement plus au rendez-vous. Il faut aller vite sous peine de ne plus pouvoir aller nulle part et de devoir faire face à l'irréversible.

L'École polytechnique de Montréal, port d'attache des deux auteurs, a déjà à son actif plusieurs contributions majeures à la résolution de divers problèmes énergétiques de notre continent et d'ailleurs. Il est clair que les 40 000 mégawatts hydrauliques qui tournent au Québec ne sont pas venus de la seule puissance de nos cours d'eau, mais aussi de forces intellectuelles développées en partie dans cette grande école des flancs du Mont-Royal. On parle maintenant d'un potentiel éolien québécois presque comparable à la ressource hydraulique et qui, comme celle-ci, n'émet aucun gaz à effet de serre. Nous sommes donc en position de consolider notre situation écologique déjà exemplaire tout en produisant encore plus d'énergie. Dans ce domaine aussi l'intelligence de l'École polytechnique aura un rôle à jouer presque aussi vital que le vent lui-même! Je ne doute pas qu'elle puisse s'en acquitter.

Enfin, les professeurs Olivier et Benhaddadi nous livrent aussi un travail d'équipe magnifique. Je ne peux m'empêcher de souligner que si l'un d'eux a ses racines au bord de nos grands cours d'eau, l'autre a plutôt les siennes dans les sols riches en gaz et pétrole des rives de la Méditerranée. L'intégration québécoise de ce dernier illustre que notre convergence culturelle est aussi nécessaire que féconde et qu'elle contribue à sa manière à résoudre de cruciaux dilemmes, aussi bien locaux que planétaires.

Bernard Landry
Ancien premier ministre

TABLE
DES MATIÈRES

ABRÉVIATIONS
DES UNITÉS

$	dollar canadien
$US	dollar étasunien
b/j	baril par jour
Btu	British Thermal Unit
GJ	gigajoules (milliards de joules)
Gt	gigatonnes
Gpi3/j	gigapieds cubes par jour
GWh	gigawattheures
kWh	kilowattheures
Mb/j	millions de barils par jour
MBtu	millions de Btu
Mt	million de tonnes
MW	mégawatt
ppb	partie par milliard (billion)
ppm	partie par million
PJ	pétajoules
tep	tonne équivalent pétrole
TWh	térawattheures

ACRONYMES ET SIGLES

AIE	Agence internationale de l'énergie
AIEA	Agence internationale de l'énergie atomique
AIPAC	American Israel Public Affairs Committee
ALENA	Accord de libre-échange nord-américain
ASPO	Association for the Study of Peak Oil
BRD	Boisement, reboisement et déboisement
BP	British Petroleum
CCNUCC	Convention-cadre des Nations Unies sur les changements climatiques
CCSN	Commission canadienne de sûreté nucléaire
CME	Conseil mondial de l'énergie
CdP	Conférence des Parties
CNOOC	China National Offshore Oil Corporation
CSIS	Center for Strategic and International Studies
DOE	Department of Energy
EAU	Émirats arabes unis
EIA	Energy Information Administration
EPA	Environmental Protection Agency
EWG	Energy Watch Group
FERC	Federal Energy Regulatory Commission

XVI   *Dilemmes énergétiques*

FMI	Fonds monétaire international
GES	gaz à effet de serre
GIEC	Groupe d'experts intergouvernemental sur l'évolution du climat
GWEC	Global Wind Energy Council
GNL	gaz naturel liquéfié
IAGS	Institute for the Analysis of Global Security
IEA	International Energy Agency
ITER	International Thermonuclear Experimental Reactor
MDP	mécanisme pour un développement propre
NGA	*Natural Gas Act*
NOAA	Administration nationale pour l'océanographie et l'atmosphère
NYMEX	New York Mercantile Exchange
ONE	Office national de l'énergie
OCDE	Organisation pour la coopération et le développement économiques
OMC	Organisation mondiale du commerce
OMM	Organisation météorologique mondiale
OMS	Organisation mondiale de la santé
ONE	Office national de l'énergie
ONG	organisation non gouvernementale
ONU	Organisation des Nations Unies
OPAEP	Organisation des pays arabes exportateurs de pétrole
OPEP	Organisation des pays exportateurs de pétrole
OTAN	Organisation du Traité de l'Atlantique Nord
PAC	politique agricole commune
PIB	produit intérieur brut
PNUD	Programme des Nations Unies pour le développement
PNUE	Programme des Nations Unies pour l'environnement
PPA	parité de pouvoir d'achat
PRG	pouvoir de réchauffement global
PWR	Pressurized Water Reactor
RNC	Ressources naturelles Canada
TNP	Traité de non-prolifération
SINOPEC	China Petroleum and Chemical Corporation
UE	Union européenne
WTI	West Texas Intermediate

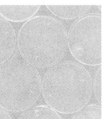

REGROUPEMENT DE PAYS (JANVIER 2008)

G8	Allemagne, Canada, États-Unis, France, Grande-Bretagne, Italie, Japon et Russie
G7	G8 sans la Russie
OCDE	Allemagne, Australie, Belgique, Canada, Danemark, Espagne, États-Unis, Finlande, France, Grande-Bretagne, Grèce, Hongrie, Islande, Irlande, Italie, Luxembourg, Norvège, Pays-Bas, Pologne, Portugal, République tchèque, Slovaquie, Suède, Suisse, Turquie
OPEP	Algérie, Arabie Saoudite, Émirats arabes unis, Indonésie, Iran, Irak, Koweït, Libye, Nigeria, Qatar, Venezuela, Angola, Équateur
UE	Allemagne, Autriche, Belgique, Chypre, Danemark, Estonie, Espagne, Finlande, France, Grande-Bretagne, Grèce, Hongrie, Irlande, Italie, Lettonie, Lituanie, Luxembourg, Malte, Pays-Bas, Pologne, Portugal, République tchèque, Slovaquie, Slovénie, Suède
AMÉRIQUE DU NORD	Canada, États-Unis, Mexique
AFRIQUE DU NORD	Sahara occidental, Maroc, Algérie, Tunisie, Libye, Égypte

EUROPE
DES 27 (U-27)   Allemagne, Autriche, Belgique, Bulgarie, Chypre,
Danemark, Espagne, Estonie, Finlande, France,
Grèce, Hongrie, Irlande, Italie, Lettonie, Lituanie,
Luxembourg, Malte, Pays-Bas, Pologne, Portugal,
République tchèque, Roumanie, Royaume-Uni,
Slovaquie, Slovénie, Suède

EUROPE   Pays européens de l'OCDE + Albanie,
Bosnie-Herzégovine, Bulgarie, Croatie, Chypre,
Macédoine, Gibraltar, Malte, Roumanie, Slovénie,
Yougoslavie

Ex-URSS   Arménie, Azerbaïdjan, Biélorussie, Estonie, Géorgie,
Kazakhstan, Kirghizstan, Lettonie, Lituanie, Moldavie,
Ouzbékistan, Russie, Tadjikistan, Turkménistan,
Ukraine

EUROPE – ASIE   Pays de l'Europe + ceux de l'ex-URSS

MOYEN-ORIENT   Pays de la péninsule arabique, Iran, Irak, Israël,
Jordanie, Liban, Syrie

ASIE–PACIFIQUE Afghanistan, Australie, Brunei, Bangladesh,
Cambodge, Chine, Corée du Nord, Corée du Sud,
Hong Kong, Inde, Indonésie, Japon, Laos, Malaisie,
Mongolie, Népal, Nouvelle-Guinée, Nouvelle-Zélande,
Pakistan, Papouasie, Philippines, Singapour, Sri Lanka,
Taiwan, Thaïlande, Vietnam

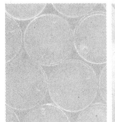

INTRODUCTION

Le défunt et charismatique premier ministre du Québec René Lévesque aimait dire qu'être informé, c'est être libre. Si cette formule s'applique à la politique, où un électeur mieux informé est effectivement en mesure de faire un choix plus éclairé, elle s'applique tout autant à l'énergie, dont on devrait s'atteler à atténuer davantage l'impact environnemental de son avide consommation, avant que le seuil de l'irréversible ne soit atteint. En effet, à la lumière du quatrième rapport préliminaire du GIEC, il s'avère désormais que le monde n'est pas tant menacé par la raréfaction des énergies fossiles (pétrole, gaz, charbon) mais davantage par le réchauffement climatique provoqué par la surconsommation de ces ressources, alors que les plans d'urgence développés aux États-Unis, tout comme en Chine, sont centrés essentiellement sur la sécurité des approvisionnements énergétiques.

Il faut admettre que l'actualité énergétique depuis le début de ce millénaire a été pour le moins «énergisante». En Amérique du Nord, le *black-out* du Sud-Est américain qui a plongé dans le noir plus de 15 millions d'Ontariens et d'Étasuniens est encore présent dans les esprits. Et, ce *black-out* a été précédé par le fameux crash californien, une crise d'énergie sans précédent qui a mis à genoux la dixième puissance économique mondiale (Californie). Par ailleurs, le prix actuel du pétrole et, par conséquent, celui de l'essence, qui font la manchette des journaux ne parlant que de records battus et à battre, masquent une nouvelle réalité structurelle, apparue depuis le début de ce millénaire : le prix élevé de l'électricité qui a augmenté dans une même proportion, ainsi que celui du gaz. En outre, le prix de l'uranium a presque décuplé, et même celui du mal aimé charbon a doublé en une année ; d'ailleurs, son retour en force sur l'avant-scène énergétique se précise de plus en plus.

Or, ces hausses considérables des produits énergétiques sont très bien supportées par l'économie, ce dont témoigne l'ampleur de la croissance de ces dernières années. Par contre, même si l'on ne peut prédire quand les catastrophes écologiques seront insupportables, le 4ᵉ rapport du GIEC montre bien que l'évolution du climat sera le facteur décisif qui nous incitera à reconsidérer l'avenir énergétique de notre planète.

Par ailleurs, la consommation mondiale d'énergie devrait croître de plus de 50 % à l'horizon 2030, besoins qui seront comblés essentiellement par le recours au pétrole, au gaz et au charbon. Or, en 2005 déjà, les émissions anthropiques de dioxyde de carbone ont dépassé la barre fatidique des 27,5 Gt (milliards de tonnes) par an. Et réconcilier cette énergie avec l'environnement constituera, sans aucun doute, l'un des plus grands défis que l'humanité aura à relever au cours du présent siècle.

Dans cet ordre d'idées, les deux dernières conférences sur les changements climatiques tenues à Montréal (Canada) et à Nairobi (Kenya), ainsi que celle prévue à Bali (Indonésie), ont pour objectif de poser les jalons du principal défi de ce nouveau millénaire : réduire substantiellement les émissions de GES. Pour cela, il est impératif de mettre à contribution le principal pollueur mondial, les États-Unis, auquel l'ouragan Katrina vient de rappeler que ses besoins énergétiques ne peuvent plus être découplés de l'avenir de la planète. L'autre objectif est de persuader les pays à économie émergente (Chine, Inde, Brésil, Corée, Mexique...) de souscrire au principe des engagements contraignants de réduction des émissions de GES, alors que ces pays n'ont pour l'instant que des obligations d'inventaire. Pour cela, ne mettons pas la charrue devant les bœufs et commençons par concéder, sans hypocrisie, aux 2,4 milliards de Chinois et d'Indiens le droit à un niveau de vie équivalent au nôtre. Partant de là, la Chine, l'Inde et les autres pourront rejoindre le camp des défenseurs de l'environnement car ces nations millénaires sont en mesure de comprendre que ce sont les changements climatiques qui vont désormais constituer le principal frein à leur développement économique.

À l'échelle canadienne, l'actualité énergétique est tout aussi chargée. Le pays qui dispose d'immenses ressources d'énergie (pétrole, gaz, charbon, uranium, eau) commence déjà à ressentir la baisse de sa production de gaz dont les réserves ont été surexploitées. Par ailleurs, les prix élevés du pétrole procurent au pays une aisance financière sans précédent mais, aussi, des tiraillements qui peuvent être des sources de problèmes si le gouvernement fédéral n'adapte pas, à la nouvelle réalité, sa politique de redistribution des richesses à l'intérieur du pays. Toutefois, le grand défi canadien est de respecter son engagement de réduire ses émissions de gaz à effet de serre (GES), conformément à son engagement pris à Kyoto. Son surplus actuel est de 180 Mt et on peut se poser des questions quant à la possibilité de le combler à l'horizon 2010-2012. Il est possible qu'une partie de la solution réside dans le problème même : les prix élevés de l'énergie provoqueront une prise de conscience collective et la mise en place d'économie d'énergie qui entraîneront une chute rapide de la consommation. En tout cas, c'est tout le mal que l'on peut se souhaiter.

Nous tenons à remercier tous ceux qui nous ont permis de réaliser le présent ouvrage en nous faisant bénéficier de leurs commentaires, en nous fournissant ou en rendant disponibles des informations chiffrées : en particulier, British Petroleum, Energy Information Administration du Département américain de l'Énergie, l'Agence internationale de l'énergie, Enerdata, Ressources naturelles Canada, Environnement Canada, Statistique Canada, Ministère des Ressources naturelles du Québec, Ministère de l'Environnement du Québec. C'est aussi un plaisir de remercier nos centaines d'étudiants pour leur lecture minutieuse et les commentaires visant à améliorer le manuscrit. Nous tenons enfin à remercier nos familles, en particulier nos épouses, pour le soutien inconditionnel qu'elles nous ont toujours prodigué.

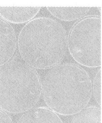

CHAPITRE 1

BILAN ÉNERGÉTIQUE

1.1. L'énergie et ses unités de mesure

L'unité du Système international (SI) pour mesurer l'énergie est le joule (J). Malheureusement, il n'y a presque aucun pays au monde où l'on se conforme systématiquement à cette unité de mesure puisque, pour l'énergie thermique comme pour l'énergie électrique, les unités utilisées ont été le plus souvent dérivées des propriétés physicochimiques de la ressource utilisée pour produire cette énergie. C'est ainsi qu'on utilise couramment l'unité énergétique kilowattheure (kWh) pour l'électricité, l'unité de masse pour le combustible solide et liquide (la tonne pour le charbon et le pétrole), l'unité de volume pour le combustible liquide et le gaz (le baril pour le pétrole, le mètre cube pour le gaz). Pour faire un bilan énergétique, on est amené à comparer entre elles toutes ces commodités, en les convertissant à une même référence énergétique unitaire, tout en tenant compte de leurs pouvoirs calorifiques respectifs.

Aux États-Unis, où les unités du SI ne sont pas en odeur de sainteté puisqu'on leur substitue systématiquement celles du système impérial, la question s'enchevêtre encore davantage avec l'énergie mesurée en British Thermal Unit (Btu), les tonnes courtes qui ne sont pas identiques aux tonnes métriques du SI, les pieds cubes (pi^3) de gaz. Sans ironie aucune, on souligne même que l'unité d'énergie Btu permet une mesure précise puisqu'elle se définit comme le montant d'énergie requise pour augmenter la température d'une livre d'eau de un degré Fahrenheit (1 °F) [1]. Inopportunément, l'énergie en Btu, conjuguée avec le poids de l'eau en livre et les degrés Fahrenheit, n'atténue en rien la nouvelle force des ouragans et ne change pas le caractère particulièrement énergivore de la société étasunienne. Cela dit, au grand désespoir de tous, les Étasuniens n'ont pas l'apanage des unités spécifiques puisque dans le SI en vigueur au Canada et dont l'unité thermique est le joule, on utilise le mètre cube (m^3) aussi bien pour le gaz naturel que pour les produits pétroliers. Quand au système métrique utilisé par l'Organisation de coopération et de développement économiques (OCDE), or noir oblige, l'unité thermique est la tep (tonne équivalent pétrole).

Or, comme nous avons presque toujours besoin de comparer les différentes sources d'énergie (pétrole, gaz, charbon, électricité), on est amené à les convertir qui en Btu, qui en tonne équivalent pétrole (tep), qui en joule. Quel bonheur que certains le fassent encore dans cette dernière unité, sachant qu'elle est censée être systématiquement utilisée dans le monde entier! Mais la référence la plus communément utilisée est la tep. Il n'est pas inutile de spécifier que le pouvoir calorifique du pétrole dépend de sa qualité, tout comme il diffère selon les produits pétroliers raffinés (essence, mazout, GPL). Une ségrégation calorifique importante se fait aussi selon les types de charbon (anthracite, houille, lignite), dont le pouvoir calorifique varie de 0,6 à 0,75. On se retrouve alors avec une marée de coefficients de conversion qui font souvent perdre le Nord.

Dans le présent livre, les auteurs ont, bon gré mal gré, conservé les données originales, fournies par leurs sources bibliographiques. Les tableaux 1 à 3 donnés en annexe peuvent aider les lecteurs à suivre les conversions vers l'équivalent énergétique (GJ, tep, MBtu) qui peut permettre une comparaison des différentes unités thermiques. Ainsi, conformément à ces tableaux, le contenu énergétique de l'électricité est :

$$1 \text{ kWh} = 0{,}086 \bullet 10^{-3} \text{ tep}$$

Néanmoins, il est d'usage que la consommation mondiale d'énergie soit recensée en se basant sur l'énergie primaire, où l'électricité nucléaire est calculée en assumant un rendement de conversion de 33 %, ce qui donne

$$1 \text{ kWh} = (0{,}086 \, / \, 0{,}33) \bullet 10^{-3} \text{ tep}$$

Il faut dire que là aussi, une certaine pagaille a régné jusqu'à un passé récent, ce qu'illustre bien l'exemple de la France que certains ont accusée, à tort, de vouloir gonfler la part relative de son électricité nucléaire car elle a attendu 2002 pour mettre en conformité « son » coefficient d'équivalence énergétique d'électricité nucléaire avec celui du Conseil mondial de l'énergie et l'Agence internationale de l'énergie dont le siège est à... Paris.

1.2. Bilan énergétique sommaire

L'énergie primaire représente la quantité totale d'énergie utilisée à toutes les fins, à savoir :

- l'énergie utilisée par le consommateur final des secteurs industriel, résidentiel, transport, commercial et institutionnel ;
- les utilisations intermédiaires de l'énergie pour la transformation d'une forme d'énergie en une autre (par exemple, le gaz en électricité) ;
- l'autoconsommation des fournisseurs pour alimenter le marché en énergie (par exemple, le gaz réinjecté pour extraire le pétrole des sables bitumineux) ;
- toutes les pertes.

La consommation mondiale d'énergie primaire a franchi la barre symbolique des 10 milliards de tonnes équivalent pétrole (Gtep) depuis le début de ce millénaire, s'établissant à :

- $460{,}2 \bullet 10^{15}$ Btu en 2005, soit l'équivalent de près de 11,6 Gtep selon le Energy Information Administration (EIA) du Département américain de l'Énergie[1]* ;
- 11,4 Gtep en 2005 selon la base de données de l'Agence internationale de l'énergie (AIE)[2] ;
- 10,9 Gtep en 2006 selon les données de British Petroleum[3], *BP Statistical Review*, 2007 ;

---

* Les chiffres entre crochets réfèrent à la bibliographie à la fin de cet ouvrage

- 11,8 Gtep en 2006 selon la base de données d'Enerdata[4] (*Energy Statistics Yearbook*, 2007) ;
- 225 Mb/j, soit l'équivalent de près de 11,3 Gtep selon ExxonMobil[5].

Selon BP[3], en 2006, la production mondiale d'énergie primaire a enregistré une croissance annuelle de 2,4 %, contre 2,7 % en 2005 et un record de 4,3 % en 2004. La figure 1 illustre l'évolution de la production d'énergie primaire sur une période de 60 ans (1970 à 2030) où il apparaît clairement que cette production a doublé au cours de ces trois dernières décennies et qu'elle va augmenter de 50 % dans le quart de siècle à venir.

En termes de parts de marché, comme l'indique la figure 2 :

- le pétrole est la source d'énergie la plus courante avec pas loin de 35 % des parts du marché, et ce, à cause du secteur des transports où il couvre 95 % des besoins en énergie et où il demeure encore sans concurrence sérieuse ;
- il est suivi, à parts assez proches, par le charbon (25 %) et le gaz naturel (21 %) ;
- le nucléaire représente un peu plus de 6 % du marché mondial ;
- l'hydroélectricité et les autres énergies renouvelables environ 6,2 %.

FIGURE 1

Demande mondiale d'énergie

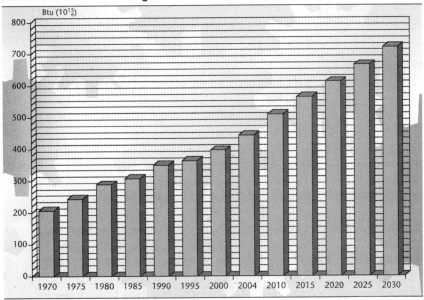

Sources : EIA 2006, © Benhaddadi.

Figure 2

Consommation d'énergie par source

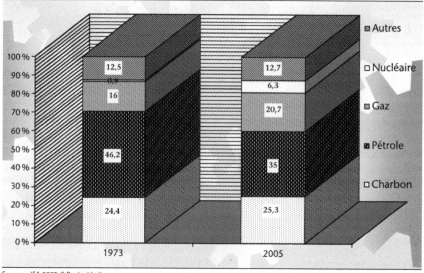

Sources : IEA 2007, © Benhaddadi.

Les résultats, illustrés sur la figure 2, montrent sans ambiguïté aucune que les combustibles fossiles sont, en dépit de la mauvaise image de marque qui leur est souvent associée, d'une importance fondamentale pour nos économies. En effet, en omettant le bois, ils répondent à la demande énergétique mondiale à hauteur de plus de 85 %, la partie restante étant satisfaite par l'énergie nucléaire et les énergies renouvelables. Si les politiques en vigueur se poursuivent, cette dépendance ne pourra que s'accroître.

La part relative de chaque combustible qu'accordent généralement les différentes références bibliographiques[1, 2, 3, ...] se tient dans une fourchette de 2 à 3 %, la différence provenant le plus souvent de la prise en compte (ou non) de la biomasse dans le bilan énergétique global. Précisons que, faute de données chiffrées viables, cette biomasse (énergie tirée du bois, des ordures ménagères…) n'est pas systématiquement comptabilisée dans les bilans présentés, alors qu'elle représente la part essentielle pour beaucoup de pays pauvres et une part non négligeable du bilan énergétique de certains pays développés, comme le Canada et la France.

Pour ce qui est de la production de cette énergie primaire, la figure 3 présente le top 10 des pays producteurs. Symboliquement et par la même occasion, cette figure donne aussi les 10 pays qui produisent annuellement plus de 10*10^15 Btu, avec des situations qui diffèrent d'un pays à un autre. Ainsi, en considérant les cinq plus grandes puissances énergétiques mondiales, on remarquera que les deux plus grands producteurs d'énergie (États-Unis et Chine) en sont aussi les deux plus grands importateurs. La Russie est, de loin, le 1er exportateur mondial de gaz et le 2e pour le pétrole. L'Arabie Saoudite est le 1er exportateur de pétrole, mais n'a pas encore développé ses capacités en gaz; le Canada est dans une situation opposée: il est le 2e exportateur de gaz avec des réserves très limitées, mais commence à peine à développer ses faramineuses réserves de pétrole lourd (sables bitumineux)...

Les données contenues dans le tableau 1 rapportent la production et la consommation d'énergie primaire, ainsi que celle par habitant, pour les pays du G8. Ces données montrent la grande dépendance énergétique, avec des importations qui couvrent les besoins à raison de 85 % pour l'Italie, 81 % pour le Japon, 61 % pour l'Allemagne, 50 % pour la France, 30 % pour les États-Unis et 13 % pour la Grande-Bretagne. Cette dépendance à l'égard des importations est appelée à augmenter substantiellement pour ces deux derniers pays, en particulier la Grande-Bretagne qui est en train d'épuiser ses réserves ultimes de pétrole et de gaz. *A contrario*, le Canada exporte 32 % de son énergie et la Russie pas loin de 50 % et ces deux derniers pays resteront encore longtemps excédentaires.

Les données contenues dans les tableaux 2, 3 et 4 font état de l'énergie de quelques pays à économie émergente (tableau 2), de quelques pays en voie de développement (tableau 3) et de pays au climat froid (tableau 4).

FIGURE 3

Production d'énergie primaire

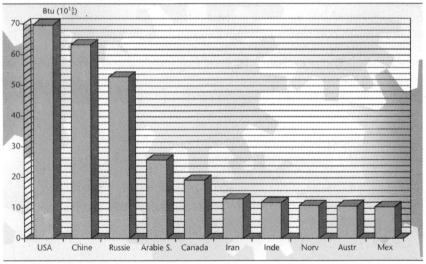

Sources: EIA 2007, © Benhaddadi.

Par ailleurs, par ordre d'importance, les principaux facteurs qui ont une incidence sur la consommation d'énergie sont les suivants.

- *Le produit intérieur brut* (PIB) qui permet d'évaluer la richesse d'un pays. En dépit des imperfections de sa mesure (non-prise en compte de la parité avec le pouvoir d'achat, exclusion des importations, économie informelle...), ce PIB est étroitement corrélé avec la demande d'énergie, malgré l'effet atténuateur de la réduction de l'intensité énergétique, ce qu'illustre bien la comparaison des tableaux 1 et 4 avec les tableaux 2 et 3. Jusqu'au deuxième choc pétrolier, la corrélation entre le PIB et la demande d'énergie était quasi linéaire. À partir du deuxième choc pétrolier, un léger découplage est apparu mais, contrairement à certaines analyses, même la délocalisation massive des industries énergivores des pays développés vers les pays en voie de développement, puis l'économie électronique de l'ère Internet n'ont pu vraiment découpler ce PIB de la demande d'énergie, même si l'élasticité a été quelque peu réduite. Succinctement, on a tendance à considérer que la réduction de l'intensité énergétique atténue l'impact de la croissance du PIB sur celle de la demande d'énergie de 0,5 à 1 %.

Par ailleurs, paradoxale est la situation de la Chine : durant les deux premières décennies de ses réformes économiques, la demande d'énergie a connu une croissance moyenne annuelle de l'ordre de 4 %, alors que celle du PIB a été d'un peu moins de 10 %. Ce pays a été ainsi en mesure, entre 1980 et 2000, de quadrupler son PIB juste en doublant sa consommation d'énergie. Cet immense succès s'explique essentiellement par l'apport de la technologie qui a permis la rapide transition des lourdes sociétés étatiques en entreprises modernes et efficaces. Par contre, depuis le début de ce nouveau millénaire, la demande d'énergie connaît une croissance moyenne de 13 %, soit 3 % de plus que celle du PIB. Il est clair que le charbon y est pour beaucoup dans ce changement radical puisque la croissance de sa consommation entre 1980 et 2000 est approximativement similaire à celle entre 2000 et 2006 ! Cela dit, cette explication ne saurait suffire et des études plus poussées doivent être menées pour expliquer toutes les raisons de ce changement majeur dans l'élasticité entre le PIB et l'énergie.

TABLEAU 1

Consommation d'énergie primaire dans les pays du G8 en 2005

Pays	Population (Millions)	Production (Mtep)	Consommation (Mtep)	Consommation par habitant (tep/h)
États-Unis	296,7	1630,7	2340,3	7,89
Japon	127,8	99,8	530,5	4,15
Allemagne	82,5	134,5	344,7	4,18
France	62,7	136,9	276	4,4
Grande-Bretagne	60,2	204,3	233,9	3,88
Italie	58,5	27,6	185,2	3,16
Canada	32,3	401,3	272	8,43
Russie	143,1	1184,9	646,7	4,52
Monde	6432	11468	11434	1,78

Source : IEA 2007.

- *Le prix de cette énergie* est un paramètre extrêmement sensible puisqu'il peut avoir une incidence aussi bien sur la croissance économique ou sa décroissance (ce dont témoignent les lendemains des deux chocs pétroliers de 1973 et 1979) que la politique d'efficacité énergétique. La meilleure illustration est donnée par le couple infernal Canada–États-Unis qui, pour un niveau de vie équivalent, affiche une consommation par habitant représentant le double de celle des autres pays développés (tableau 1). Les données du tableau 4 sont aussi, dans une certaine mesure, illustratives de l'impact du prix si l'on compare la consommation d'énergie des pays à climat froid. En effet, en tenant compte de la grande similitude du climat et de la consommation réelle, on constate qu'au Canada et en Norvège, où l'énergie est nettement moins chère, on consomme beaucoup plus qu'en Suède, au Danemark et en Finlande, où les politiques de maîtrise et d'économie d'énergie sont plus ambitieuses.

TABLEAU 2

Consommation d'énergie primaire dans les pays émergents en 2005

Pays	Population (Millions)	Production (Mtep)	Consommation (Mtep)	Consommation par habitant (tep/h)
Chine	1304,5	1641	1717,2	1,32
Inde	1094,6	419	537,3	0,5
Brésil	186,4	187,8	209,5	1,12
Corée du Sud	48,3	42,9	213,8	4,43
Afrique du Sud	46,9	158,6	127,6	2,72
Indonésie	220,6	263,4	179,5	0,81
Taiwan	22,9	12,6	105,8	4,62

Source : IEA 2007.

- *Le climat* a une incidence qui peut être partiellement mise en évidence en comparant la consommation du Canada et des pays nordiques (tableau 4) avec les pays développés du G8 (tableau 1).

- *La politique d'efficacité énergétique* peut aussi avoir une incidence sur la consommation, même si son extrapolation peut s'avérer un exercice de longue haleine.

La répartition de la consommation d'énergie par grande région géographique, illustrée sur les figures 4 et 5, nous permet de dégager les conclusions suivantes.

- L'Amérique du Nord est le plus gros consommateur d'énergie dans le monde avec 26,6 % de la consommation totale, les États-Unis totalisent à eux seuls près du quart de cette consommation mondiale. Néanmoins, il convient de mentionner que la part relative de l'Amérique du Nord est en constante régression depuis les années 1950, où elle s'accaparait déjà les deux tiers de la consommation mondiale.

TABLEAU 3

Consommation d'énergie dans les pays en voie de développement en 2005

Pays	Population (Millions)	Production (Mtep)	Consommation (Mtep)	Consommation par habitant (tep/h)
Amérique du Sud et centrale	449	2680	500	1,11
Argentine	38,7	81	63,7	1,64
Bolivie	9,2	13,9	5,31	0,6
Cuba	11,3	5,52	10,2	0,9
Haïti	8,53	1,92	2,5	0,3
Afrique	894	1088	605	0,7
Algérie	32,9	175,1	34,8	1,1
Cameroun	16,3	11,9	7	0,43
Nigéria	131,5	231,8	103,8	0,8
Sénégal	11,7	1,3	3,04	0,26

Source : IEA 2007.

TABLEAU 4

Consommation d'énergie primaire dans les pays au climat froid en 2005

Pays	Population (Millions)	Production (Mtep)	Consommation (Mtep)	Consommation par habitant (tep/h)
Danemark	5,42	31,3	19,6	3,62
Finlande	5,25	16,6	35	6,67
Norvège	4,62	233,7	32,1	6,95
Suède	9	34,8	52,2	5,8
Canada	32,3	401,3	272	8,43

Source : IEA 2007.

- L'Asie et les pays du Pacifique représentent désormais plus de 32,5 % de la consommation totale, alors que cette part n'était que de 25 % une décennie avant. La montée en puissance de l'Asie est alimentée par l'effervescence énergétique de la Chine et de l'Inde qui, à eux deux et sur la période 2000-2006, ont monopolisé plus de 20 % de l'ensemble de la croissance énergétique mondiale.

- L'Europe de l'Ouest s'accapare un peu plus de 16 %, et si l'on tient compte de l'Europe de l'Est et des ex-républiques soviétiques, cette part atteint 28,3 %.

Figure 4

Répartition de la consommation d'énergie

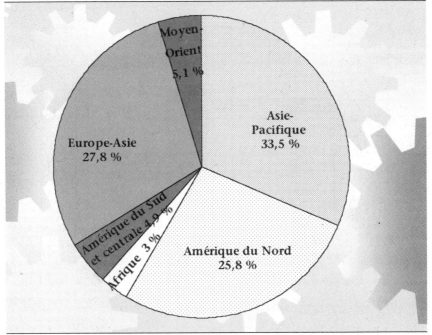

Sources : BP 2007, © Benhaddadi.

- L'Amérique du Sud et centrale plus l'Afrique, pris ensemble, représentent moins de 8 % de la consommation mondiale. Il faut tout de même rappeler que dans ces régions, plus de 2 milliards de personnes vivent avec moins de 2 $/jour dont, minimalement, 1,2 milliard n'ont pas du tout accès à l'énergie, si ce n'est la biomasse quand la nature le permet.

L'analyse globale de la consommation mondiale d'énergie primaire que l'on peut tirer des tableaux 1 à 4 et des figures 4 et 5 fait apparaître des différences considérables, reflétant essentiellement les inégalités de développement : alors que la consommation annuelle moyenne par habitant est de 4,5 tep dans les pays développés, elle est de 3 tep dans les pays en transition économique, et de moins de 0,6 tep dans les pays en développement. L'autre grand fait significatif est l'émergence des pays de l'Asie–Pacifique comme 1re région géographique pour la consommation d'énergie. Autre fait notable : chaque Nord-Américain, pris individuellement, utilise en moyenne deux fois plus d'énergie qu'un Européen pour un niveau de vie équivalent, ce qui s'explique, pour une bonne partie, par le bas niveau relatif de taxation. En effet, les ressources énergétiques (charbon, pétrole et gaz) bon marché et abondantes sont à l'origine du mode de vie nord-américain, particulièrement énergivore.

FIGURE 5

Répartition de l'énergie par région

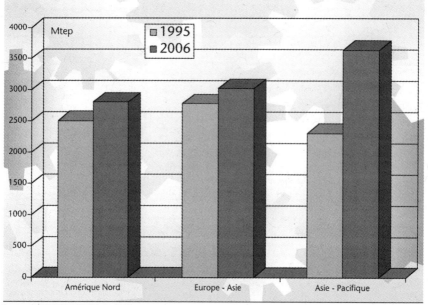

Sources : BP 2006, BP 2007, © Benhaddadi.

Tout au long de ce chapitre sont mises en évidence les données énergétiques des pays du G8, ainsi que celles des deux puissances asiatiques émergentes, la Chine et l'Inde. Ainsi, les figures 6 et 7 illustrent la consommation d'énergie par pays où, de prime abord, deux faits peuvent être mis en évidence.

- Les États-Unis ne s'accaparent pas moins du quart de la consommation mondiale d'énergie, avec une croissance des besoins nettement supérieure à celle des Européens (figure 6). Cette énergie provient essentiellement du pétrole (40 %) mais le gaz tient une place prépondérante, au même titre que le charbon. Comme le montre le tableau 1, les États-Unis couvrent moins de 70 % de l'ensemble de leurs besoins énergétiques et leur dépendance envers l'extérieur va crescendo. D'ailleurs, la sécurisation des approvisionnements en énergie est l'un des paramètres qui définissent la politique extérieure étasunienne.

- La croissance des besoins énergétiques de la Chine est prodigieuse : les besoins ont presque doublé en une décennie (figure 6) et ils sont comblés essentiellement par le charbon (figure 7). Quoique à un degré moindre qu'en Chine, on observe en Inde une croissance très élevée. Pris ensemble en 2006, ces deux pays ont produit et consommé 2,9 milliards de tonnes de charbon, soit 45 % du charbon mondial. Comme on peut le voir au tableau 2, la Chine ne couvre

FIGURE 6

Répartition de la consommation d'énergie par pays

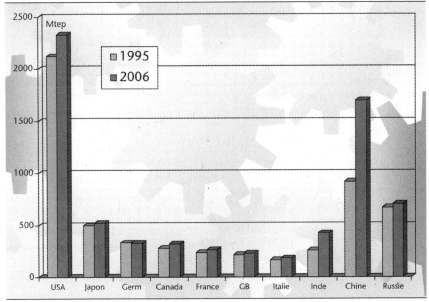

Sources : BP 2006, BP 2007, © Benhaddadi.

FIGURE 7

Répartition de la consommation par type d'énergie et par pays

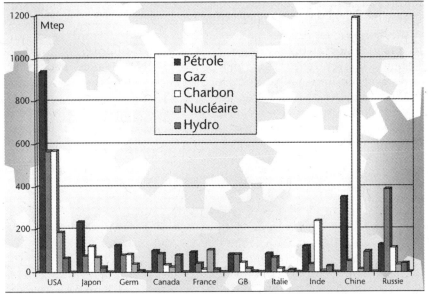

Sources : BP 2007, © Benhaddadi.

plus totalement l'ensemble de ses besoins énergétiques et sa dépendance envers l'extérieur va elle aussi crescendo. D'ailleurs, l'accès à l'énergie est désormais l'un des paramètres qui définissent la politique extérieure chinoise.

En termes de réserves d'énergie fossile,

- c'est le charbon qui tient le haut du pavé avec des réserves estimées à plus de 900 milliards de tonnes, ce qui représente 65 % des réserves mondiales d'énergie fossile. Au rythme actuel de consommation de 6 Gt/an, le charbon permet une marge d'exploitation de plus d'un siècle et demi ;

- les réserves de pétrole sont estimées à un peu plus de 1200 milliards de barils, ce qui est équivalent à 160 Gtep et représente 18 % des réserves d'énergie fossile. Au rythme actuel de consommation de l'ordre de 85 Mb/j, le pétrole permet une marge d'exploitation de l'ordre de 40 ans ;

- les réserves de gaz naturel sont estimées en 2006 à près de $180 \bullet 10^{12}$ m^3, ce qui est équivalent à 180 Gtep. Au rythme actuel de consommation, le gaz permet une marge d'exploitation de l'ordre de 70 ans.

Il n'est pas inutile de rappeler que, pour établir les réserves d'énergie fossile, il y a une certaine confusion dans la définition même du terme. Une bonne partie des références bibliographiques parle de réserves prouvées, c'est-à-dire des quantités estimées sur la base des données technico-économiques actuelles et, dans le cas du pétrole et du gaz, à partir de données géologiques et de forages déjà effectués. Dans le même temps, on rencontre aussi tout un éventail de termes pour définir les réserves d'énergie fossile, comme : les réserves probables, les ressources découvertes et non découvertes, les ressources non prouvées et les ressources déduites, les ressources conventionnelles et non conventionnelles, le potentiel ultime, les réserves possibles, probables... Qui plus est, non seulement la terminologie peut différer d'un pays à un autre, mais le sens donné au terme peut diverger d'un pays à un autre, ce qu'illustre bien l'exemple de la Chine dont il s'avère que «leur» définition relative aux réserves de charbon correspond, en réalité, à la ressource.

Dans les chiffres donnés dans ce livre, les auteurs ont essayé, autant que faire se peut, de se référer aux réserves prouvées.

CHAPITRE 2

LES SOURCES
D'ÉNERGIE FOSSILE

2.1. Le charbon

Le charbon est le résultat de la décomposition de matières organiques végétales. Il est constitué de matières organiques et de carbone dont la teneur est fondamentale dans le pouvoir calorifique. C'est ainsi qu'on distingue différentes qualités de charbon : houille, lignite, anthracite, ce dernier est, de loin, le combustible le plus riche en carbone (> 90 %) et celui qui libère le plus d'énergie (9 kWh/kg). Les recherches archéologiques ont établi que du charbon était brûlé au pays de Galles il y a plus de 40 siècles, alors que les Chinois l'avaient employé pour cuire la porcelaine il y a plus de 30 siècles. Au XIXe siècle, le charbon devient la source énergétique vitale grâce à l'invention de la machine à vapeur et, de nos jours, il reste encore une importante source énergétique dans le monde et redevient même un combustible d'avenir.

Le charbon est utilisé surtout comme matière première : sous le vocable de charbon vapeur, il est à près de 70 % essentiellement utilisé par les compagnies électriques pour générer de l'électricité ; en sidérurgie et sous le vocable de charbon cokéfiable, on le mélange au minerai de fer pour produire de l'acier ou de la fonte, tout comme il a aussi d'autres usages thermiques dans l'industrie (cimenteries, papeteries...).

Figure **8**

Production mondiale de charbon

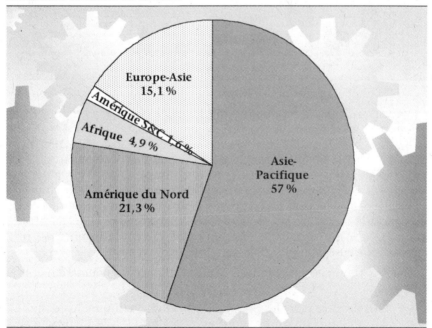

Sources : BP 2007, © Benhaddadi.

2.1.1. Production, consommation et réserves

Ces dernières années, la production (figures 8 et 9) et la consommation (figures 10, 11 et 12) mondiale de charbon ne cessent d'augmenter. C'est d'ailleurs la source fossile qui a connu la plus forte croissance au cours de ces cinq dernières années.

FIGURE 9

Répartition de la production de charbon par pays

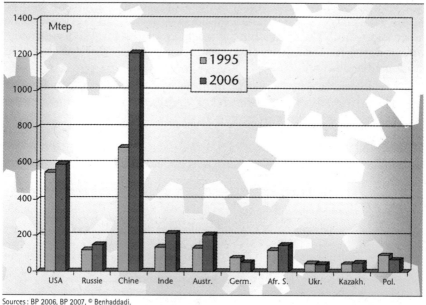

Sources : BP 2006, BP 2007, © Benhaddadi.

Ainsi, en 2005, la production mondiale de charbon a atteint l'équivalent de 2,93 milliards de tep (Gtep) contre 2,8 Gtep en 2004, soit une croissance de 5 %, alors que les besoins énergétiques globaux n'ont crû que de 2,7 %. En 2006[3], cette production a atteint l'équivalent de 3,08 milliards de tep (Gtep), soit une croissance annuelle de 4,5 %, alors que les besoins énergétiques globaux n'ont crû que de 2,4 %. Cette nouvelle tendance de la demande du charbon à croître plus rapidement que celles du pétrole et du gaz, constatée depuis la forte hausse des cours du pétrole et du gaz, constitue probablement un refuge devant la flambée des prix des hydrocarbures.

La répartition géographique de la production et consommation donne ce qui suit.

- Plus de 57 % pour les pays de l'Asie et du Pacifique. Avec plus de 2,4 milliards de tonnes courtes[1], la Chine est le 1er producteur (avec 39,4 %) et le 1er consommateur (avec 38,6 %) de charbon dans le monde et ce dernier constitue, avec pas loin de 60 %, sa première source d'énergie. Juste pour l'année 2005, ce pays a connu un accroissement phénoménal de 290 Mt, ce qui représente plus de 85 % de l'accroissement mondial. En 2006, la croissance chinoise a été de 8,7 %, soit pas loin de 40 % de l'accroissement mondial. La croissance de l'Inde mérite également d'être soulignée : comme le montre la figure 12, ce pays est la 3ᵉ puissance charbonnière mondiale. D'ailleurs, comme l'illustre la figure 10, la Chine et l'Inde ont presque triplé leur consommation de charbon au cours de ce dernier quart de siècle et vont probablement la doubler au cours des deux prochaines décennies.

FIGURE 10

Évolution de la consommation de charbon

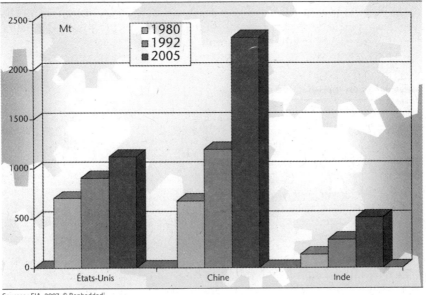

Sources : EIA, 2007, © Benhaddadi.

- L'Amérique du Nord consomme approximativement sa production de l'ordre de 21 %. Avec plus de un milliard de tonnes, les États-Unis sont le 2ᵉ producteur et le 2ᵉ consommateur de charbon qu'ils utilisent essentiellement pour produire de l'électricité (plus de 90 %).

- L'Europe est le 3ᵉ consommateur et sa production en déclin continu couvre les trois quarts de ses besoins. Faute d'être rentables, une bonne partie de ses mines ont dû être fermées ; mais, ici aussi, un plus grand recours au charbon commence à se dessiner : à preuve la réouverture de certaines mines qu'on pensait à jamais fermées.

- Les autres grands producteurs de charbon sont l'Australie, l'Afrique du Sud et les pays issus du giron soviétique : la Russie, l'Ukraine, la Pologne et le Kazakhstan.

Par ailleurs, si les coûts de transport ne sont pas particulièrement élevés dans le cas du pétrole, ils sont primordiaux dans le cas du charbon puisqu'ils peuvent représenter presque les trois quarts du coût total pour les pays importateurs. C'est l'une des raisons qui expliquent pourquoi les échanges mondiaux restent limités : de l'ordre de 775 Mt en 2005, soit moins de 18 % de la production. Une autre explication des échanges réduits tient au fait que les plus grands pays charbonniers, comme la Chine, les États-Unis, l'Inde et la Russie, sont, dans l'ordre, les quatre plus grands consommateurs de charbon au monde ; c'est pour cela que ces pays sont dits autarciques. *A contrario*, les deux exceptions notables sont l'Australie, qui exporte la majeure partie de sa production, et le Japon, qui importe la majeure partie de sa consommation. Le sens de ces propos est d'ailleurs bien illustré par les résultats des figures 9, 11, 12, 13 et 14.

FIGURE 11

Consommation mondiale de charbon

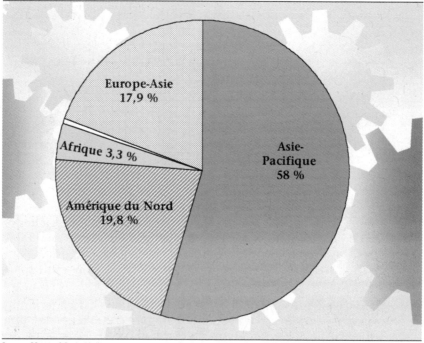

Sources : BP 2007, © Benhaddadi.

FIGURE 12

Répartition de la consommation de charbon par pays

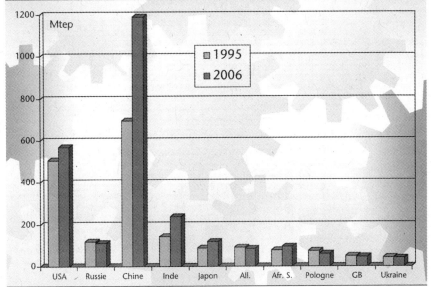

Sources : BP 2006, BP 2007, © Benhaddadi.

FIGURE 13

Pays exportateurs de charbon : top 10 en 2006

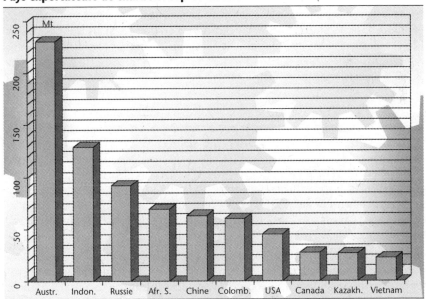

Sources : IEA 2007, © Benhaddadi.

FIGURE 14

Pays importateurs de charbon : top 10 en 2006

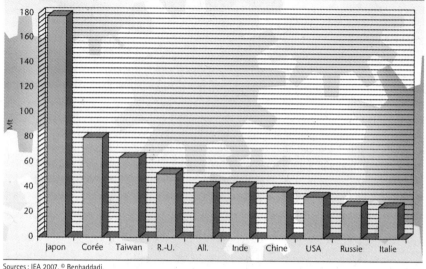

Sources : IEA 2007, © Benhaddadi.

Il faut remarquer que les coûts de production du charbon sont très variables, puisque des écarts pouvant atteindre 10 à 100 $US la tonne peuvent être constatés entre les coûts de production des mines à ciel ouvert en Afrique du Sud ou en Australie et l'exploitation des mines souterraines européennes. De plus, la productivité moyenne varie considérablement : elle n'est que de 300 t/homme/an en Chine, alors qu'elle atteint 12 000 t/homme/an en Australie et États-Unis, soit 40 fois plus. Cela dit, cette grande différence dans la productivité provient aussi du fait que plus de 80 % des 30 000 mines chinoises[65] en fonctionnement sont de petite taille.

Malgré cela, poussé par le prix élevé des combustibles concurrents, le commerce du charbon est en train de connaître un essor sans précédent. C'est ainsi que l'Australie a sextuplé ses exportations au cours de ce dernier quart de siècle, alors que l'Afrique du Sud les a triplées. On assiste également à la résurgence en force de pays issus du giron soviétique et qui ont restructuré leur industrie minière. Quant à la Chine, rien qu'en 2006, sa consommation a augmenté de 8,7 %[3] et, avec ce rythme de croissance, ce pays va devenir dès 2007 un importateur net de charbon, augmentant ainsi la demande.

De plus, avec le renchérissement des produits pétroliers et leur raréfaction appréhendée, la liquéfaction du charbon (CTL) commence à se développer de plus en plus comme apport complémentaire de carburant liquide, ce qui va sans nul doute conduire à rehausser la demande de charbon, en particulier dans une perspective de très long terme (après 2030). Pour le court et le moyen terme, l'usage du charbon dépendra des politiques de lutte contre le réchauffement climatique, de l'ampleur des besoins en électricité, du prix du gaz et du pétrole, ainsi que de la place que l'on accordera au nucléaire.

Les réserves mondiales de charbon sont relativement imposantes. Estimées à plus de 900 milliards de tonnes, elles sont beaucoup plus importantes que les réserves pétrolières et gazières réunies. Et, fait notable, les États-Unis, la Russie et l'Australie, d'une part, et les pays en voie de développement dits à économies émergentes et à fortes populations, la Chine et l'Inde, d'autre part, en sont particulièrement bien pourvus. À ce propos, la figure 15 illustre la répartition des réserves mondiales de charbon selon les grandes régions géographiques, alors que la figure 16 donne la répartition pour les 10 plus importants pays.

FIGURE 15

Réserves mondiales de charbon

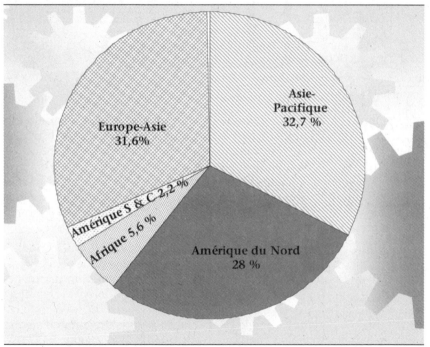

Sources: BP 2007, © Benhaddadi.

Au rythme de la consommation actuelle, il reste plus de 150 ans de réserves en charbon dans le monde, ce qui est une marge extraordinairement élevée, surtout si on la compare aux autres énergies fossiles. Par contre, généralement, on considère que les données sur les réserves de charbon sont de piètre qualité et, dans la perspective du doublement de la demande d'ici 2030, les réserves actuelles suffiraient à peine pour le présent siècle.

Figure 16

Réserves de charbon par pays

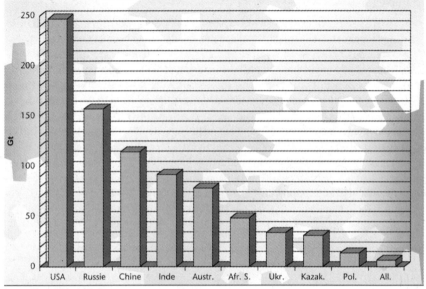

Sources : BP 2007, © Benhaddadi.

Toutefois, en dépit de son glorieux passé, de nos jours, le charbon est la mal aimée des énergies. Il faut dire qu'un kilowattheure d'électricité généré par une centrale thermique au charbon libère un kilogramme de CO_2, contre moins de la moitié pour le gaz. De plus, les innombrables impuretés contenues dans le charbon sont responsables des pluies acides, de l'acidification des sols et de l'émission de cendres toxiques. C'est pour cela que le retour en force du charbon devrait logiquement nous alarmer, tant il représente une menace majeure pour le climat sur la planète.

Pourtant, les projections montrent que ce charbon est indispensable pour la planète à long terme, car il est abondant et stable sur le plan géopolitique. Le charbon couvre plus du quart de la consommation mondiale d'énergie et constitue, dans une proportion de 40 %, la matière première utilisée pour la production d'électricité. D'ailleurs, en 2005, les deux plus grands consommateurs d'énergie électrique au monde tiraient la majeure partie de leur électricité du charbon, avec un taux de 50 % pour les États-Unis où de nouveaux projets de centrales thermiques au charbon sont désormais en train de rivaliser avec leur concurrent gazier. Quant à la Chine, elle en tire pas loin de 80 % de son électricité et construit désormais trois centrales thermiques au charbon de 1 000 MW chacune chaque mois.

En outre, il faut dire que ces dernières années beaucoup d'efforts de recherche ont été entrepris dans le domaine des technologies moins polluantes d'utilisation du charbon. C'est ainsi que la capture à la source du CO_2 émis dans les centrales thermiques au charbon serait une des avenues pour réduire le niveau de pollution. Cette question de capture et de séquestration du carbone qu'émettent les centrales thermiques est davantage développée dans le chapitre 4.

2.1.2. Le charbon canadien

Au Canada, État fédéral, l'exploitation des ressources naturelles est de compétence provinciale et, à l'exception de la filière nucléaire, la compétence fédérale est relativement restreinte dans le domaine de l'énergie. De ce fait, le choix des ressources à exploiter varie d'une province à l'autre et chacune privilégie les formes d'énergie qui se trouvent en abondance sur son territoire. C'est pourquoi le Québec, le Manitoba et la Colombie-Britannique, provinces très riches en ressources hydriques, ont surtout favorisé le développement de l'hydroélectricité, alors que les provinces de l'Ouest (Alberta et Saskatchewan), très riches en pétrole, gaz et charbon, ont favorisé le développement de l'énergie thermique. Relativement défavorisée sur le plan des ressources naturelles, l'Ontario s'est tournée vers le nucléaire.

Le Canada est à la fois un important importateur et un important exportateur de charbon, ce qui s'explique essentiellement par la compétence provinciale sur les ressources naturelles. Aussi, ces dernières années, dans la riche province de l'Ontario, la consommation de charbon thermique pour produire de l'électricité a considérablement augmenté. Cette utilisation accrue de charbon a compensé la baisse de la production d'électricité nucléaire résultant de la fermeture temporaire depuis 1997 de certaines centrales nucléaires. Comme l'Ontario est dépourvue de mines de charbon, il a importé des États-Unis plus de 18 Mt, soit près de 80 % de son approvisionnement en charbon thermique, en plus du charbon bitumineux fourni par l'Alberta et la lignite par la Saskatchewan.

Ainsi, à long terme, Ressources naturelles Canada[32] prévoyait que la demande de charbon au pays avoisinerait 75 Mt à l'horizon 2020, ce qui était justifié par l'augmentation attendue de la demande ontarienne qui devait faire face au déclin de sa production d'électricité nucléaire. Néanmoins, ces projections peuvent ne pas se concrétiser car l'actuel gouvernement de l'Ontario, élu puis réélu sur la base de la promesse de fermeture de centrales polluantes au charbon, compte remplir son engagement lors de son second mandat en procédant à l'arrêt ou au remplacement de cinq centrales thermiques au charbon totalisant près de 7 500 MW de puissance électrique. D'ailleurs, la première de ces centrales, Lakeview (1 140 MW) a déjà fermé courant avril 2005. Les centrales de Lambton (1 975 MW) et Thunder Bay (310 MW) seront remplacées par des centrales au gaz, alors que celle d'Atikokan (215 MW) sera fermée en 2007. La dernière, et non la moindre, Nanticoke et son astronomique 3 938 MW de puissance, sera fermée par étapes successives qui s'échelonneront jusqu'en 2009. Aux dernières nouvelles, cette échéance a été repoussée à 2011.

Notons que ce plan ontarien sera sans conséquence majeure pour la production canadienne de charbon car l'Ontario importe la majeure partie de sa consommation. En revanche, il ne manquera pas d'avoir des répercussions positives sur la qualité de l'air et les émissions canadiennes de gaz à effet de serre GES qu'il pourrait contribuer à réduire à hauteur de 30 Mt, ce qui serait une contribution plus qu'appréciable à l'impossible défi canadien de respecter son engagement pris à Kyoto.

2.1.3. La hausse du prix du charbon en 10 arguments

La faiblesse du marché international du charbon par rapport à la production et aux réserves a été le garant d'une certaine stabilité des prix à moyen terme, ce qu'illustre bien la figure 17 pour ces deux dernières décennies, avec des prix stables autour de 30 $US/t pour les États-Unis et de 40 $US/t pour l'Europe.

Figure 17

Prix du charbon

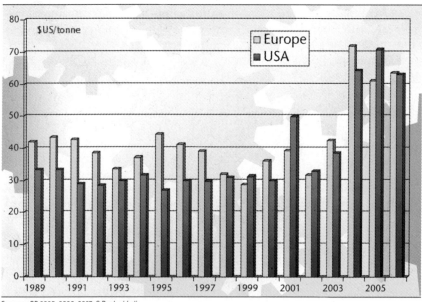

Sources : BP 2005, 2006, 2007, © Benhaddadi.

De plus, il n'existe pas de prix de référence pour le charbon comme c'est le cas pour le pétrole, mais autant de prix que de qualités de charbon, qui varient selon la catégorie du charbon, sa teneur en soufre, son pouvoir calorifique, etc. Toutefois, ces dernières années, les échanges internationaux de charbon ont crû beaucoup plus que n'importe quel autre produit énergétique et l'augmentation des prix amorcée dès le printemps 2003 a connu une flambée en 2004 puisqu'ils ont presque doublé sur le marché européen.

L'analyse de l'évolution des cours depuis un quart de siècle, basée sur les données de la figure 17, ne permet pas d'établir si cette augmentation n'est qu'un épisode conjoncturel ou le résultat d'un changement structurel. Même si cette augmentation n'a pas fait la manchette des journaux, si ce n'est celle de quelques revues spécialisées, on peut l'expliciter par les 10 faits qui suivent.

- À l'échelle mondiale, la demande de charbon a connu, 2003 à 2006, une croissance impressionnante, pour faire face aussi bien aux besoins sans cesse grandissants de l'industrie de la production d'électricité qu'au boom de l'industrie sidérurgique. Or, même si ces deux marchés sont distincts, la forte demande a contribué au raffermissement des cours de l'un et de l'autre. Ainsi, selon l'AIE[2], seulement pour les années 2001 à 2004, la consommation mondiale a bondi de 23 %, soit une croissance 4 fois plus élevée que celle du pétrole et 2,5 fois plus élevée que celle du gaz naturel. Bien que le marché se soit quelque peu équilibré en 2005, grâce à l'apparition de nouveaux exportateurs, de nouveaux pics de prix sont apparus en 2006, en raison de la très forte demande.

- Plus de 90 % du commerce mondial de charbon s'effectue par voie maritime et la raréfaction des capacités de transport a provoqué la flambée des taux de fret. À titre d'illustration, les coûts de transport maritime de la tonne de charbon, livrée à Rotterdam (Pays-Bas) à partir de Richards Bay (Afrique du Sud), a avoisiné 30 $US/tonne entre la fin de 2003 et le début de 2004, contre 5 $US/tonne en 2001. Certains analystes attribuent ce déficit de moyens de transport au boom économique de l'industrie sidérurgique de la Chine qui s'est accaparée la majorité des moyens de transport de minerai de fer disponibles, d'une part, alors que bien des armateurs avaient entre-temps désarmé une partie de leur flotte, après la dernière crise économique asiatique de 1998, d'autre part.

- La croissance économique prodigieuse de la Chine est basée sur le charbon comme colonne vertébrale de son approvisionnement énergétique. C'est ainsi que la production de charbon se poursuit à un rythme insoutenable : une croissance de 15 % en 2003, 20 % en 2004, 11 % en 2005, 8,3 % en 2006[3] et une moyenne de 12 % pour ces cinq dernières années. Et, maints analystes sont d'avis que la Chine ne pourra maintenir, encore longtemps, cette croissance au coût prohibitif, avec des accidents de plus en plus fréquents dans les mines, des dommages irréversibles à l'environnement, etc.

- Au Japon, premier importateur mondial de charbon avec plus de 20 % du marché mondial, l'année 2003 a été caractérisée par une indisponibilité de pas moins de 17 réacteurs nucléaires[40], occasionnant par rapport à 2001 un manque subit de plus de 65 TWh d'électricité d'origine nucléaire. Ce déficit a été, pour l'essentiel, comblé en recourant davantage au thermique charbon, ce qui a exercé des pressions supplémentaires sur la demande.

- Les États-Unis, qui jouent habituellement le rôle de régulateur du marché charbonnier, ont importé massivement à partir de 2003 du charbon à basse teneur en soufre pour se conformer à leurs exigences environnementales locales, où les émissions d'oxydes de soufre SO_x et d'azote NO_x font l'objet de quotas crédibles et vérifiables. Cette nouvelle donnée a eu et va continuer à avoir un impact sur le marché, surtout que l'on s'attend à un raffermissement de ces importations étasuniennes.

- La baisse radicale des stocks engendrée par la demande croissante pousse les compagnies utilisatrices de charbon à sécuriser leurs approvisionnements en payant le prix fort des contrats annuels qu'elles avaient tendance à délaisser au profit des achats sur le marché spot.

- L'impact d'événements *a priori* marginaux n'est plus négligeable. La canicule qui a sévi en Europe a eu le double effet d'accroître le recours à la climatisation – très énergivore – d'une part, et de réduire la quantité d'électricité produite dans les centrales nucléaires parce qu'elles étaient alors insuffisamment refroidies, d'autre part. Dans les deux cas, il a fallu recourir plus massivement à l'électricité thermique au charbon.

- Le prix du charbon a beau avoir doublé, en équivalent énergétique, il ne représente encore qu'un peu plus du tiers du prix du gaz naturel dont il est le concurrent le plus important pour la production d'électricité. Et il semble que cette concurrence ne peut aller que crescendo.

- Les trois principaux exportateurs de charbon au monde sont, dans l'ordre l'Australie, l'Indonésie et l'Afrique du Sud, où les capacités de production sont majoritairement détenues par des multinationales minières qui, à l'image de leurs consœurs pétrolières, ont plutôt tendance à ne pas contrecarrer la hausse des cours actuels. Ces multinationales profitent notablement de la situation et peuvent même jouer la carte des prix élevés à long terme.

- La liquéfaction du charbon fait désormais partie d'une des solutions les plus viables pour compenser la baisse des réserves de pétrole conventionnel. Les technologies d'obtention de carburant synthétique à partir de la conversion du charbon sont de plus en affinées et des projets économiquement viables sont déjà développés un peu partout (États-Unis, Canada, Chine…). Ce nouvel usage du charbon va le mettre en concurrence avec le pétrole dont il ne représente, en tenant compte de sa valeur énergétique, que 20 % du coût.

À moins d'un effondrement économique des dragons asiatiques (Chine, Inde, Japon, Corée, Taiwan), la demande mondiale de charbon sera très soutenue à court terme. Par ailleurs, dans la production d'électricité, le concurrent naturel du charbon est le gaz naturel dont le prix est de plus en plus élevé, alors qu'aujourd'hui encore, le choix de la filière énergétique à privilégier est plus influencé par le coût économique que les considérations environnementales. La conjugaison de ces paramètres peut faire en sorte que les cours de charbon, actuellement élevés, le resteront encore au moins quelques années de plus, malgré les immenses réserves disponibles. Cela dit, exprimé en équivalent tep, le charbon demeure, de loin, la source d'énergie fossile la moins chère, dans une proportion de 4 à 5 fois moindre que le pétrole !

À long terme, avec les pics attendus dans les productions de pétrole et de gaz, le retour massif au charbon roi est à envisager. D'ailleurs, dans ses projections pour l'an 2050, l'AIE[2] prévoit que le charbon sera la première source d'énergie et contribuera pour presque la moitié de l'électricité produite, surtout que les perspectives de capture et de séquestration de son CO_2 pourraient lui donner un formidable coup de pouce.

2.2. Le pétrole

Le pétrole provient de dépôts organiques formés au fond des mers sous l'action de températures et de pressions intenses. Le pétrole est un liquide sombre et visqueux constitué d'un mélange d'hydrocarbures : il faut le raffiner pour éliminer les impuretés et séparer ses différents constituants. De nos jours, on compte plus de 3 000 produits fabriqués à partir du pétrole brut, incluant les détergents, les désodorisants, les pneus, la gomme à mâcher…

2.2.1. Production, consommation et réserves

L'ère pétrolière a commencé en 1859 en Pennsylvanie (États-Unis) avec le forage du premier puits producteur de pétrole, suivi d'une ruée dans l'anarchie vers « l'or noir ». De puissants empires pétroliers émergèrent alors, dominés par le légendaire J.D. Rockefeller et sa non moins fameuse Standard Oil, d'un côté, et l'anglo-néerlandaise Royal/Dutch Shell, de l'autre. La puissance de la Standard Oil fut telle qu'en 1911 la loi antitrust l'obligea à se scinder en trois entités qui, de nos jours, s'appellent encore Exxon, Mobil et Chevron. Avec d'autres multinationales (Texaco, Gulf, Shell et British Petroleum), elles formeront le fameux groupe des majors de l'industrie pétrolière et seront communément appelées les «sept sœurs»; elles règne-ront en maîtres incontestés sur le monde pétrolier jusqu'à l'apparition de l'OPEP (Organisation des pays exportateurs de pétrole), en 1960.

Avant le premier grand choc pétrolier qui a fait suite au conflit israélo-arabe en octobre 1973, le pétrole fournissait près de 60% de l'énergie mondiale et sa consommation croissait à un rythme si effarant que l'épuisement des réserves était inévitable à brève échéance. Malgré le deuxième choc pétrolier de 1979-1980 qui a fait suite à la Révolution iranienne et au conflit Irak–Iran, la consommation de pétrole n'a pas pour autant baissé. En 2006[3], cette consommation s'est établie à près de 84 Mb/j (millions de barils par jour), avec plus de 60% pour les pays de l'OCDE dont la production a représenté moins de 28% de parts de marché. À l'opposé, les pays du Moyen-Orient ont produit 31,2% et consommé 7,2% du total mondial. En 2006, le 1er producteur mondial de pétrole est l'Arabie Saoudite avec près de 11 Mb/j; elle est suivie par la Russie, avec presque 10 Mb/j.

L'évolution de la consommation pétrolière est structurellement liée à la croissance économique, étant donné que les facteurs climatiques et saisonniers n'ont d'influence qu'à court terme. En 2004, la demande pétro-lière mondiale est estimée à 82,4 Mb/j selon l'Agence internationale de l'énergie (AIE)[2] et à 82,6 Mb/j selon l'Information Energy Administration (IEA)[1]. Alors que le rythme annuel moyen de croissance de la demande est de l'ordre de 1,2 Mb/j, ce dernier a même atteint 2,7 Mb/j entre 2003 et 2004.

Les figures 18 et 19 illustrent la répartition de la production et de la consommation mondiale de pétrole par grande région géographique alors que les figures 20 et 21 donnent cette répartition par pays.

- L'Amérique du Nord représente aujourd'hui environ 29% de la consommation mondiale. Ainsi, à eux seuls, les États-Unis consom-ment près de 21 Mb/j dont 12 Mb/j importés. De ce fait, on peut déduire que le pétrole local ne couvre plus qu'un peu plus de 40% des besoins, contre plus de 50% il y a une décennie. Dans ce contexte, la nécessité de garantir les approvisionnements pétroliers constitue un élément majeur de la politique étrangère étasunienne.

- Par ailleurs, l'Asie et les pays du Pacifique accaparent 29,5% de cette consommation. Pour la seule Chine, la consommation a doublé en une décennie et ce pays est devenu, en 2004, le 2e consommateur mondial. Il est intéressant de remarquer que le pétrole local couvre 60% des besoins mais que, compte tenu des prévisions de la crois-sance, la Chine pourrait être amenée à importer 85% de son pétrole dans un quart de siècle. Par conséquent, la nécessité de garantir les approvisionnements pétroliers est aussi devenue un élément majeur de la politique étrangère chinoise.

FIGURE 18
Production mondiale de pétrole

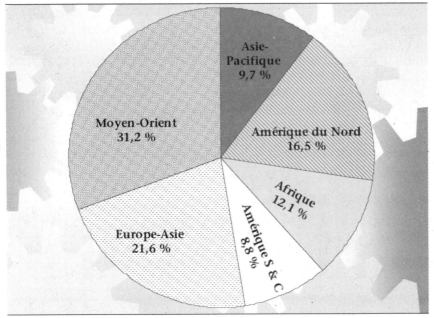

Sources : BP 2007, © Benhaddadi.

FIGURE 19
Consommation mondiale de pétrole

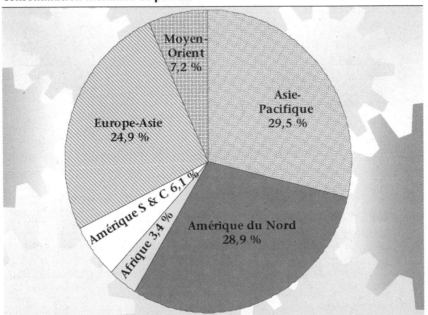

Sources : BP 2007, © Benhaddadi.

FIGURE 20

Répartition de la production de pétrole par pays

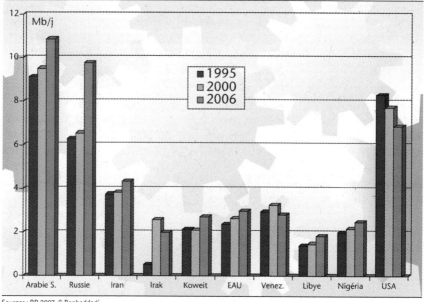

Sources : BP 2007, © Benhaddadi.

FIGURE 21

Répartition de la consommation de pétrole par pays

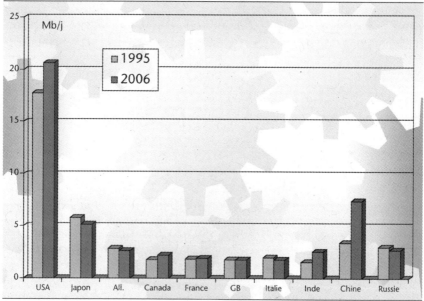

Sources : BP 2007, © Benhaddadi.

- L'Europe consomme un peu plus du quart de cette production, dont 17,5 % pour l'Union européenne (UE) où la production ne parvient à couvrir qu'un peu plus du quart des besoins. Qui plus est, en maintenant le rythme actuel de consommation, l'UE devrait avoir épuisé toutes ses réserves de pétrole dans moins de 10 ans, ce qu'illustre bien la chute de production, de l'ordre de 200 000 Mb/j, de ces dernières années en Grande-Bretagne, désormais contrainte de recourir aux importations pour couvrir la totalité de ses besoins.

- Pour ce qui est de la production, il est intéressant de remarquer que les régions où ce pétrole est produit se caractérisent par une instabilité politique chronique (Moyen-Orient et golfe persique, Venezuela, Nigéria...). Aussi, les deux plus grands consommateurs ne sont autosuffisants qu'à raison de 40 % pour les États-Unis et 50 % pour la Chine, alors que la Russie exporte 70 % de son pétrole

Les plus récentes données publiées estiment les réserves mondiales de pétrole comme suit[1] :

- 1 317,5 Gb au 1er janvier 2007, soit 180 Gtep, pour *Oil &Gas Journal*;

- 1 119,6 Gb en 2006, soit 153 Gtep, pour *World Oil*;

- 1 201,3 Gb en 2006, soit 163 Gtep, pour *BP Statistical Review*.

Comme illustré dans les figures 22 et 23, ces réserves sont concentrées pour plus de 60 % au Moyen-Orient (figure 22) et les pays de l'OPEP détiennent plus de 78 %, dont 25 % pour la seule Arabie Saoudite (figure 23). L'Irak, dont une bonne partie des gisements sont probablement encore en hibernation, possède la troisième plus grande réserve du monde, après l'Arabie Saoudite et l'Iran, soit plus de 10 % des réserves totales. Il convient de rappeler que ces données sur les réserves pétrolières de BP[3] ne tiennent pas compte des sables bitumineux dont le potentiel est évalué pour le seul Canada[60] à 179 Gb, soit les plus importantes réserves au monde, après l'Arabie Saoudite.

Il y a lieu de préciser que les chiffres relatifs aux réserves de pétrole, comme pour celles du gaz, ne sont pas totalement fiables, eu égard à l'incertitude qui plane sur les caractéristiques géologiques de certains gisements et, surtout, aux ajustements comptables sur les réserves que certains pays et certaines multinationales pétrolières effectuent de façon arbitraire pour des raisons politiques.

Par ailleurs, de nouveaux progrès importants ont été enregistrés dans le domaine des techniques de récupération, ce qui permet d'améliorer nettement le drainage des réservoirs, contribuant à la récupération d'une plus grande quantité de pétrole d'un même gisement dont la durée d'exploitation est ainsi allongée. C'est ainsi que le taux moyen de récupération du pétrole se situe aujourd'hui entre 35 % et 40 %, contre un peu plus de 20 % il y a 30 ans; ce taux pourrait être encore amélioré à moyen et long

FIGURE 22

Réserves mondiales de pétrole

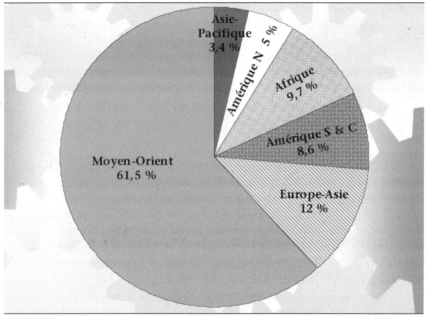

Sources : BP 2006, BP 2007, © Benhaddadi.

FIGURE 23

Répartition des réserves de pétrole par pays

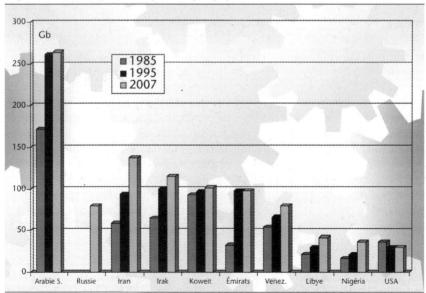

Sources : BP 2006, BP 2007, © Benhaddadi.

terme, surtout avec l'introduction de la séquestration du CO_2. Les nouveaux procédés dans la technologie du forage améliorent aussi la capacité d'extraction du pétrole. En outre, les nouvelles technologies nécessaires aux installations sous-marines permettent désormais l'exploitation de zones extrêmes : la mer Caspienne, les zones *off-shore* de très grande profondeur et l'Arctique que commencent à se disputer de plus en plus âprement la Russie, le Canada, les États-Unis, la Norvège et le Danemark. Il est vrai qu'avec le réchauffement climatique et la fonte des glaciers, l'Arctique est l'objet de beaucoup de convoitises, surtout que cette région géographique recèle d'immenses ressources de pétrole et de gaz que certains évaluent à 20 % des ressources en hydrocarbures de la planète. Enfin, il n'est pas inutile de préciser qu'avec le coût du pétrole qui avoisine désormais 100 $/b, les coûts de développement de ces régions extrêmes présente un intérêt évident.

Aussi, on doit convenir qu'avec des techniques d'extraction de plus en plus performantes et une consommation qui, d'après les prévisions, devrait croître plus modérément avec les cours élevés repoussent l'échéance de l'épuisement du pétrole au moins jusqu'en l'an 2040. D'autant plus que certains pays limitent volontairement l'exploitation pour éviter une surproduction qui entraînerait un effondrement des prix.

2.2.2. Envolée du prix du pétrole en 10 arguments

Comme l'illustre la figure 24, le marché pétrolier a commencé son véritable redressement en 2002 et il est entré en ébullition après les premiers retentissements des bottes de guerre lorsqu'il a été évident que les États-Unis de G.W. Bush, au mépris du droit international, allaient se passer de la caution des Nations Unies pour intervenir en Irak. Ainsi amorcée dès 2002, la hausse du prix du pétrole s'est même accélérée au début du printemps 2004, alors que la demande mondiale a enregistré une accalmie saisonnière de près de 2 Mb/j. En réalité, les tensions géopolitiques, conjuguées avec la spéculation boursière ont gonflé la tendance haussière, avant tout liée aux forces du marché : l'offre et la demande de pétrole. Le repli constaté après la réunion de l'OPEP (Organisation des pays exportateurs de pétrole) en juin 2004, de même que celui qui a fait suite à la divulgation des nouveaux stocks étasuniens en hausse n'ont été que des épisodes éphémères, car la tendance imprégnée au marché était telle qu'on ne regardait que les nouvelles susceptibles de pousser les cours à la hausse. À la veille de la rencontre entre le prince héritier saoudien, devenu depuis roi, et le président étasunien qu'il fallait amadouer, le ministre saoudien du pétrole a promis de porter la production du royaume wahhabite à 12,5 Mb/j dès 2009 et, si nécessaire, de développer une capacité de 15 Mb/j, alors que ce royaume n'extrait alors que 10 Mb/j environ.

Mais ces dithyrambiques déclarations, destinées à apaiser les craintes des maîtres de la Maison-Blanche dont les Saoudiens voulaient peut-être de nouveau obtenir les bonnes grâces, n'ont pas eu sur le marché l'effet bénéfique escompté. Pourtant, durant plus de trois décennies, l'alliance stratégique entre le 1ᵉʳ producteur mondial de pétrole et le 1ᵉʳ consommateur a permis de gérer le marché à leur avantage respectif. Cette symbiose s'est particulièrement manifestée lors de la première guerre du Golfe en 1990, après l'envahissement du Koweït par l'Irak et la disparition brutale de la production de ces deux pays, créant un manque de plus de 4 Mb/j. En inondant le marché à elle seule sur pression de son précieux allié, l'Arabie Saoudite a été en mesure de prévenir un nouveau choc pétrolier. Mais, plus d'une décennie et demie plus tard, on commence à se demander si le royaume wahhabite est réellement en mesure de mettre sur le marché de nouvelles quantités de pétrole suffisantes pour satisfaire la demande mondiale[27].

FIGURE 24
Évolution du prix du pétrole 2000-2005

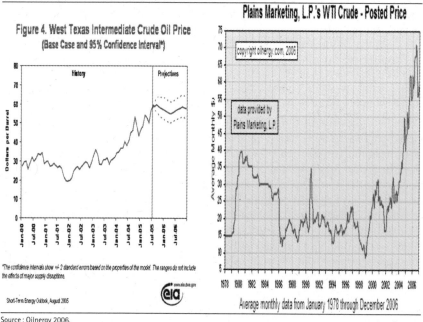

Source : Oilnergy 2006.

Aussi, il semble que depuis le 11 septembre et le moment où l'on a su que 16 des 21 terroristes à l'origine de l'effondrement des tours new-yorkaises étaient Saoudiens, l'alliance entre les deux partenaires bat de l'aile. S'agissant de l'envahissement de l'Irak, Riyad a finalement accouché d'une «occupation étrangère illégitime», alors que sous les décombres de la guerre civile qu'il a contribué à instaurer, le président des États-Unis d'Amérique continue à fantasmer à voix haute, en clamant que la «victoire» est encore possible. Il est vrai que pour un président qui ne conçoit la vie qu'avec deux couleurs, le blanc et le noir, comprendre que combattre un peuple est un objectif sans lendemain constitue un exercice hors de portée. Cela dit, pour le crime perpétré en envahissant l'Irak au mépris du droit international, ou du moins pour les exactions commises, peut-être qu'un jour G.W. Bush et son acolyte maître à penser Dick Cheney seront traduits devant une cour internationale. Il doit bien y avoir d'autres juges Balthazar Garzon en Europe ou en Amérique du Nord pour le sacrement suprême de la justice. En tout cas, ce rêve est permis et il est autrement plus noble que celui d'une improbable victoire sur les combattants insurgés. En attendant son départ de la Maison-Blanche, le monde se délecte de ses multiples gaffes et sa dernière double bourde a consisté à confondre dans une même journée les sigles de l'OPEP et de l'APEC (Coopération économique Asie–Pacifique), les troupes de l'Australie en Irak avec celles de l'Autriche.

Il faut dire que si l'administration étasunienne était sincère dans son désir de démocratisation du Moyen-Orient, l'occasion idoine aurait été de commencer par la théocratique Arabie Saoudite, un pays chantre du fondamentalisme qui ne s'est pas empêché de financer plus ou moins ouvertement toutes sortes de mouvances islamistes (Afghanistan, Algérie, Philippines…), précurseurs d'organisations terroristes. Il est vrai que les États-Unis et l'Arabie Saoudite ont aussi en commun le fait qu'ils sont viscéralement opposés au protocole de Kyoto et comptent encore parmi les rares pays au monde où l'on n'a pas encore aboli la peine de mort, même si les exécutions ne se font pas pour les mêmes raisons, ni à la même échelle. Cela dit, la comparaison s'arrête là car, malgré les sévices d'Abou Ghraib, ceux de Guantanamo et l'écoute secrète de citoyens américains, les États-Unis demeurent une démocratie où la Cour suprême vient de statuer que l'administration Bush devrait considérer les gaz à effet de serre comme des contaminants atmosphériques à réglementer. *A contrario*, en Arabie Saoudite, une certaine forme résiduelle d'esclavage est encore de mise et les droits élémentaires de la dignité humaine des femmes et des résidents non saoudiens ne sont pas respecté. Aussi, on a compté dans ce pays plus de 100 exécutions seulement pour la première moitié de 2007, dont certaines pour des délits (adultère, homosexualité, apostasie, sorcellerie, sodomie…) qui devraient faire réagir la communauté internationale, à moins que l'argent du pétrole ne fasse taire tout le monde, ONG incluses.

Toujours est-il qu'après avoir enregistré un record à 58,28 $US/b au printemps 2005, le pétrole s'est sensiblement replié. Mais, à New York, comme à Londres, il y a une certaine résistance de maintien des cours au-dessus de la barre symbolique de 50 $US/b. D'ailleurs, dans une étude datant de 2005, la banque d'affaires étasunienne Goldman Sachs a estimé que les cours de pétrole se trouvent au début d'une phase de méga-poussées de fièvre et évalue le plancher des cours à 50 $US/b; qui plus est, cette banque a estimé que les cours pourraient même atteindre 105 $US/b. Comme le montre bien la figure 25, au début de l'été 2005, les prix ont repris de nouveau leur envol et la barre symbolique de 60 $US/b a été franchie à plusieurs reprises, avec à New York (NYMEX) 60,95 $US/b le 27 juin, 61,35 $US/b le 6 juillet et 66,86 $US/b le 12 août 2005 (figure 25). Le 30 août 2005, au lendemain du passage de l'ouragan Katrina, les cours ont bondi pour culminer à 70,85 $US/b à la Bourse de New York et 68,89 $US/b à celle de Londres.

Durant l'année 2006, un scénario similaire se répète avec une nouvelle envolée des prix à l'approche de l'été et un nouveau record de 78,40 $US/b atteint à New York le 13 juillet et que certains experts ont lié au déluge de bombes sur le Liban. Durant l'été 2007, ce scénario se répète, avec des cours qui ont grimpé jusqu'à 78,77 $US/b sans que les bombardements barbares d'Israël sur le Liban ne puissent être invoqués. À la fin de l'été 2007, les cours se sont maintenus à des niveaux très élevés et, dans un rare geste pour soulager le marché et contre toute attente, le 11 septembre 2007, l'OPEP a décidé d'augmenter sa production de 500 000 b/j. Comme pour exprimer le scepticisme ambiant, le lendemain de cette augmentation de la production, les cours ont atteint un nouveau sommet historique de 78,99 $US/b. Durant tout l'automne 2007, sur fond de tension croissante à la frontière irako-turque, le brut vole de record en record jusqu'à frôler la barre symbolique de 100 $US/b, en atteignant 99,29 $US/b le 21 novembre 2007.

FIGURE 25

Évolution du prix du pétrole 2004-2005

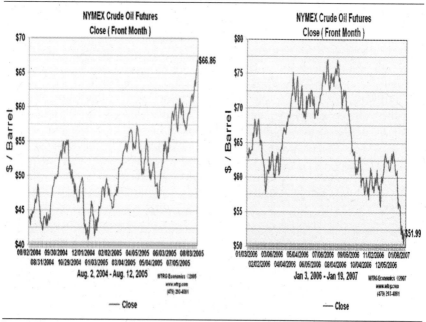

Source : WTRG Economics.

En moyenne, comme l'illustre cette même figure 25, de juillet 2004 à juillet 2005, le prix du baril de pétrole est passé d'une moyenne de 41 $US à plus de 58 $US, soit une augmentation de plus de 40 %, alors que les prix de 2004 avaient déjà fait un bond de 34 % par rapport à ceux de 2003. Soulignons toutefois que le prix record atteint en 2007 est encore au-dessous de celui du lendemain du deuxième choc pétrolier qui, estimé en dollars actuels, était de 102 $US/b au mois d'avril 1980. De plus, l'impact de ces augmentations brutales a été substantiellement atténué par la dégringolade de la monnaie étasunienne devant l'ensemble des autres devises occidentales.

Quand on essaye d'analyser les causes et conséquences de l'actuelle hausse des prix du pétrole, exprimée en dollars courants sur la figure 26, on cherche d'abord à discerner s'il s'agit :

- d'un phénomène conjoncturel appelé à se résorber ;

- d'un phénomène structurel provoqué par le déséquilibre entre l'offre et la demande et qui maintiendra le prix du pétrole à leur cours actuel ;

- de signes avant-coureurs d'un nouveau choc pétrolier dont les hauts cours actuels ne sont que les prémisses.

Même si cette hausse du prix du pétrole a pris de court la majorité des analystes, il n'en demeure pas moins qu'*a posteriori* les raisons de son ampleur peuvent être mises en évidence. Voici dix arguments, pas forcément dans le désordre.

FIGURE 26

Prix du pétrole (Arabian Light/Dubai)

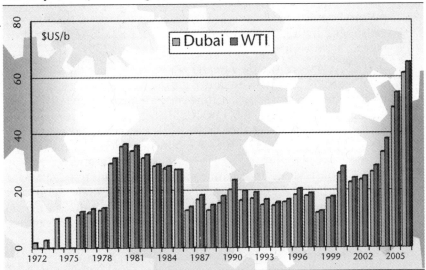

Sources : BP 2005, 2006, 2007, © Benhaddadi.

1. *La demande mondiale de pétrole* n'a jamais été aussi élevée et les cours ont bondi pour atteindre, dès l'été 2004, des niveaux jamais vus depuis le deuxième choc pétrolier. Il se trouve que malgré les prix élevés, la vigueur de la croissance mondiale a permis d'encaisser sans à-coups l'impact de cette hausse. C'est ainsi que la robustesse des croissances de l'économie et de la demande pétrolière, notamment en Chine et aux États-Unis, maintient la demande à un niveau élevé, alors que l'offre a de la peine à suivre. Globalement, en 2004, la demande a bondi de 3,2 % par rapport à 2003 alors que l'on appréhendait une hausse de quelque 1,7 %. Pendant toute cette dernière décennie 1994-2004, la demande a augmenté en moyenne de 1,3 % par an, soit un peu plus de 1 Mb/j. Cette croissance exceptionnelle de 2004 a nécessité 2,6 Mb/j supplémentaires, une quantité très importante si on la compare à 2003 (+1,7 Mb/j) et 2002 (+0,3 Mb/j).

La demande énergétique est le reflet de la reprise économique : elle a augmenté dans les pays industrialisés, sensiblement aux États-Unis et un peu moins en Europe occidentale. Fait significatif, la moitié de la hausse mondiale proviendrait des pays asiatiques à économies émergentes : pour la seule Chine dont la croissance du PIB a été de 8,8 % en 2004, cela a requis un supplément de près de 1 Mb/j de pétrole, propulsant le pays au 2e rang mondial avec 6,4 Mb/j. Pour le premier trimestre 2005, cette croissance a été de 9,5 % et le Fonds monétaire international (FMI) se fait tout aussi optimiste pour 2006 avec une croissance attendue nettement supérieure à 8 %. La vigueur de la croissance des États-Unis continue à être aussi plus qu'appréciable car, malgré un léger ralentissement, son expansion est supérieure à la moyenne mondiale : en 2005, la demande de pétrole atteint 21 Mb/j, soit 1,7 % de plus qu'en 2004[1].

Il n'est pas inutile de signaler qu'en Amérique du Nord plus qu'ailleurs, on a tendance à faire endosser exclusivement, quand ce n'est pas naturellement, à la Chine la demande élevée de pétrole, ce qui est symptomatique de la nouvelle doctrine des stratèges étasuniens et de leur connaissance limitée de la réalité de ce pays que l'on traite davantage comme futur adversaire que partenaire. Le propos, ici, n'est pas de minimiser la place de plus en plus grande qu'occupe la Chine sur la scène énergétique mondiale, sachant que ce pays est le moteur principal de la croissance des besoins. Mais il convient de relativiser ce marché qui, aussi immense qu'il puisse être, ne représente encore même pas le tiers du marché pétrolier étasunien, comme le montre bien la figure 27.

On effraie la population nord-américaine en faisant valoir qu'en Chine un véhicule est vendu toutes les 4 à 5 secondes, mais on ne spécifie pas qu'il n'y a encore qu'à peine 30 millions de voitures pour les 1,3 milliard de Chinois, contre plus de 35 millions de voitures pour les 37 millions de Californiens. Par habitant, il y a en moyenne

35 fois plus de voitures aux États-Unis et 24 fois plus au Canada qu'en Chine. Au Canada et aux États-Unis, en 2006, la consommation de pétrole est de 25 barils par habitant et par an, contre 2 barils en Chine et moins de 0,9 baril en Inde. Et un calcul élémentaire permet de constater que si les Chinois et les Indiens avaient le même niveau de consommation que les Nord-Américains, on aurait eu besoin de doubler la consommation mondiale de pétrole. Aussi, sans contester la place de la Chine sur la scène énergétique mondiale, on ne peut, tel un leitmotiv, agiter «l'épouvantail» chinois comme unique justification de l'actuelle crise pétrolière, même si son économie croît trois à quatre fois plus vite que celle de l'Amérique du Nord.

FIGURE 27

Consommation de pétrole : USA vs Chine

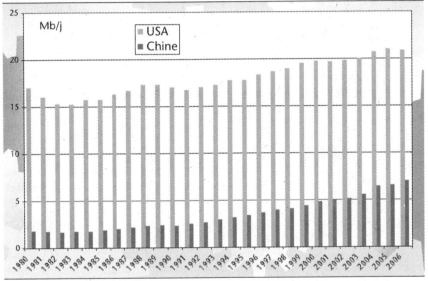

Sources : EIA 2006, IEA 2006, © Benhaddadi.

De plus, il n'est pas inutile de mentionner que la grande soif énergétique de la Chine est partiellement provoquée par les pays développés qui, à la suite des délocalisations, ont transféré vers les pays émergents (Chine, Inde, Brésil...) une bonne partie de leurs activités industrielles, dont en particulier celles à haute intensité énergétique.

Par ailleurs, selon le directeur général du FMI, Rodrigo Rato, l'économie mondiale devait être en mesure de supporter l'impact des prix élevés du pétrole et croître, comme prévu, de plus de 4 % en 2005, ce qui fut confirmé. Aussi, dans la semaine même où le baril de pétrole se négociait à près de 70 $US/b, le président de la Banque asiatique de développement[13], Haruhiko Kuroda estimait pour sa part que sa prévision de croissance pour l'Asie serait inchangée à 6,5 %, ce qui fut également confirmé.

Évidemment, le fait que la demande pétrolière mondiale a augmenté à un rythme beaucoup plus rapide que prévu a pesé lourdement sur le marché. Ainsi, il est incontestable que la crise actuelle se distingue assez nettement des deux chocs pétroliers des années 1970, où, physiquement, le pétrole a manqué sur le marché à cause de l'offre qui s'est retrouvée amputée de plusieurs Mb/j. La particularité de la crise actuelle est surtout reliée à la demande soutenue que l'offre n'arrive à assouvir qu'en mobilisant ses dernières ressources.

Il faut dire qu'au plus fort de la demande, on estimait au maximum à environ 1 Mb/j la quantité de pétrole susceptible d'être « chassée » ici et là en 2005 et 1,5 Mb/j en 2006, des volumes somme toute modestes si l'on considère la demande mondiale de plus de 82,6 Mb/j en 2004 et de 84 Mb/j en 2006. Ainsi, le facteur risque domine le marché, eu égard aux faibles capacités de mobilisation de production supplémentaire, alors que certains spécialistes prédisent que le facteur assurance ne peut être de mise tant que la production non utilisée dans le monde n'aura pas atteint au moins 4 Mb/j[7]. De ce fait, le marché vit constamment dans la crainte d'un événement impromptu car il suffit qu'un seul important exportateur connaisse quelques difficultés politiques (Venezuela, Nigéria, Iran) ou météorologiques (Norvège, Mexique...) pour que l'on soit en présence d'une pénurie physique de pétrole, un scénario catastrophe où les prix dépasseraient rapidement le niveau de 100 $US/b.

Par ailleurs, il n'est pas inutile de rappeler que le président de l'Agence internationale de l'énergie (AIE), Claude Mandil, a déclaré dans l'introduction de l'édition 2004 des *Perspectives énergétiques mondiales* que sa « publication est reconnue dans le monde entier comme la source la plus importante de statistiques, projections et analyses sur l'énergie ». C'est probablement vrai en ce qui concerne la richesse de l'information ; mais en ce qui a trait aux projections futures, l'Agence s'est souvent retrouvée en porte-à-faux avec ses prévisions, y compris pour le court terme. C'est notamment le cas du prix du pétrole qui a pris de court tous ses analystes, malgré l'exceptionnelle croissance économique qui prévalait. Peut-être qu'une partie de la réponse se trouve dans le fait que l'AIE est une agence rattachée à l'OCDE, créée à la suite du premier choc pétrolier et chargée spécifiquement de veiller aux intérêts de ses pays membres en matière de sécurité énergétique.

Il faut ajouter que ces projections inexactes de la demande et du prix du pétrole s'appliquent également au Département américain de l'Énergie (DOE)[1] qui, tout au long de l'année 2004 et dans un intervalle de moins de six mois, n'a pu prévoir les hausses soutenues du prix du pétrole, malgré l'exceptionnelle vigueur de la croissance économique chinoise et étasunienne.

2. *La situation au Moyen-Orient* où beaucoup d'observateurs considèrent que, n'eussent été la situation en Irak et les attentats en Arabie Saoudite, la flambée des prix n'aurait jamais été aussi abrupte. En Irak, l'insécurité, la guerre civile entre chiites et sunnites suscitée par l'intervention des États-Unis et les sabotages des installations pétrolières ont fait chuter la production alors qu'en Arabie Saoudite, premier exportateur mondial de pétrole, une série d'attentats contre des zones pétrochimiques ont créé une immense onde de choc sur les marchés, déstabilisés par l'incertitude qui plane sur ce pays qui a, jusqu'ici, joué le rôle de pompier dans la satisfaction des besoins pétroliers mondiaux. Les menaces et le ton agressif de l'administration étasunienne envers l'Iran et le risque de prolifération nucléaire que ce dernier pays pose ont créé des inquiétudes supplémentaires sur l'instabilité au Moyen-Orient. Plus tard, même la France de Sarkozy s'est mise dans la surenchère, avec son ministre des Affaires étrangères qui voulait jouer les «va-t-en-guerre» en Iran. Il est vrai que cette prise de position n'étonne que ceux qui ont bien vite oublié que le très médiatisé «French doctor» B. Kouchner a soutenu l'injuste guerre en Irak ainsi que le droit sans équivoque d'Israël de posséder des armes nucléaires et, pire que tout, a fait jouer un rôle peu glorieux et même plus que trouble à la France de Mitterrand en se rangeant ostensiblement du côté des bourreaux lors du génocide rwandais.

Quant à l'Iran, qui revendique haut et fort son droit d'accès à l'énergie nucléaire à des fins civiles, il est de plus en plus isolé et le délire négationniste de son président et ses violentes diatribes tous azimuts n'ont pas eu auprès des masses visées le succès escompté. Pourtant, l'Iran est signataire du Traité de non-prolifération nucléaire (TNP) et, jusqu'à preuve du contraire, rien n'indique que ce pays essaye de fabriquer la bombe. Aussi, même si sa coopération avec l'AIEA (Agence internationale de l'énergie atomique) a été jusqu'ici incomplète, le directeur de cette organisation et lauréat du prix Nobel de la paix en 2006, Mohamed El Baradei, est d'avis que l'Iran n'est pas une menace «imminente» et que la question de l'enrichissement de l'uranium peut être résolue par des moyens diplomatiques. Dans un message clair en direction de Washington, il préconise même d'«éviter de jeter de l'huile sur le feu», et d'utiliser plutôt une «diplomatie créative», la même approche que pour le dossier nord-coréen qui est en train d'évoluer très favorablement. Mais, qu'à cela ne tienne, avant même la publication du rapport de l'AIEA censé éclairer la nature de l'enrichissement d'uranium iranien, intervenu à la mi-novembre 2007, Israël a remis en cause l'impartialité de son directeur Mohamed ElBaradei, alors que la France du nouveau couple Sarkozy-Kouchner milite activement pour imposer à l'Iran des sanctions européennes hors cadre ONU. Israël, un pays qui refuse de signer le TNP et de faire contrôler par les inspecteurs de l'AIEA ses centrales nucléaires, dont la célèbre Dimona, pousse le bouchon jusqu'à demander le renvoi d'ElBaradei. Il est vrai que cette attitude machiavélique a totalement échappé aux politologues et éditorialistes canadiens, dont certains font preuve d'une malhonnêteté intellectuelle inouïe en « justifiant » à tout bout de champ toutes les exactions par la lutte pour la survie d'un pays qui depuis plus de quarante ans occupe de force les territoires d'autrui. Il faut dire aussi que bon nombre de ces politologues sont comme tétanisés dès qu'il s'agit d'émettre une critique de la politique de l'État hébreu, y compris quand il s'agit de dénoncer l'occupation, l'expropriation illégitime ou l'usage disproportionné de la force. À leur décharge, il faut reconnaître qu'Israël est le seul État de la région qui élit démocratiquement ses dirigeants politiques puisque tout autour, ce ne sont majoritairement que des despotes, des rois serviles ou des théocrates qui instrumentalisent la religion. Aussi, pendant que le premier ministre israélien est harcelé par la justice de son pays pour un délit non encore avéré, dans presque tous les pays arabes, la justice est instrumentalisée par le pouvoir pour asseoir sa domination sur la société et entraver toute velléité de contre-pouvoir. Cela dit, on ne peut pour autant réduire l'ensemble des valeurs de la démocratie à la seule alternance au pouvoir ou à l'indépendance du pouvoir judiciaire, et le pire génocide que l'humanité ait connu – l'Holocauste – ne doit pas empêcher d'évoquer les massacres et les crimes commis directement (Deir Yassine) ou en utilisant de tierces mains (Sabra et Chatila) par les Juifs israéliens envers les Palestiniens. Aussi, pendant que beaucoup prennent presque automatiquement des raccourcis en ne parlant que de terrorisme dès qu'il s'agit de Palestine ou du Moyen-Orient, ce n'est que lapalissade que de réaffirmer que l'étranglement économique, l'oppression, la négation, l'humiliation et les brimades quotidiennes de ces Palestiniens sur leur terre ancestrale par les Juifs israéliens durent maintenant depuis plus de un demi-siècle.

Pendant ce temps, les groupes de réflexion (*think tanks*) conservateurs et ouvertement inspirés par le puissant lobby pro-israélien AIPAC (American Israël Public Affairs Committee) ont amorcé le compte à rebours et la mise en branle de la machine belliciste étasunienne, quitte à refaire le coup des fameuses armes irakiennes de destruction massive qui se sont révélées être un pur mensonge dont le peuple irakien continue de payer le prix fort. Dans tout ce branle-bas de combat, il convient de ne pas passer sous silence l'impact de l'emprise de l'AIPAC sur les institutions étasuniennes, de sorte que les desiderata de ce puissant lobby définissent la politique étrangère étasunienne, ce que prouve l'absurde vote du congrès (à l'unanimité de ses 100 membres) et du sénat (par 410 contre 8) de résolutions de soutien à l'État hébreu lors de ses bombardements barbares sur le Liban durant l'été 2006.

L'Iran est désormais présenté comme le plus grand défi auquel font face les États-Unis et de nouvelles sanctions unilatérales, imposées hors cadre onusien, montrent le peu de respect envers cette organisation internationale dont les résolutions ne sont nullement considérées, quand elles ne peuvent pas servir d'alibi. À cet effet, le Département d'État rappelle que l'AIEA n'est qu'une agence technique et son directeur Mohamed ElBaradei commence à être pointé du doigt, comme l'était en son temps Hans Blix, le chef des inspecteurs de l'ONU en Irak avant l'invasion de ce pays. En parallèle, dans une rhétorique belliqueuse qui ressemble étrangement à celle qui a précédé l'invasion de l'Irak, le vice-président étasunien parle de «graves conséquences», alors que le président ne veut écarter aucune option et évoque ouvertement le «spectre d'une troisième guerre mondiale». Fin novembre 2007, les services de renseignements américains ont révélé que l'Iran avait gelé son programme d'armements nucléaires dès... 2003, ce qui va à l'encontre de la thèse des faucons étasuniens, qui ont voulu faire croire au monde que l'Iran était déjà en train de construire la bombe atomique. Cette nouvelle donne va probablement compliquer la tâche des va-t-en-guerre et autres adeptes de la gâchette facile. Mais qu'à cela ne tienne, cette nouvelle évaluation du renseignement étasunien n'a pas changé les donnes de l'administration Bush qui continue de maintenir «toutes les options», y compris une intervention militaire. Ce refus d'admettre l'évidence quand elle ne nous convient pas est particulièrement bien illustré par un vieil adage populaire algérien qui résume bien l'irrationalité: «C'est une chèvre, même si elle vole.»

Pour revenir à l'Iran, signalons que, malgré les réthoriques et les gesticulations incongrues de son président et de ses dignitaires religieux, ce pays n'a véritablement aucune capacité militaire de nuisance envers les États-Unis ou Israël. Par contre, toutes les monarchies arabes de la région sont à portée de ses multiples missiles, alors que le détroit d'Ormuz par où transite près du tiers du pétrole mondial est à portée de ses canons. L'Iran ne se privera probablement pas de faire embraser toute cette région névralgique, si jamais il est attaqué et les monarchies arabes n'ignorent probablement pas cette éventualité. Comme il n'existe pas d'autre route que le détroit d'Ormuz pour accéder au pétrole des pays du Golfe où sont concentrés les deux tiers des réserves mondiales, on peut imaginer les conséquences catastrophiques qu'induirait une nouvelle aventure étasunienne dans cette région. D'ailleurs, il y a un consensus voulant que dans le futur, bien plus que par le passé, le Moyen-Orient soit un centre d'intérêt et de tensions grandissants.

C'est pour une bonne part la situation actuelle au Moyen-Orient qui est responsable de la hausse vertigineuse des primes de risque, de 6 à 10 $US/b par baril, alors qu'habituellement cette prime tourne davantage autour de 1 à 2 $US/b. Avec une demande mondiale qui devrait passer de 82,6 Mb/j en 2004 à 115-120 Mb/j dans moins de deux décennies[1, 2, ...], il est légitime de se poser des questions sur l'aptitude de l'offre à suivre la demande, sachant que la majeure partie de cette nouvelle production ne pourrait provenir que du Moyen-Orient car, à cette date, la part des pays arabes dans la production mondiale devrait atteindre 41 %, contre 25 % actuellement. Dans cet ordre d'idées, il est incontestable que l'Arabie Saoudite, qui détient le quart des réserves mondiales de pétrole, se rapproche de la limite de ses capacités installées et ne peut jouer, à ce moment-ci, au pompier; c'est ce qui explique pourquoi le marché est sur une corde raide. On peut même, désormais, douter de la capacité de l'Arabie Saoudite de produire 18,2 Mb/j en 2020, puis 22,5 MB/j en 2025, comme le prévoit le scénario initial du Département américain de l'Énergie[1] qui a dû revoir, de façon substantielle, ses prévisions établies au courant des années 2004[11] et 2006[10]. Au demeurant, il n'est pas insensé de supposer que ce scénario est basé beaucoup plus sur les besoins pétroliers des États-Unis dans le futur, tels qu'ils se dessinent, que sur les réelles capacités saoudiennes à les satisfaire.

À ce propos, les auteurs sont d'avis que l'apathique implication de l'administration Bush II, qui a attendu la fin de son second mandat pour relancer les pourparlers en vue de résoudre le conflit israélo-palestinien, cache des arrière-pensées beaucoup moins nobles que la promotion de la paix. Tout laisse croire que la rencontre qui se prépare à Annapolis est, malheureusement, davantage un show médiatique conditionné par deux facteurs, *a priori*, antagonistes. D'une part, il y a la nécessité de créer un climat favorable à des investissements colossaux pour doubler la production pétrolière de cette région géographique névralgique. D'autre part, les États-Unis pointent désormais l'Iran comme future cible et veulent se donner toutes les chances pour l'atteindre à moindre coût. Dans cette perspective, après avoir suscité la guerre civile entre chiites et sunnites, l'actuelle administration républicaine veut franchir une étape décisive en essayant de transformer le conflit israélo-arabe en conflit... arabo-perse, quitte pour cela à tirer plus haut les oreilles des régimes alliés arabes récalcitrants. Cela dit, avec la présence de la Ve flotte à Bahreïn, le centre d'opérations aériennes au Qatar, des bataillons au Koweït et des facilités aéroportuaires aux EAU, de l'Oman, du Yémen et de l'Arabie Saoudite, les États-Unis ont déjà réuni les conditions propices pour s'attaquer à l'Iran, à moins que la hantise de la réaction de la *rue arabe* ne serve de rempart à ses frileux dirigeants pour cautionner une nouvelle aventure de l'actuelle administration républicaine, qui ne veut même pas admettre l'évidence du bourbier irakien.

Pourtant, aux antipodes de tous ces plans machiavéliques, il est incontestable que, bien plus que l'Irak, l'Iran ou le Liban que l'on range parmi les priorités au gré des circonstances, la sécurisation à long terme des approvisionnements énergétiques du monde occidental en provenance du Moyen-Orient ne passe ni par Baghdad ni par Téhéran ou Beyrouth, mais par une juste solution au problème palestinien, «la clé des problèmes du Moyen-Orient» (*dixit* Kofi Annan, secrétaire général sortant des Nations Unies à son ultime conférence de presse) et «l'injustice des injustices» (*dixit* B. Kouchner qui a souligné que tous les autres problèmes de cette région névralgique pourront alors se régler d'eux-mêmes). Avec son franc-parler habituel, ce même Kouchner a su mettre le doigt sur la plaie en affirmant que la colonisation israélienne est «[...] non seulement juridiquement illégale, mais elle est aussi politiquement le principal obstacle à la paix».

3. *Le raffinage de pétrole* qui n'arrive plus à suivre l'offre et qui crée ce que l'on appelle communément des *goulets d'étranglement* dans les pays grands consommateurs, ce qu'illustrent bien les données de la figure 28. Selon de nombreux observateurs, ainsi que les pays de l'OPEP, c'est dans ce secteur que se trouve le véritable nœud du problème, ce que confirment quelque peu les données de la figure 29. Il faut bien admettre que, à l'image des autres secteurs énergétiques, celui du raffinage de pétrole a souffert ces dernières années de flagrants sous-investissements, avec des raffineries qui fonctionnent au seuil de leurs limites d'utilisation. Ainsi, tout au long des années 2003-2007, les capacités mondiales de raffinage ne dépassaient la demande enregistrée que de 1 à 1,5 Mb/j. Qui plus est, aussi bien en Europe qu'en Amérique du Nord, la structure de ces capacités n'est plus parfaitement adaptée à l'évolution des besoins en produits raffinés, car une bonne partie des raffineries à travers le monde ne sont pas en mesure de traiter le brut lourd et à haute teneur en soufre, abondamment disponible.

Au plus fort de la crise, certains économistes nord-américains ont même comparé le prix des produits raffinés avec celui des légumes et des fruits dont l'abondance fait baisser les prix en été et la rareté crée la situation inverse en hiver. Ainsi, le mécanisme des prix permet d'éliminer les pénuries et les surplus et ces mêmes économistes concluent que l'on n'a pas à blâmer les pétrolières pour cela. Or, comme on le voit à la figure 29, qui donne l'évolution de 1970 à 2007 des capacités de raffinage de quatre pays du G8, ce raisonnement simpliste ne peut pas être accepté car c'est délibérément que les investissements dans les capacités de raffinage ont été gelés, sachant pertinemment que les besoins allaient augmenter. Il y a indéniablement spéculation abusive, surtout que le pétrole lourd est très abondant mais, sans aménagements supplémentaires onéreux, les raffineries ne sont pas en mesure de le traiter.

Figure 28
Répartition de la capacité de raffinage par pays

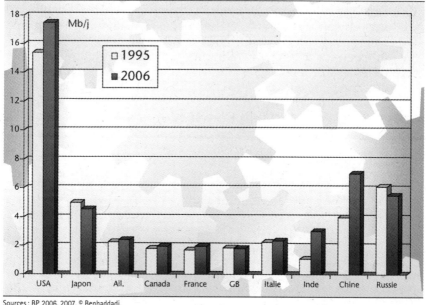

Sources : BP 2006, 2007, © Benhaddadi.

C'est particulièrement le cas aux États-Unis où aucune raffinerie majeure n'a été construite depuis 1976[1], alors que les différents États ont tendance à préférer des produits raffinés plus propres. Il est vrai qu'entre-temps le taux d'utilisation moyen des 149 raffineries en fonctionnement est passé de 51 % au lendemain du deuxième choc pétrolier à 95 % aujourd'hui[1]. Par ailleurs, il est vrai aussi que le durcissement de la législation étasunienne sur les émissions de sulfure a quelque peu pris de court les raffineurs qui doivent tenir compte des nouvelles normes. La conséquence est que, pour ces cinq dernières années 2003-2007, une pénurie d'essence commence à se manifester dès le début de chaque été, provoquant du même coup une envolée des prix.

D'ailleurs, en Amérique du Nord, cette pénurie n'est pas près de se résorber, faute de projet significatif pour augmenter la capacité de raffinage. Investir dans le raffinage ne semble pas être une priorité et, au Canada, ce manque d'intérêt est perceptible chez les plus grandes pétrolières, comme Esso, Shell ou Pétro-Canada. Aux États-Unis, la plus grande entreprise de raffinage sur le continent nord-américain, Valero Energy, reconnaît qu'elle n'a aucun projet majeur de nouvelle raffinerie, alors que son profit d'exploitation a augmenté de 46 % au milieu de 2005 par rapport à celui relevé au milieu de 2004. Dans l'ensemble, selon l'Agence Bloomberg, la marge bénéficiaire des raffineurs nord-américains a atteint le record de 15,5 $US/b, soit 3 à 5 fois plus que d'habitude, ce qui permet à leurs valeurs boursières d'atteindre des sommets dont elles ne pouvaient même pas rêver. Il faut convenir que ces superbénéfices peuvent être affectés par une baisse brutale de la demande, ainsi que par une bonification de l'offre qu'occasionnerait la construction de nouvelles capacités de raffinage.

FIGURE 29
Évolution de la capacité de raffinage de pétrole

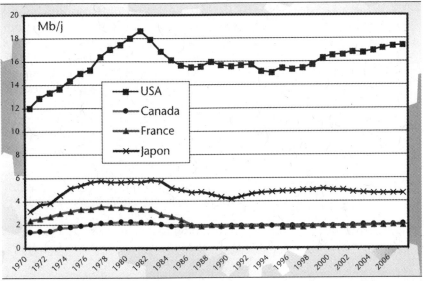

Sources : EIA 2007, © Benhaddadi.

Cependant, comme la situation est suffisamment préoccupante, l'administration présidentielle étasunienne a songé à offrir des bases militaires désaffectées aux entreprises qui voudraient consentir les lourds investissements, soit un minimum de deux milliards de $US, que requièrent les nouvelles installations de raffinage. Ce problème n'est pas propre aux États-Unis puisque d'autre pays, tels que le Japon, la France et le Canada, ont actuellement des capacités de raffinage inférieures à ce qu'elles étaient il y a un quart de siècle, ce que révèlent les données de la figure 29 ; ces données illustrent l'évolution des capacités de raffinage du 1er janvier 1970 au 1er janvier 2007[1].

Certains analystes pensent que l'accroissement des prix des produits raffinés a automatiquement tiré vers le haut les prix du pétrole brut. C'est aussi l'analyse que fait l'EIA[1] dans son rapport semi-annuel, pour qui l'envolée des cours de l'essence a pour origine celle des prix du brut, alors que les capacités limitées de raffinage exercent des pressions supplémentaires sur les prix à la pompe. De plus, l'Agence s'attend désormais à ce que les cours restent fermes, au-dessus de 60 $US/b en raison d'un approvisionnement de plus en plus tendu, en particulier pour le pétrole léger, le «*light sweet crude*», pétrole moins riche en soufre et donc beaucoup plus aisé à raffiner.

4. *La politique de l'OPEP* de quotas par pays a fini par être bénéfique à ses membres. Comme on peut le constater à la figure 26, le prix du pétrole a été relativement stable jusqu'en 1997. Les pays membres de l'OPEP ont, à plusieurs reprises, affiché clairement un objectif de prix de 20 $US/b, prix qui n'a été atteint qu'épisodiquement. Voulant obtenir un raffermissement des cours, l'OPEP a opté pour le contingentement de l'offre pétrolière, c'est la politique de quotas par pays, prônée sans grand succès depuis 1982! Mais, en raison de l'indiscipline de certains de ses membres qui ont systématiquement dépassé leurs quotas, la régulation des cours par l'OPEP s'est révélée peu efficace et la volonté de ces pays de contrôler les prix pétroliers n'a pas eu le succès escompté. Par contre, on peut présumer que cette politique de contingentement de l'offre par l'OPEP a évité un effondrement des cours, même si le tribut à payer a été une réduction de sa production au profit des pays non membres de l'OPEP.

À la suite de la crise économique qui a frappé l'Asie du Sud-Est en 1998 et l'augmentation de la production des pays de l'OPEP, le marché pétrolier s'est retrouvé inondé par l'offre qui surpassait nettement la demande. Cette surabondance de l'offre a été causée essentiellement par la lutte sans merci que se sont livrés certains pays membres, en particulier l'Arabie Saoudite et le Venezuela, pour imposer leur quota de production. On a alors assisté à une baisse substantielle des cours, à 9,5 $US/baril au mois de septembre 1998, avec des conséquences désastreuses sur leurs équilibres macro-économiques. Même l'Arabie Saoudite, la «Mecque» du pétrole, s'est retrouvée avec un déficit budgétaire. Il faut dire que la plupart des pays de l'OPEP sont tributaires, essentiellement quand ce n'est pas exclusivement, des recettes pétrolières, dont les exportations fournissent, entre autres, 90% des recettes extérieures pour l'Arabie Saoudite et pas loin de 99% pour l'Algérie. Aux antipodes de ces mastodontes de la politique rentière de pays riches aux populations pauvres que l'on essaie d'expliquer de façon irrationnelle par ce que l'on appelle communément la malédiction pétrolière, de minus-cules petites monarchies du golfe Persique sont en train d'accomplir leur développement économique en utilisant à meilleur escient leur manne pétrolière. L'illustration la plus parlante est donnée par Qatar, dont les dirigeants ont une réelle volonté de s'inscrire dans la modernité et la tolérance, même si aujourd'hui encore cet Émirat est davantage connu comme propriétaire d'Al-Jazira, la chaîne qui a concurrencé CNN en diffusant en direct la deuxième guerre du Golfe et les cassettes de Ben Laden, dont elle semble devenir le porte-parole attitré. Quant à Dubaï, nouvelle grande place financière, elle s'apprête à recevoir rien de moins que le nouveau siège social du géant des services pétroliers Halliburton.

Conscients de se tirer dans les pieds, les pays de l'OPEP ont alors renforcé leur politique de contingentement de l'offre pétrolière en réduisant réellement leurs quotas, ce qui a amené une quasi-disparition des excédents de capacité de production, facilitée par un retour à la cohésion de ses membres. Avec le vent en poupe et des prémisses d'une certaine renaissance dès l'an 2000, les pays de l'OPEP ont alors défini une fourchette de prix de pétrole de 22 à 28 $US/b, assujettie à un mécanisme de régulation en vertu duquel ils augmenteront ou diminueront leur production selon que le prix est supérieur à 28 $US/b ou inférieur à 22 $US/b. Cette politique de contingentement de l'offre pétrolière a permis une augmentation des cours, puisque le prix du panier OPEP est resté depuis fin 1999 au-dessus de la borne inférieure de 22 $US/b.

La nouvelle discipline des pays de l'OPEP a même réussi à entraîner dans son sillage les pays non membres de cette organisation. C'est ainsi qu'au lendemain des attentats terroristes du 11 septembre 2001, où l'on a assisté à une baisse substantielle de la demande pétrolière mondiale, l'OPEP a non seulement réduit sa production de 1,5 Mb/j mais a convaincu les pays non membres (Russie, Mexique, Norvège...) de réduire la leur de 0,5 Mb/j, ce qui a eu pour effet de maintenir les prix au-dessus de 20 $US/b, alors que la demande avait chuté et que les stocks avaient atteint leur apogée.

Dans ce contexte, les prix se sont maintenus à un niveau élevé et, depuis la fin de 2003, le panier OPEP est resté au-dessus de la borne supérieure de 28 $US/b. Les cours du panier OPEP sont en moyenne de 0,5 $US/b au-dessous de ceux du Brent et il est constitué des sept pétroles bruts suivants : l'Arab Light (Arabie Saoudite), le Bonny Light (Nigéria), le Dubaï, l'Isthmus (Mexique), le Minas (Indonésie), le Sahara Blend (Algérie) et le Tia Juana Light (Venezuela).

À la lumière de la flambée des prix pétroliers, le débat sur la fourchette 22-28 $US/b a été relancé et les pays de l'OPEP n'ont pas caché leur volonté de la revoir à la hausse, jugeant, dans une première étape, que le prix maximal de la fourchette devrait être autour de 32-34 $US/b. Au début de l'année 2005, l'OPEP a fait savoir qu'elle visait un prix de 40 $US/b ; la même année, toute référence à la formule prix plafond a été abandonnée. Durant l'été 2007, le comportement de l'OPEP a laissé croire que cette organisation s'est donné un objectif implicite de prix autour de 70 $US/b. Pourtant, même si la politique de limitation volontaire de l'offre sur le marché prônée par l'OPEP a contribué, de façon significative, au raffermissement des cours pétroliers, on ne peut conclure que cette organisation dicte désormais les prix. Bien plus, certains analystes pensent que l'OPEP, actuellement dépourvue à court terme de capacités de production supplémentaire notable, n'a plus aucune influence stabilisatrice sur le marché.

Par ailleurs, les pays de l'OPEP arguent, non sans raison, que la dévaluation, *de facto*, de la monnaie étasunienne avec laquelle se font toutes les transactions pétrolières, a déjà amputé près de la moitié de leurs revenus pétroliers de ces cinq dernières années. De plus, malgré les projecteurs braqués sur les exportations énergétiques, désormais, ces dernières ne représentent plus que 7 % des échanges mondiaux contre le double au lendemain du deuxième choc pétrolier. Ils ajoutent, sans ironie, que les pays exportateurs de pétrole contribuent à l'expansion économique des pays industrialisés, où ils recyclent systématiquement leurs revenus pétroliers dans l'achat des biens, des services et des produits manufacturiers, concourant par là même à la restauration de la croissance économique mondiale. De plus, dans le domaine de l'énergie, la surfacturation est souvent de mise envers ces pays qu'on pense, à tort ou à raison, qu'ils sont capables de payer n'importe quel prix. L'illustration est donnée par les 16 milliards de dollars américains que le Koweït s'est fait demander pour une raffinerie de 600 000 b/j, alors que les sociétés espagnoles Repsol et Gas Natural ont fait passer en moins de trois ans le coût d'investissement dans le projet gazier Gassi-Touil (Algérie) de 2,9 à 6,8 milliards d'euros, ce qui a occasionné l'annulation du contrat que les pétrolières ont, après coup, vainement essayé de justifier par des considérations politiques.

La politique prônée par l'OPEP, à laquelle s'est joint l'Angola comme 12ᵉ membre à partir de 2007 et que s'apprête à réintégrer de nouveau l'Équateur comme 13ᵉ, a eu pour conséquence de réduire substantiellement sa part du marché. En effet, il y a un quart de siècle (lors du deuxième choc pétrolier), l'OPEP produisait 31 Mb/j et avait des capacités de production de 34 Mb/j, alors que la production mondiale était alors de 55 Mb/j. Aujourd'hui, l'OPEP produit 30 Mb/j et a des capacités de 31 Mb/j, alors qu'entre-temps la production mondiale est passée de 55 à plus de 84 Mb/j.

Même s'ils ne représentent que 38 % de la production de pétrole, les pays de l'OPEP détiennent environ 80 % des réserves et, surtout, réalisent pas moins de 70 % des exportations mondiales, ce que confirment quelque peu les données des figures 30 et 31, même si les données du Département américain de l'Énergie[1] (figure 31) ne correspondent pas exactement à celles de l'Agence internationale de l'énergie[2] (figure 30). Par conséquent, même si l'OPEP, aujourd'hui, n'a pas de substantielle capacité supplémentaire immédiatement disponible, cette organisation tire sa puissance de sa capacité à produire plus, une fois mobilisés les investissements supplémentaires requis.

Quant à la puissance actuelle de l'OPEP, elle peut être illustrée par l'écrémage des superprofits auquel ont procédé certains de ses membres aux dépens des multinationales pétrolières avec qui ils avaient des contrats dits à partage de production. Après avoir vainement essayé de s'opposer à cette mesure, y compris par le chantage, ces multinationales se sont rendues à l'évidence que ces pays étaient maîtres chez eux. Il est vrai que ces contrats à partage de production étaient négociés du temps où les pétrolières étaient en position de force, avec un baril de pétrole à 20 $US/b. Dans certains contrats, elles avaient même tiré toute la corde de leur côté en exigeant un retour sur leurs investissements avant de procéder au partage de la production. Aujourd'hui, le vent a tourné et les superprofits exorbitants que réalisent ces multinationales pétrolières sont désormais surtaxés par certains pays de l'OPEP.

FIGURE 30

Pays exportateurs de pétrole : top 10 en 2006

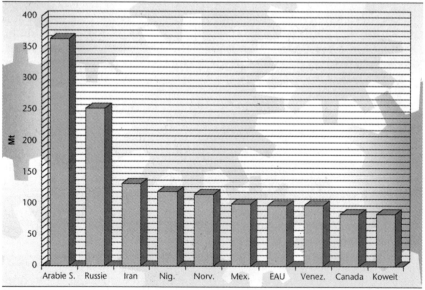

Sources : IEA 2007, © Benhaddadi.

Il est donc patent qu'à long terme le rôle de l'OPEP deviendra encore plus important car ce sont ces pays qui vont couvrir la majeure partie de l'accroissement des besoins qui, dit-on, devraient passer à 115-120 Mb/j dans moins d'un quart de siècle. Cette réalité, aussi amère qu'elle puisse être, est inévitable, ce qui explique peut-être pourquoi certains essayent de s'octroyer, de gré et/ou de force, un accès prioritaire à cette énergie de demain.

FIGURE 31

Pays exportateurs de pétrole : top 10 en 2006

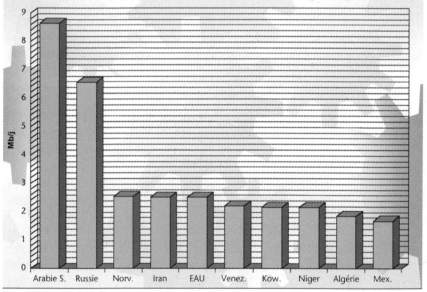

Sources : EIA 2007, © Benhaddadi.

5. ***L'impact de la spéculation*** sur les prix du pétrole est très difficile à chiffrer, mais il n'y a plus l'ombre d'un doute qu'elle fait partie de l'équation du prix et explique, en partie, l'instabilité des cours actuels. Les bénéfices des compagnies pétrolières ont augmenté démesurément, contribuant au renchérissement des dividendes de leurs actionnaires. Ces bénéfices ont atteint des niveaux embarrassants, surtout qu'il n'y a pas eu d'augmentation de production mais, au contraire, moins de prospections. Avec un marché particulièrement tendu, tout problème dans les approvisionnements est exacerbé au niveau de la Bourse.

Quand un dirigeant d'une multinationale pétrolière déclare «Nous n'allons pas nous plaindre que le baril soit à 50 dollars» ou que deux analystes financiers affirment, l'un «Le fait que l'OPEP envisage d'augmenter à nouveau sa production n'est pas rassurant car l'OPEP est en train de tirer ses toutes dernières cartouches», et l'autre

« L'humeur du marché à l'heure actuelle est telle que même lorsque rien d'inquiétant ne se passe, les opérateurs sont à la recherche de quelque chose de préoccupant », on peut, sans trop risquer de se tromper, conclure que les prix élevés du pétrole font l'affaire des pétrolières et du monde de la finance. Pour s'en convaincre, il suffit d'examiner les bénéfices annuels réalisés par ces multinationales, qui augmentent dans des proportions déraisonnables. Ainsi, en termes de valeur boursière, la plus importante compagnie pétrolière cotée en Bourse, Exxon-Mobil, dont les actions ont doublé en moins de trois ans et les profits ont crû de 44 % seulement pour le premier trimestre 2005, vient de détrôner General Electric du 1er rang mondial. Bien mieux, en 2006, Exxon-Mobil a enregistré un nouveau record de tous les temps, avec un superbénéfice net de 39,5 milliards de dollars américains. L'anglo-néerlandaise Royal Dutch/Shell n'est pas en reste puisque ses profits ont fait un bond de 28 % en 2004, la propulsant au 7e rang mondial. Au Canada, pour l'année 2004, le bénéfice de Shell Canada a fait un bond de 94 % ! Ce que la multinationale, visiblement mal à l'aise, justifie par l'apport du projet d'exploitation des sables bitumineux de l'Athabasca et les meilleures marges de raffinage. Quant à la plus grande entreprise pétrolière qui opère au Canada, Esso Impériale (filiale de Exxon Mobil), elle a réalisé un profit record de trois milliards de dollars américains en 2006, malgré les replis des cours pétroliers en fin d'année. Toujours au Canada, 4 des 10 sociétés les mieux cotées en Bourse sont désormais des compagnies pétrolières et la plus importante d'entre elles, EnCana, est en train de ravir à la plus grande banque canadienne, la Banque Royale, le premier rang en termes de capitalisation boursière.

En outre, le prix élevé du pétrole occasionné par la spéculation bénéficie aux fonds communs de placement qui détiennent un fort pourcentage de leur portefeuille en titres énergétiques. C'est ainsi qu'au mois d'août et au Canada, 7 des 10 fonds qui ont affiché le meilleur rendement absolu sont les fonds dits de ressource avec une forte teneur en titres énergétiques. Il est tout de même assez curieux de constater que la hausse du prix du pétrole, qui a pris de court les économistes et les opérateurs, a été anticipée par quelques traders et fonds d'investissements qui ont réalisé des plus-values considérables.

Par ailleurs, que le marché réagisse à la loi de l'offre et à la demande assujettie à la géologie et à la conjoncture géopolitique est somme toute plus que plausible. Mais qu'un chef guerrier, le pseudo « Mudjahid » et illustre inconnu Dakubo-Asari pour ne pas le nommer, se disant néanmoins adepte de Ben Laden, provoque au New York Merchantile Exchange (NYMEX) une augmentation de 2 \$US/b du prix du pétrole par ses déclarations incendiaires, alors qu'il ne peut immobiliser dans le pire des cas plus de 0,5 Mb/j (soit 0,6% de la demande mondiale) frise le ridicule. *A contrario*, au lendemain de l'euphorique élimination du sanguinaire terroriste Al-Zarkaoui, réputé beaucoup plus proche de Ben Laden, les cours pétroliers n'ont chuté que d'un maigre 0,5 $US/b. Dans cet ordre d'idées et des années plus tard, l'arraisonnement d'un navire anglais par les Iraniens a aussitôt induit une envolée du prix du pétrole de plus de 2,5 $US/b au NYMEX, alors que le prix de l'essence à la pompe à Montréal a connu un renchérissement de près de 10 cents le litre. La libération des 15 marins otages, quelques jours plus tard, n'a eu presque aucun effet sur le marché, et encore moins à la pompe. Il est vrai que le mégalomane Ahmadinejad a eu la «malheureuse» idée de libérer ses otages à la veille des fêtes de Pâques, alors que les pompistes, tout comme le marché, répugnent à baisser les prix la veille de longs congés.

Le propos est ici de dénoncer les explications peu convaincantes que nous servent les spécialistes et les analystes pour tout justifier quand il s'agit du prix du pétrole, y compris l'injustifiable. C'est le cas du prix de l'essence aux États-Unis et Canada. Ainsi, à Montréal en mai 2004, le prix de l'essence a frôlé le seuil historique de 1 $ le litre avec le baril de pétrole qui a atteint 40 $US/b. Dix mois plus tard, fin mars 2005, le pétrole est à 55-56 $US/b et l'essence à 0,93-0,97 $. Juste avant le long congé (est-ce un hasard?) de la fête du Travail, qui, en Amérique du Nord, est célébrée le premier lundi de septembre, et après le passage de l'ouragan Katrina, en moins d'une semaine, le prix de l'essence est passé de 1,15 $/l, puis subitement à 1,35 $/l, puis de nouveau subitement à 1,474 $/l. Tout au long de l'été 2007, c'est un phénomène inverse qui a été observé: alors que le pétrole est nettement au-dessus de 80 $US/b, l'essence est à moins de 1 $/l, avec même un prix «record à l'envers» de 0,964 $/l à Montréal, soit un cent de moins que le prix minimal imposé par la Régie de l'énergie, l'autorité de régulation du marché au Québec (Canada).

Les uns nous expliquent ces paradoxes par le fait que les marchés de l'offre et de la demande du pétrole brut et de l'essence sont deux marchés distincts qui réagissent, respectivement, à l'actualité géopolitique et aux stocks. Un peu plus prosaïquement, d'autres spécialistes avancent que la spéculation à court terme a atteint un niveau élevé, ce qui a induit un prix record de l'essence et que, au fur et à mesure que l'été passerait, les besoins baisseraient et les prix de l'essence à la pompe se stabiliseraient. L'intention ici n'est pas tant de montrer que ces explications sont complètement farfelues que d'illustrer le degré d'irrationalité atteint. Au demeurant, ces explications, plutôt alambiquées, ne font même pas allusion à l'anormalité de la situation et encore moins à l'enrichissement spéculatif procuré. À ce propos et au lendemain du passage dévastateur de l'ouragan

Katrina, toutes proportions gardées, nous n'avons pu nous empêcher d'établir un parallèle entre les pillards de la Louisiane et les multinationales pétrolières qui profitent sans vergogne de la crise pour s'enrichir indûment aux dépens de la population, un peu comme l'ont fait les charognards de la Nouvelle Orléans, au lendemain du passage de Katrina.

6. *L'opacité et le volume des réserves pétrolières* posent un double problème. Ainsi, la question des réserves restant à découvrir soulève maintes polémiques et revêt une importance stratégique, surtout eu égard à la très grande dépendance des économies contemporaines envers le pétrole. Ces dernières années, on découvre de moins en moins de nouveaux riches gisements. Ainsi, pour ce dernier quart de siècle, un seul méga-gisement digne de ce nom a été trouvé au Kazakhstan et, plus récemment, un autre de moindre importance dans les profondeurs du golfe du Mexique (États-Unis). Et, ce qui est inquiétant, c'est que les nouvelles découvertes ne compensent plus le pétrole extrait chaque année. D'ailleurs, la question controversée des réserves de pétrole oppose assez souvent les géologues, plutôt pessimistes et enclins à considérer le tarissement de la ressource, aux économistes, plutôt optimistes et enclins à estimer les besoins à combler.

L'analyse des pessimistes, fers de lance de l'association ASPO (Association for the Study of Peak Oil), est basée sur la projection dans le futur des tendances passées et tient compte du décalage moyen de 15-40 ans entre la découverte d'un champ pétrolifère et le début de son tarissement. Leur analyse est basée sur le « pic Hubbert », du nom de ce célèbre géologue de Shell qui a prédit un demi-siècle en arrière (1956) le déclin de la production pétrolière étasunienne pour le début des années 1970 et dont les calculs se sont avérés précis. Selon Huppert, la production pétrolière suit une courbe en cloche dont le point maximal est dépassé dès que la moitié des réserves sont extraites. Ils déduisent de ce fait que la pointe de production de pétrole conventionnel a commencé avec le nouveau millénaire. D'ailleurs, même le plus grand champ pétrolifère saoudien et mondial, Ghawar, découvert en 1948 et dont on extrait 5 Mb/j, est considéré comme fonctionnant à son pic, alors que les vieux puits koweitiens de Burgan et Raudhatain, qui couvrent les deux tiers de la production de ce pays, commencent à manifester des signes d'essoufflement. L'Iran n'est pas en reste puisque six de ses principaux gisements sont en déclin. D'autres observateurs de même obédience affirment que le renouvellement des réserves est essentiellement redevable à des « arrangements comptables » assez douteux, effectués de façon volontaire pour des raisons de stratégie politique par les pays de l'OPEP. En effet, au sein de cette organisation, l'allocation des quotas respectifs de production de pétrole est partiellement tributaire des réserves et il est pour le moins paradoxal que pour bon nombre de ces pays, celles-ci soient supposées figées depuis plus d'une décennie alors qu'ils produisent à pleine capacité. En conséquence, pour ces observateurs, les chiffres de production sont manipulés, alors que ceux des réserves sont « idéologisées ».

A contrario, d'autres observateurs, plus optimistes, plus enclins à mettre en exergue les besoins et au premier rang desquels émergent les économistes, rétorquent que, depuis un demi-siècle, le ratio réserves/production à l'échelle mondiale a toujours oscillé autour de 40 ans et que l'évolution des techniques permettrait de découvrir des gisements autrefois inaccessibles. De plus, le taux de récupération des anciens puits pourrait être doublé, de sorte qu'ils considèrent que les puits existants pourraient produire une quantité de pétrole semblable à celle que l'on pourrait extraire des futurs champs qui restent encore à découvrir. Ainsi, de façon schématisée, ils résument leur point de vue en tablant sur des réserves de 3 000 milliards de barils (3 000 Gb), dont 1 000 Gb sont consommés, 1 000 Gb de réserves prouvées et 1 000 Gb restants à découvrir. Ils déduisent, de ces faits, que le maximum de production de pétrole conventionnel n'arriverait pas avant la fin de la deuxième décennie de ce nouveau millénaire. Certains, à l'instar des dirigeants de la Saudi Aramco, insinuent même que le monde n'a consommé que le cinquième de son potentiel pétrolier.

Par ailleurs, l'industrie du pétrole et du gaz a été critiquée pour la façon dont certaines sociétés déclarent leurs réserves, surtout depuis que le groupe Royal Dutch/Shell a reconnu en 2004 qu'il avait surestimé ses réserves d'environ 20 % (l'équivalent de 3,9 Gb). Depuis lors, il n'est plus surprenant que les chiffres publiés par d'autres grandes sociétés privées ou d'État suscitent des interrogations sur leur fiabilité, ce que confirment les déconvenues subséquentes d'El Paso (États-Unis) et Repsol (Espagne).

En revanche, on peut avoir davantage de confiance dans :

a) les données du Département américain de l'Énergie[1] qui indique qu'il ne fait des évaluations de réserves que pour les États-Unis et spécifie qu'il n'est aucunement responsable des données sur les autres pays dont il demande de citer et de vérifier la source ;

b) la nouvelle position du Conseil mondial de l'énergie[2], qui admet désormais la réalité d'un déclin imminent dans la production pétrolière mondiale ;

c) les compagnies d'espionnage telles que Wood Mackenzie ou Petroconsultants qui, dit-on, placent leurs espions directement dans les terminaux pétroliers pour connaître les exportations exactes de chaque pays et qui vendent à prix d'or les «données réelles» des réserves des champs du monde entier, hormis des États-Unis;

d) les rapports de l'ancien chef d'Aramco, qui a récemment indiqué que les estimations de la future production saoudienne ont été sérieusement exagérés.

À l'opposé, des doutes sérieux pèsent sur les statistiques officielles de la Russie dont les réserves sont surestimées et (re)devenues un secret d'État, ce que confirme un récent rapport de l'AIE[2] qui estime que la production pétrolière de ce pays serait, dans les prochaines années, au-dessous des prévisions. Les sources occidentales considèrent que la Russie surévalue ses réserves prouvées de plus d'un tiers, ce qui peut se révéler fondé, surtout si l'on considère que la guerre froide fait partie de l'histoire du siècle passé.

Quant aux réserves pétrolières des pays membres de l'OPEP, elles servent surtout à déterminer les quotas respectifs de production et sont, de ce fait, sujettes à suspicion, surtout qu'elles ne sont vérifiées par aucun organisme indépendant. Cette méfiance n'est pas récente puisqu'elle remonte à plus de deux décennies en arrière, avec la mise en service du système de plafond de production et de quota de production, en fonction des réserves prouvées. À la suite de l'élaboration de ce système et à partir du milieu des années 1980 et du contre-choc pétrolier, les pays du golfe Persique (Koweït, Arabie Saoudite, Iran, Irak, Émirats arabes unis) ont procédé à des réévaluations exceptionnelles de leurs réserves: ainsi, en l'espace d'une année, le Koweït a augmenté les siennes de 40 %, l'Arabie Saoudite de 50 %, l'Iran et l'Irak de 100 % chacun et les Émirats arabes unis de 200 %! Il est plus que probable que des découvertes supplémentaires ont été faites ces années-là dans cette région géographique particulièrement bien pourvue, mais aujourd'hui encore certaines restent sujettes à caution. De plus et depuis lors, ces pays n'ont pas procédé à la modification de leurs réserves, malgré une production cumulée de près de 150 Gb. C'est ainsi qu'on se retrouve avec un écart de 400 Gb de pétrole entre les estimations officielles des réserves de la Russie et des pays de l'OPEP et celles que leur attribuent les organismes privés indépendants, ce qui ne veut pas dire que ces derniers ont forcément des données plus plausibles. Toujours est-il que ce «trou» de 400 Gb dans les estimations des réserves pétrolières faites par les uns et les autres est immense puisqu'il représente 13 ans de consommation de la planète. À moins que, sans le dire, certains confondent plus ou moins volontairement dans leurs estimations les réserves prouvées avec les réserves probables ou possibles, ce qui peut expliquer la différence démesurée.

D'ailleurs, la réaction suscitée par le rapport Simmons au sujet de l'état des gisements saoudiens, qui représentent près du quart des réserves mondiales, illustre l'exacerbation des inquiétudes. Ce rapport[27] estime que les cinq puits supergéants qui fournissent 90 % du pétrole saoudien, découverts entre 1940 et 1965, sont surexploités. Aussi, leur niveau de production est maintenu artificiellement en recourant à l'injection de l'eau de mer et de vapeur en vue de compenser leur chute de pression, cette technique peut même porter préjudice aux réserves non entamées. De ce fait, il est peu probable que l'Arabie Saoudite soit en mesure de livrer les quantités de pétrole qu'on attend d'elle et que la production est susceptible d'entrer en déclin dans un proche avenir. Signe avant-coureur ou fatalité, même le Département de l'Énergie des États-Unis[1, 10] a revu à la baisse ses projections sur l'augmentation de la production saoudienne à l'horizon 2030. Une différence énorme, de plus de 6 Mb/j !

Il faut convenir que le problème des réserves est de taille, surtout pour les pays de l'OPEP appelés à augmenter leur production. Du temps des vaches maigres, ces pays se disputaient régulièrement les quotas alloués ; maintenant que la demande est élevée, il s'avère qu'ils produisent presque tous à pleine capacité. Voilà un fait qui illustre à quel point l'opacité des réserves pétrolières peut être une source d'inquiétude. Surtout que Shell a déjà ouvert la boîte de Pandore.

7. *L'impact des événements* a priori *marginaux* (les conflits ethniques, grèves, perturbations atmosphériques...) n'est plus négligeable en période de forte tension. La grève politique de la compagnie nationale de pétrole contre le président démocratiquement élu du Venezuela, durant l'hiver 2003, a conduit à une forte chute de la production pétrolière dans ce pays. Les déboires de la compagnie russe Loukos, conjuguée avec les problèmes récurrents du Nigeria, a fragilisé davantage et de façon notable le marché. Signe de la nervosité et de l'irrationalité de la situation : l'augmentation des prix a même été expliquée, à un moment donné, par la décision de la Royal Dutch Shell de fermer sa plate-forme de Draugenen qui, pourtant, ne produit qu'un modeste 0,12 Mb/j ! Il suffirait donc d'une perturbation mineure dans un des principaux pays exportateurs de pétrole pour provoquer un déficit de l'offre et un nouvel accès de fièvre sur le marché. La tension entre l'offre et la demande est devenue si grande que toute entrave, même non fondée, à la production de pétrole, causée par des événements politiques de second ordre ou des calamités naturelles, se répercute aussitôt en Bourse. Pis encore, les réactions épidermiques du marché ont transformé le pétrole en arme entre les mains d'acteurs, assez souvent occultes, pour le moins pas évidents à cerner.

8. *L'offre supplémentaire des pays non membres de l'OPEP* est potentiellement réduite car les capacités de production inutilisées sont actuellement inexistantes, même si l'offre de ces pays représente plus de 60% de la production mondiale. Ayant grugé une part de marché plus élevée durant le milieu de la décennie 1980-1990, cela fait maintenant des années que ces pays s'activent essentiellement à améliorer le taux d'utilisation de leurs installations. Néanmoins, parmi les pays non membres de l'OPEP, à terme, la seule production supplémentaire d'une certaine importance proviendrait de la mer Caspienne (Russie, Turkménistan, Kazakhstan, Azerbaidjan et Iran). Mais ces cinq pays ne se sont pas encore mis d'accord sur le partage des richesses de cette mer intérieure, dont on dit qu'elle recèle la troisième réserve énergétique mondiale. L'autre exception est le Canada qui s'apprête à consentir de très lourds investissements dans l'exploitation de ses sables bitumineux et dont la production va minimalement tripler dans moins de 10 ans. Par contre, on s'attend à un déclin imminent pour certains pays, importants producteurs (Chine, Mexique...), alors que pour d'autres (Royaume-Uni, Norvège...), ce déclin a déjà commencé.

Par ailleurs, les marges de manœuvre des multinationales pétrolières se sont considérablement rétrécies puisqu'il n'y a plus aucune société privée qui dispose d'une marge et d'un poids suffisants pour influencer les cours. En effet, à la suite des nationalisations des hydrocarbures par les pays producteurs dans les années 1970, aujourd'hui, les multinationales pétrolières (Exxon Mobil, Chevron Texaco, RoyalDutch Shell, British Petroleum et Total) disposent de moins de 10% des réserves mondiales, contre plus de 60% avant le premier choc pétrolier. Aussi, elles ne gèrent qu'un peu plus de 15% de la production, dont 3,3% pour la plus importante d'entre elles, ExxonMobil. Cela dit, l'actualité énergétique forge aussi le constat que même advenant l'existence d'une plus grande marge, il n'est pas établi que les pétrolières feraient passer l'intérêt public devant leurs intérêts privés, surtout eu égard aux dizaines de milliards supplémentaires à amasser.

9. *Le marché est également sensible à l'évolution des stocks*, en particulier en périodes de fortes incertitudes ou de tensions entre l'offre et la demande. En effet, c'est presque toujours systématiquement que les bas stocks entraînent une hausse des cours, alors que les stocks élevés font l'inverse, et ce, bien que ces stocks ne représentent qu'un volume très réduit. Selon le Département de l'Énergie[1], les stocks étasuniens, qui sont les seuls au monde à faire l'objet de publication hebdomadaire, à la fin de 2004, étaient de 292,3 Mb de brut, 201 Mb d'essence et 114,6 Mb de distillats (fioul domestique et gazole). À la fin de 2006, les réserves de brut avaient déjà atteint 340 Mb, même si les cours actuels, jugés trop élevés, ne sont

pas censés encourager les achats massifs. À terme, les États-Unis prévoient de porter leurs réserves à 700 Mb. L'Union européenne songe aussi à augmenter substantiellement ses réserves, évaluées à 90 jours de consommation, en les portant à 120 jours dès 2007; elle changera en outre le système actuel de propriété, où les réserves de pétrole appartiennent à des entreprises privées et sont sous le contrôle des pays membres. La Russie songe à constituer des réserves de 5 à 10 millions de tonnes alors que l'Inde veut atteindre 45 jours de réserves (15 millions de tonnes) à court terme. La Chine n'est pas en reste puisqu'elle s'apprête à constituer dans l'immédiat des réserves stratégiques de 100 Mb qu'elle portera à 550 Mb à l'horizon 2015, soit presque 80 jours, au rythme de sa consommation.

10. *Une dépendance à l'égard des importations de plus en plus grande.* Après les deux chocs pétroliers, les pays de l'OCDE ont développé massivement l'autoproduction, atteignant un pic d'autosuffisance de 47,5% en 1997. Dix ans plus tard, cette autosuffisance est inférieure à 40% et devrait encore baisser à 25% à l'horizon 2030. C'est ainsi que de nos jours, comme l'illustre la figure 32, aux États-Unis les importations de pétrole s'élèvent à 12,4 Mb/j et représentent plus de 55% des besoins contre 30% il y a 30 ans. Pis encore, les réserves étasuniennes s'épuisent très rapidement et le recours aux importations couvrira plus de 70% des besoins dans moins de deux décennies, à moins que la rapide mise en valeur du gisement découvert en 2006 dans le golfe du Mexique n'offre un répit de quelques années supplémentaires. La situation de l'Europe occidentale n'est pas plus reluisante, surtout avec le déclin des réserves de la mer du Nord qui s'épuisent à vue d'œil. Ainsi, aujourd'hui déjà, les importations couvrent plus de 70% des besoins et cette part passera à plus de 90% dans un quart de siècle. Le déclin de la production européenne est bien illustré par l'exemple du Royaume-Uni dont la manne pétrolière touche à sa fin puisque, avec sa baisse de production de 11% en 2005[3] et 9,6% en 2006[3]. D'ailleurs, sa production de pétrole (1,64 Mb/j) ne couvre plus totalement sa consommation (1,78 Mb/j).

La situation de la Chine peut être encore plus dramatique puisque, au cours de cette dernière décennie, les besoins de ce pays ont plus que doublé alors que la production locale ne peut plus les combler. Alors que la Chine était exportatrice de pétrole il y a à peine un peu plus d'une décennie, sa production actuelle (3,5 Mb/j) ne couvre plus sa consommation (6,5 Mb/j) qui, seulement pour l'année 2004, a augmenté de plus de 15%. De plus, sa production va décliner à 3,2 Mb/j dans un quart de siècle[8]. C'est pour garantir ses approvisionnements futurs que la China National Offshore Oil Corporation a lancé sans succès, vers le milieu de l'année 2005, une offre publique d'achat (OPA) de 18,5 milliards de dollars américains pour le rachat de la pétrolière étasunienne Unocal, ce qui a eu pour effet de déclencher certaines foudres aux États-Unis, tellement le secteur énergétique est considéré comme stratégique et le pétrole comme future arme de guerre (*dixit* l'ex-chef de la CIA). L'ex-Organisation des pays arabes exportateurs de pétrole (OPAEP) a apparemment fait des émules aux États-Unis en la personne de l'ex-chef de la CIA ou des stratèges à la défense qui ont déjà utilisé cette arme pétrolière à maintes reprises, avec les embargos contre l'Irak et la Libye. Plus récemment, on a assisté à une tentative d'éviction de la Russie et de la France des champs pétrolifères d'Irak où ils avaient une longueur d'avance sur leurs concurrents étrangers, histoire de faire payer à ce dernier pays son audace à « se tenir debout face à l'Histoire et devant les hommes » lors de l'invasion de l'Irak.

FIGURE 32

Pays importateurs de pétrole : top 10 en 2006

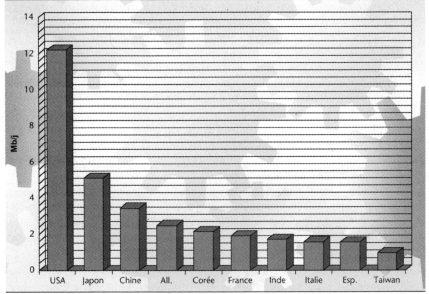

Sources : EIA 2007, © Benhaddadi.

Quant à la Chine et à sa quête désespérée de son énergie de demain, elle est déjà passée à un nouveau stade avec de multiples fers au feu, en tissant des liens en Asie centrale, au Moyen-Orient, en Amérique et en Afrique, y compris au Soudan, où elle s'avère être l'un des rares soutiens du régime sanguinaire de Khartoum qui, appliquant le vieux concept de diviser pour régner, manipule les milices arabes janjaweed pour martyriser indistinctement insurgés et population civile du Darfour. Il y a un risque réel de génocide au Darfour et la communauté internationale ne peut pas se cacher, comme au Rwanda, derrière l'absence de signes avant-coureurs. Cela dit, la solution au problème du Darfour passe aussi par la mise en quarantaine des idéologues du chaos et autres islamophobes qui profitent de toutes les tribunes pour alimenter la polémique sur le choc de civilisations, réduisant au passage systématiquement les Musulmans, en général, et les Arabes, en particulier, à des terroristes. Aussi, il est pour le moins incongru de trouver en première ligne ceux qui sollicitent une intervention rapide au Darfour, ceux-là même qui refusent toute protection aux Palestiniens. Comment peut-on se montrer bouleversé par le sort atroce réservé aux habitants du Darfour, mais pas par celui des Palestiniens, victimes de terrorisme d'État ? Cela semble une sorte de droit d'ingérence à géométrie variable, applicable uniquement quand il arrange certains intérêts. Basta pour le deux poids, deux mesures.

Il faut dire que l'Empire du Milieu suscite des sentiments contradictoires en Afrique, où ses investissements ne sont pas soumis à des règles strictes de transparence et de bonne gouvernance. En Amérique du Nord, le Canada est dans les radars chinois; ainsi, la Chine a jeté son dévolu sur Pétrokazakhstan, une société pétrolière canadienne de second ordre, présente en Asie centrale, pour laquelle elle a déposé une mirobolante offre de 5 milliards de dollars, impossible à refuser. Il est vrai qu'après avoir déclassé la France et le Royaume-Uni en 2005, la Chine avec un PIB de 3 100 milliards de dollars en 2007 et un volume commercial de 1 000 milliards de dollars en un semestre est en train de détrôner, respectivement, l'Allemagne réunifiée comme 3e puissance économique mondiale et les États-Unis comme 2e puissance commerciale. Bien plus, à moins d'un accident de parcours majeur, d'ici 2020, le pays des Dragons prendra la place des États-Unis comme 1re puissance économique mondiale. En attendant, elle dispose de mirobolantes réserves de change, évaluées à 1 430 milliards de dollars en octobre 2007, qu'elle peut se permettre d'investir partiellement pour l'accès à son énergie de demain.

Échaudés par les projections de l'AIE comme de l'IEA de ces dernières années, qui se sont avérées totalement infondées, car incapables d'anticiper les hausses survenues, les analystes en énergie s'aventurent de moins en moins à « prophétiser » ce que sera le cours du pétrole à court terme. Les cours pour le moyen et le long terme sont encore plus difficiles à situer. Au mieux, certains font des suppositions sans trop s'engager, tellement les prix évoluent de façon irrationnelle. Cela étant dit, on peut néanmoins envisager deux scénarios.

- La situation s'embrase ou dégénère dans un ou plusieurs pays, important exportateur (Nigéria, Venezuela, Arabie Saoudite, Iran), engendrant un manque sur le marché de 3 à 10 Mb/j de pétrole. Au demeurant, cette probabilité est réelle au Nigéria, où régulièrement, des pipelines sont éventrés par des bandes organisées pour soutirer du pétrole. Quant à l'Iran et ses 4 Mb/j, il est dans la ligne de mire des États-Unis qui, pour faire oublier l'échec de leur intervention en Irak, risquent de bombarder ses sites nucléaires. Or, l'Iran ne cache même pas qu'il aurait recours à l'arme pétrolière[26] si jamais il est attaqué et son potentiel de préjudice est incommensurable car l'ensemble des équipements pétroliers de production et de transport de l'ensemble de la région du golfe Persique sont à portée de ses missiles et canons. Dans cette situation apocalyptique, il faut s'attendre à une flambée des prix qui porterait brutalement les cours à plus de 100 $US/b, soit bien plus que le niveau du lendemain du deuxième choc pétrolier. Dans ce scénario catastrophe, du reste fort plausible, les prix franchiront tout aussi impitoyablement la barre symbolique de plus de 200-300 ou même 1 000 $US/b et deviendront même hors de tout contrôle, avec un effet dévastateur sur l'économie mondiale. On pourrait alors parler de troisième choc pétrolier, surtout qu'en plus, va s'exacerber l'écart entre les besoins qui augmentent à un rythme soutenu et les capacités de production qui vont brutalement disparaître.

- *A contrario*, la situation s'améliore nettement à la suite de plusieurs bonnes nouvelles, dont l'arrivée sur le marché d'un nouvel important acteur, l'Irak avec ses 3 à 5 Mb/j. En effet, l'Irak est certainement l'un des rares, voire le seul, pays du monde à disposer de gisements en hibernation à cause de la guerre avec l'Iran d'abord, puis de la première guerre du Golfe, puis de l'embargo. Certains analystes estiment même que ce pays recèle bien davantage que les 110 milliards de barils de réserves de pétrole; d'autres avancent que les réserves non encore découvertes sont supérieures à celles de l'Arabie Saoudite. Certains analystes, dont les thèses sont probablement inspirées par des proches des faucons du Pentagone, ont même fait miroiter le retour de la manne du pétrole à bas prix *« cheap oil »* à 15 $US/b que permettrait l'Irak « libérée ». Sauf que la meilleure libération qui puisse arriver à l'Irak serait la fin de l'horrible guerre civile, conséquence de l'intervention illégitime des États-Unis.

Évidemment, dans le cas de la normalisation de la situation en Irak, le marché pourrait se retrouver avec une substantielle augmentation de l'offre et les cours vont certainement baisser dans la même mesure. Tout comme par le passé, le marché pétrolier s'ajustera, mais probablement à un niveau plus élevé du fait des changements structurels constatés entre l'offre et la demande. En fait, le degré de la chute potentielle des cours serait fonction, essentiellement, de la discipline ou de l'indiscipline des pays de l'OPEP qui pourront réduire l'offre pour que les cours se stabilisent autour de 50 $US/b, comme ils disaient le souhaiter en 2006, ou 70 $US/b, comme ils disaient le souhaiter plus récemment en 2007.

À l'intérieur de ces scénarios quelque peu extrêmes, trois paramètres déterminants vont faire pencher la balance d'un côté ou de l'autre de l'équation du prix du pétrole sur le marché.

1. *L'offre se rétrécit* encore davantage, d'autant plus que le rebondissement de la demande mondiale dans la seconde moitié de l'année 2004 et le premier quart de 2005 a encore réduit les faibles capacités encore disponibles. Ces risques inquiètent le marché, d'autant plus que l'offre peine déjà à assouvir une demande insatiable, en particulier aux États-Unis, en Chine et en Inde, alors que les pays de l'OPEP se retrouvent dans l'incapacité de rendre immédiatement disponibles sur le marché de substantielles quantités supplémentaires. Dans la présente conjoncture, les capacités actuelles de production constituent la question cruciale car ce sont elles qui sont les plus à même de dicter le prix à court terme. Or, quand bien même le prix serait attractif, aujourd'hui, l'OPEP ne dispose que de très peu de capacité inutilisée; l'AIE[2] l'évalue autour de 1 Mb/j. De son côté, l'EIA[1] prévoit tout simplement que l'offre de l'OPEP ne sera plus en mesure de répondre à la croissance de la demande mondiale, pendant que les capacités excédentaires de production hors OPEP devraient rester faibles.

   De toute évidence, à défaut d'une exploitation plus poussée des réserves des pays de l'OPEP, l'offre restera très tendue, surtout avec l'augmentation attendue de la demande qui, à l'horizon 2030, atteindrait 115 Mb/j. L'autre hantise des Étasuniens, Européens et autres Chinois est, qu'entre-temps, leur dépendance à l'égard du pétrole importé passe au-dessus de 70 %, ce qui explique les alliances «contre nature» (?) auxquelles se livrent les grandes puissances économiques pour contrôler les réserves du Proche-Orient et du Moyen-Orient, de l'Afrique ou de l'Asie centrale. L'appât du pétrole fait même oublier que bien des régimes et des royautés de ces contrées-là sont sanguinaires ou totalitaires, que toute forme de démocratie en est absente, que les femmes ne peuvent se prévaloir des droits fondamentaux. Mais, pétrole oblige, tous ces régimes et couronnes peuvent continuer à sévir car les pays qui doivent figurer sur la liste de «l'axe du mal» est close, du moins tant que le bourbier irakien et le dossier nucléaire iranien restent dans l'impasse.

2. *La demande s'effondre* par suite d'une profonde récession économique. Même si, de nos jours, il n'y a pratiquement aucune capacité disponible où que ce soit, il n'en demeure pas moins que les prix peuvent baisser si la demande s'effondre, par suite d'une profonde récession économique. De même, les cours peuvent notablement baisser à la suite d'un adoucissement du climat. *A priori*, il peut sembler évident que la hausse du prix du pétrole aura un effet récessionniste sur les économies mondiales dont elle ralentira la croissance économique. En effet, l'année qui a suivi le premier

choc pétrolier (1973), alors que les prix ont quadruplé, l'économie mondiale entrait en récession; le même phénomène s'est manifesté au cours des années qui ont suivi le deuxième choc pétrolier (1979), alors que ces prix ont triplé. La figure 33, qui retrace l'évolution du prix du pétrole au cours de la période 1947-2006, illustre bien ces deux chocs pétroliers.

FIGURE 33

Évolution du prix du pétrole 1947-2004

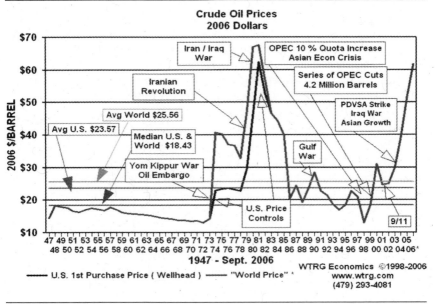

Source : WTRG Economics 2006.

A contrario, il est patent de faire remarquer qu'au lendemain du contre-choc pétrolier de 1986 (figure 33), le prix a été divisé par trois en moins d'une année, sans que cela ne stimule les économies des pays de l'OCDE. De plus, si l'on considère l'année 1984 où les États-Unis ont connu la croissance record de leur PIB de 7,5 %, le prix du pétrole, exprimé en dollars d'aujourd'hui, était alors au-dessus de 60 $US/b. Le rappel de ces faits historiques a le grand mérite de montrer qu'au-delà de faire dire aux chiffres ce qu'on veut, le couplage entre le prix du pétrole et la croissance économique n'est pas aussi simple et aussi linéaire qu'on le présente et mérite d'être étudié avec plus de profondeur.

Il faut dire que ce qui caractérise le prix du pétrole de ces dernières années par rapport aux deux chocs pétroliers, c'est que, d'une part, son augmentation vertigineuse a été relativement graduelle. D'autre part, rien n'indique que cette augmentation touche à sa fin. Bien plus, on ne connaît même pas l'ordre de grandeur de la limite. En revanche, ce qu'on présente généralement comme une certitude, c'est qu'il y aura un impact sur l'économie. Ainsi, pour l'année 2003, on a anticipé une croissance économique limitée à 3 % au lieu de 4 % initialement prévue. Ce 1 % de différence est loin d'être marginal puisqu'à l'échelle du produit intérieur brut (PIB) mondial, il représente un manque de plus de 500 milliards de dollars américains. Pour ce qui est de l'année 2004, on considère que l'augmentation du prix de l'énergie a atténué de 0,75 % la croissance économique étasunienne. Par ailleurs, certains économistes ont estimé qu'une hausse du prix de pétrole limitée à 20 % en 2005 se répercuterait, aussi bien en Amérique qu'en Europe, par une augmentation additionnelle de l'indice des prix à la consommation pouvant aller de 0,5 à 1 point, ce qui est probable. Évidemment, tous ces chiffres produits par des analystes, sans être suspicieux, gagneraient à être documentés et confirmés par des études et preuves plus tangibles.

3. ***Le pétrole lourd et les progrès technologiques arrivent à la rescousse.***
Ces dernières années, les progrès techniques ont permis de réduire considérablement les coûts de production en mer et, surtout, les coûts d'exploitation du pétrole lourd, essentiellement les sables bitumineux de l'Athabasca (Canada). Signalons que les réserves de pétrole lourd de l'Orénoque (Venezuela) et de l'Athabasca sont si élevées que nombre d'observateurs les comparent, en volume, avec celles du Moyen-Orient. De plus, c'est désormais dans un horizon prévisible que l'on commence à envisager un recours aux schistes bitumineux et aux procédés de liquéfaction du charbon. Or, aussi bien les schistes bitumineux que le charbon sont disponibles à profusion.

Ainsi, les sables bitumineux s'étendent sur les vastes territoires nordiques albertans de l'Athabasca (Canada) et on estime qu'ils contiennent de 270 à 400 milliards de m^3 de bitume[60], dont les spécialistes estiment que 179 Gb (milliards de barils) pourraient être récupérés avec les technologies connues aujourd'hui : cela fait des sables bitumineux canadiens l'un des plus importants gisements d'hydrocarbure au monde, comparable aux fameuses réserves de pétrole de l'Arabie Saoudite.

Déjà, de nos jours, avec 1,1 Mb/j, les sables bitumineux représentent près du tiers de la production totale de pétrole brut canadien, alors qu'il y a une décennie, on pensait atteindre ce niveau vers 2020. Bien plus, compte tenu des investissements en cours, on prévoit que, minimalement, la production issue de ces sables bitumineux atteindra 3 Mb/j en 2015 et 6 Mb/j dans un quart de siècle. À elle seule, la plus grande société pétrolière du pays, EnCana, compte faire passer sa production de sables bitumineux à 500 000 b/j dans 10 ans contre un peu plus de 40 000 b/j actuellement. Qui plus est, les multinationales pétrolières et des sociétés étatiques se bousculent aux portes canadiennes pour obtenir des participations dans les 46 projets majeurs en cours de développement ou envisagés[42]. Ce n'est certainement pas un hasard si les pays les plus intéressés sont justement les plus grands consommateurs de pétrole : États-Unis, Japon, Inde et surtout Chine dont on remarque « l'agressivité » particulière des compagnies pétrolières, avec à leur tête Sinopec, China National Offshore Oil Corporation et autre PetroChina. D'ailleurs, la soif d'acquisition énergétique chinoise est si grande que l'actuel gouvernement conservateur canadien envisage de bloquer dans le futur toute transaction impliquant les sociétés contrôlées par les États étrangers.

Néanmoins, il convient de mentionner que les lois environnementales et, surtout, la nécessité de réduire les émissions de gaz à effet de serre conduiront inévitablement à limiter l'utilisation de ces différents pétroles non conventionnels à très forte intensité carbonique. Précisons que l'extraction des sables bitumineux albertains produit, en moyenne par baril, trois fois plus de gaz à effet de serre que le pétrole conventionnel. D'ailleurs, cet état de fait est particulièrement bien illustré par la province de l'Alberta qui, avec moins de 10 % de la population canadienne, est à l'origine de près de 40 % des émissions de GES du pays. À moins que des percées majeures de la technologie n'en décident autrement, ce qui à long terme relève du plus que probable, surtout si les nouvelles techniques de capture et de séquestration du CO_2 tiennent toutes leurs promesses.

À très long terme, l'épuisement des réserves pétrolières est inexorable, ce qui rend inéluctable la transition progressive vers des sources d'énergie alternatives. À ce propos, on peut dire qu'à quelque chose malheur est bon et que la hantise suscitée par la dernière hausse des prix du pétrole est salutaire, dans la mesure où elle met fin à la léthargie quasi systématique, entretenue par une offre jusqu'ici plus que suffisante et par des prix du pétrole qui, exprimés en dollars constants et malgré les cours actuels de plus de 90 $US/b, ne sont pas supérieurs au niveau record, enregistré au lendemain du deuxième choc pétrolier.

Indéniablement, un nouveau choc pétrolier pourrait aussi avoir des effets bénéfiques en permettant de :

- susciter des économies non seulement du pétrole, mais de l'énergie en général ;
- donner une impulsion décisive aux énergies renouvelables et de substitution ;
- limiter l'impact sur les changements climatiques grâce à la réduction des émissions de gaz à effet de serre.

A contrario, la hantise des auteurs est que, pour des considérations économiques, on risque de substituer à l'or noir (pétrole) un combustible encore plus noir du point de vue environnemental (charbon), moins cher, mais beaucoup plus polluant. D'ailleurs, les chiffres qui viennent d'être publiés récemment montrent clairement que cette crainte est fondée, puisque le charbon a connu, en 2006, une croissance de 4,5 % contre 0,7 % pour le pétrole. En 2005, la croissance a été de 5 % contre 1,3 % pour le pétrole[3]. Aussi, pour cette même année 2005, le charbon a couvert plus de la moitié de l'accroissement de la consommation énergétique mondiale, induisant par là même, en une seule année, une augmentation faramineuse de sa part relative du marché énergétique de 0,7 %! Il y a là un danger de dommage à l'environnement beaucoup plus grand et sans aucune commune mesure avec la hantise de la cherté de l'essence.

2.2.3. Le Canada et le prix du pétrole

Depuis presque deux décennies, au Canada, les prix du pétrole brut sont déréglementés, déterminés essentiellement par l'évolution de l'offre et de la demande mondiale, au demeurant très volatiles ces derniers temps. Le prix des produits pétroliers varie d'une province à l'autre et le taux d'imposition locale est l'un des principaux facteurs déterminant la différence régionale. Par exemple, au milieu de l'année 2005, les impôts provinciaux sur l'essence ordinaire sans plomb sont à l'origine de la différence de 0,10 $ entre le prix du carburant au Québec (1 $/l à Montréal) et en Ontario (0,9 $/l à Toronto).

Par ailleurs, il faut dire qu'à l'instar de l'ensemble du monde occidental, jamais les Canadiens n'ont eu à payer aussi cher pour l'essence que durant les étés 2005, 2006 et 2007, où le prix moyen à la pompe était supérieur à 1 $/l sur l'ensemble du territoire.

Devant la flambée des prix de l'essence à la pompe, le Bureau de la concurrence a décidé de mener une enquête pour s'assurer que les prix, de gros comme de détails, sont liés aux forces du marché. En parallèle, et à la suite des innombrables plaintes des consommateurs, les députés ont convoqué les représentants des pétrolières devant le comité de l'industrie de la Chambre des communes.

Il n'est pas inutile de rappeler que durant ces quinze dernières années, le Bureau de la concurrence a mené cinq enquêtes sur les prix élevés de l'essence, mais aucune n'a pu permettre de prouver qu'il y avait une quelconque collusion entre les multinationales pétrolières pour doper les prix. Bien plus, toutes ont conclu que les hausses étaient attribuables aux forces du marché. Quant à l'audition au parlement des compagnies pétrolières, comme d'habitude, ces dernières ont invoqué toute une panoplie de justifications à géométrie variable: l'explosion de la demande en Asie, l'instabilité chronique de l'offre, les bas prix au Canada par rapport au monde occidental, l'ouragan Katrina. Évidemment, les pétrolières se sont farouchement opposées à l'imposition de leurs faramineux superprofits et ont omis totalement de justifier les écarts ahurissants de prix à la pompe, de plus de 30 ¢/l en l'espace de deux ou trois jours. Et pourtant, il est acquis que tant qu'on n'osera pas mettre le doigt sur cette plaie, les commissions parlementaires ne pourront servir que d'alibi pour calmer la grogne momentanée de la population.

En outre, le dollar canadien, communément appelé le huard, et le prix du pétrole évoluent habituellement dans la même direction. Généralement, à chaque flambée des prix du brut, le huard est entraîné dans un mouvement haussier que l'on n'a pas vu cette dernière décennie, avec toutes les conséquences qui découlent d'une monnaie forte. Mais le paradoxe canadien est que, dans une certaine mesure, l'augmentation vertigineuse du prix du pétrole fait le bonheur d'une partie du pays, l'Ouest où se trouvent les producteurs, mais fait aussi les choux gras des grands consommateurs de l'Est.

À chaque augmentation du prix du pétrole, les coffres de l'Alberta et, à un degré moindre, ceux de la Saskatchewan débordent de pétrodollars; *a contrario*, ceux du Québec et de l'Ontario se vident pour absorber les coûts supplémentaires dus à la hausse. C'est ainsi que, grâce à la revalorisation de son pétrole, l'Alberta a pu éliminer sa dette publique, tout en investissant massivement en santé et en éducation. Le taux de chômage est si bas, de l'ordre de 3,5 % contre le double pour la moyenne du pays, que des restaurants offrent des lecteurs de musique iPod et des bourses universitaires pour attirer des employés. Les redevances pétrolières sont si élevées que le gouvernement albertain songe même à abolir les impôts sur le revenu de sa population.

Si la situation actuelle perdure, on pourrait bientôt parler de deux Canada: l'Alberta et le reste des autres provinces avec des revenus par habitant qui peuvent aller du simple au double. On n'est plus très loin de cette situation puisque, selon l'Institut de la statistique du Québec, on a estimé pour 2006 que le revenu personnel disponible par habitant était de 32 556 $ en Alberta, contre 26 445 $ pour l'Ontario et 23 268 $ pour le Québec. De plus, ce PIB donné pour 2006 était basé sur le prix du pétrole de 60 $US/b. Quand seront publiées les statistiques officielles de 2007, les Albertains « risquent » d'afficher un PIB par habitant supérieur à celui des Californiens, alors qu'il n'était que très légèrement supérieur à la moyenne canadienne au cours des années 1990.

Cette situation, pour le moins embarrassante, n'est pas sans entraîner une levée des boucliers, puisque certains commencent à revendiquer ouvertement un meilleur partage de la richesse pétrolière en délestant l'Alberta d'une plus grande partie de ses revenus. Certains analystes estiment même, non sans raison, que si rien n'est fait par le gouvernement fédéral pour réduire l'écart entre la richissime Alberta et les autres provinces, l'unité du Canada pourrait être compromise.

Mais, conformément à l'entente de partage de pouvoirs entre le gouvernement fédéral et les provinces, l'exploitation des richesses naturelles est de compétence provinciale, ce qui donne le droit aux Albertains de tirer profit de leur pétrole, comme ce que font les Québécois avec leur hydroélectricité, sans que personne ne trouve à redire, ou ne demande à partager davantage. De ce fait, on voit mal le gouvernement fédéral obliger l'Alberta à partager davantage sa prospérité financière avec les autres provinces, sans que cela ne déclenche une crise politique majeure. De plus, ce problème n'est pas proprement canadien car bien des fédérations du monde, Australie, Belgique et Suisse entre autres, sont aux prises avec ce genre de problème de déséquilibre fiscal.

En revanche, il y a trois choses que l'actuel gouvernement canadien pourrait faire.

- Augmenter les redevances pétrolières car, contrairement à une croyance ancrée chez les Canadiens, ce ne sont pas les habitants de la province de l'Alberta qui profitent en premier chef du renchérissement du prix de l'énergie, mais les pétrolières et leurs actionnaires. En effet, pour les pétrolières, le régime canadien de redevances est bien plus généreux que celui en cours dans la plupart des pays, y compris ceux de... l'OPEP. Il peut même être comparé à celui en cours au Nigeria, où les multinationales dictent la règle de fonctionnement : amortir tous les investissements avant de commencer à verser les redevances. Comme les investissements dans les sables bitumineux sont particulièrement élevés, les pétrolières ne se gênent aucunement à bien se servir en retour. Comme quoi on est bien servi que par soi-même.

- Améliorer son système de péréquation qui est censé procurer un plus grand équilibre fiscal entre provinces mais qui ne reflète plus la réalité de l'heure. En effet, le calcul des paiements de péréquation entre provinces est basé sur la capacité fiscale de cinq d'entre elles où ne figure pas avec suffisamment d'impact l'exploitation des ressources naturelles. Du fait de cet anachronisme, le prix du pétrole aurait beau voler de sommet en sommet, hormis les Albertains, les autres Canadiens ne bénéficieraient pas suffisamment de la manne que les revenus pétroliers procureraient. Ainsi, il ne pourrait y avoir une répartition plus équitable de la richesse sans une refonte du système de péréquation, base du fédéralisme moderne.

- L'autre anachronisme canadien est que c'est l'ensemble des contribuables canadiens qui finance la pollution créée par les grands émetteurs finaux (GEF) dont fait partie l'industrie du pétrole et du gaz. En effet, pour atteindre ses objectifs relativement au protocole de Kyoto, le gouvernement fédéral a substantiellement réduit, au détriment de ses propres fonds, la cible de réduction des émissions de gaz à effet de serre qu'il avait initialement établie pour le secteur des GEF. De l'aveu même du gouvernement canadien, la subvention serait de 0,25 $/b, et ce, avant même que la cible de réduction des émissions des GEF ne soit abaissée de 15 % à 12 %. Il est pour le moins paradoxal, voire incongru, que la manne pétrolière serve les Canadiens de façon aussi disproportionnée, alors que les dommages collatéraux causés par ce pétrole doivent être financés à même les impôts de ces contribuables canadiens. De plus, un mauvais signal est envoyé à cette industrie : elle est non seulement extrêmement polluante, mais se fait de surcroît financer sa pollution par le contribuable.

2.3. Le gaz naturel

Le gaz est constitué d'alcanes gazeux : on y trouve essentiellement le méthane (jusqu'à 95 %), l'éthane, le propane et le butane. Le gaz naturel peut être livré sous forme gazeux par gazoducs et liquide par navires méthaniers. L'importance relative du gaz ou du liquide dépend du gisement. Beaucoup moins polluant que le charbon et le pétrole, le gaz est, à travers le monde, la première des énergies utilisées pour le chauffage (résidences, hôpitaux, écoles, serres…). Dans l'industrie, il sert de matière première ou de combustible.

Il n'est pas inutile de rappeler que jusqu'aux années 1960, le gaz naturel était considéré comme un déchet du pétrole dont une bonne partie était brûlée à la source, sans utilité. Par la suite, il s'est imposé comme une énergie à part entière, particulièrement attractive aussi bien du point de vue environnemental que sécurité énergétique. Il s'est surtout développé dans les années 1980, après le deuxième choc pétrolier, en particulier pour produire l'électricité. Les raisons de l'émergence des centrales électriques à gaz sont :

- le bas coût du gaz naturel;
- le haut rendement de ces centrales;
- les potentialités de la production décentralisée;
- l'acceptabilité environnementale de ces centrales.

Les bonnes performances énergétiques des nouvelles centrales au gaz sont particulièrement bien illustrées par celles à cycle combiné dont le rendement atteint de nos jours 60 %, soit 20 à 30 % de plus que les centrales thermiques classiques. Quant à leur acceptabilité environnementale, elle découle du fait qu'elles émettent de 2 à 2,5 fois moins de dioxyde de carbone (CO_2) que les centrales au charbon. De plus, elles émettent beaucoup moins d'oxyde nitrique, de dioxyde de soufre et de particules que les centrales thermiques au mazout ou au charbon.

Notons que l'utilisation du gaz naturel est relativement récente par rapport au charbon ou au pétrole car, paradoxalement, le bas prix de ce dernier n'a pas permis son développement. De plus, contrairement à l'électricité et au pétrole, le gaz n'avait pas jusqu'ici d'usage spécialement captif,

même s'il joue un rôle de plus en plus vital dans le chauffage et la génération d'électricité. L'autre faiblesse du gaz est qu'il est beaucoup plus cher
à transporter et à distribuer. En effet, contrairement au pétrole, les coûts
de transport du gaz, en particulier le gaz naturel liquéfié (GNL), peuvent
atteindre l'équivalent de 10 $ par baril, soit une part importante de son
acquisition.

Cependant, les données ont changé avec les deux chocs pétroliers
et les progrès techniques qui ont permis de réduire considérablement
les coûts de transport. Aux États-Unis, 98 % des nouvelles centrales de
production d'électricité construites entre 2000 et 2005 et 95 % des centrales
en construction sont alimentées au gaz naturel, alors que le marché de
la région Asie–Pacifique prend une importance de plus en plus grande.
Cette tendance lourde est appelée à durer et l'Agence internationale de
l'énergie[2] estime que, pour les deux prochaines décennies, la moitié du gaz
consommé par les pays de l'OCDE le sera pour la production d'électricité
dont les nouveaux besoins seraient comblés pour moitié par le recours au
gaz naturel. En outre, grâce à ses coûts d'investissement réduits, la compétitivité du gaz est telle que cette filière est, à un moment donné, arrivée à
concurrencer en base la filière nucléaire, y compris dans les pays où le coût
du kWh nucléaire est particulièrement compétitif, comme aux États-Unis et
en France. Toutefois, les cours élevés de ces dernières années sont en train
de modifier les données.

2.3.1. Production, consommation et réserves

En 2006[3], la consommation mondiale de gaz naturel s'est élevée à près
de 2,9 • 10^{12} m^3, soit l'équivalent de 2,9 Gtep[3]. Les figures 34 et 35 illustrent la répartition de la production et de la consommation mondiale de
gaz naturel par grande région géographique, alors que les figures 36 et 37
donnent cette répartition par pays.

- Tout comme pour le pétrole, l'Amérique du Nord représente
  aujourd'hui un peu plus de 27 % de la consommation mondiale.
  Ainsi, à eux seuls, les États-Unis consomment l'équivalent de 22 %[3]
  de la production mondiale. Le Canada, dont les résultats d'explora-
  tion de ces dernières années sont de plus en plus décevants, exporte
  encore plus de la moitié de son gaz naturel vers les États-Unis qui,
  à terme, vont devoir recourir davantage au GNL.

- Par ailleurs, l'Asie et les pays du Pacifique représentent juste un peu
  plus de 15 % de cette consommation. Cette situation est appelée
  à changer rapidement car des pays comme la Chine et l'Inde sont
  en train de développer un plus large recours au gaz comme source
  d'énergie, d'une part, et de conclure des contrats d'approvisionnements par gazoducs avec l'Iran et les pays formant l'ex-URSS,
  d'autre part.

FIGURE 34

Production mondiale de gaz

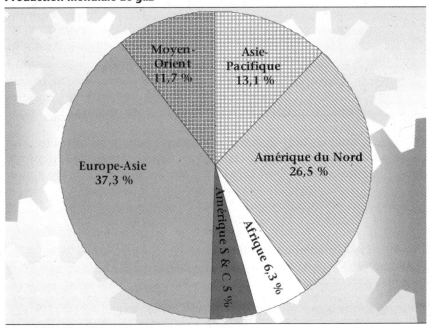

Sources : BP 2007, © Benhaddadi.

FIGURE 35

Consommation mondiale de gaz

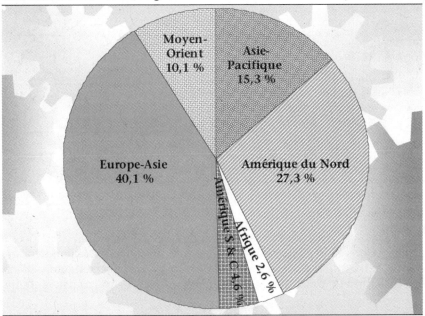

Sources : BP 2007, © Benhaddadi.

- L'Europe est le plus grand consommateur de gaz au monde, avec 15 % pour l'Europe de l'Ouest et 26 % pour l'Est. Tout comme pour le pétrole, l'UE devrait avoir épuisé ses réserves de gaz à moyen terme, ce qu'annonce la chute de production de 8,6 % en 2006 au sein du Royaume-Uni, dont le ratio réserves/production n'est plus que de six ans.

- Pour ce qui est de la production de ce gaz (figures 34 et 36), elle est plus équilibrée que le pétrole puisqu'elle se répartit, approxima- tivement, par tiers pour l'Amérique du Nord, l'Europe et le reste du monde. Cette situation est également appelée à connaître de profondes mutations avec, d'une part, l'émergence de nouveaux producteurs importants au Moyen-Orient (Iran, Qatar, Émirats arabes unis...) et en Afrique (Algérie, Nigéria) et la baisse appré- hendée de la production aux États-Unis, en Grande-Bretagne et au Canada, d'autre part.

FIGURE 36

Répartition de la production de gaz par pays

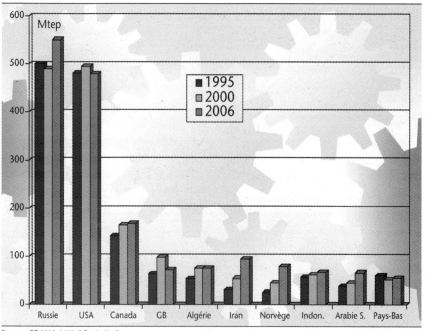

Sources : BP 2006, 2007, © Benhaddadi.

Par ailleurs, ces deux dernières décennies, on a observé un recours accru au gaz naturel liquéfié (GNL), obtenu par refroidissement à la température de –160 °C, ce qui permet son passage de l'état gazeux à l'état liquide. Grâce à la réduction de son volume, de grandes quantités de ce gaz peuvent être acheminées sur de longues distances par méthaniers vers des terminaux où il est de nouveau gazéifié puis livré par gazoducs. Le GNL a donné un essor particulier à la revalorisation du gaz naturel et de nombreux projets de liquéfaction voient le jour sur les cinq continents, tirés par l'insatiable besoin en énergie. Il convient de rappeler que la technologie est suffisamment mature et date de plus de quatre décennies[36]. En effet, la première livraison de GNL par méthanier a eu lieu en 1964 entre l'usine de liquéfaction d'Arzew (Algérie) et le terminal de Canvey Island (Grande-Bretagne).

FIGURE 37

Répartition de la consommation de gaz par pays

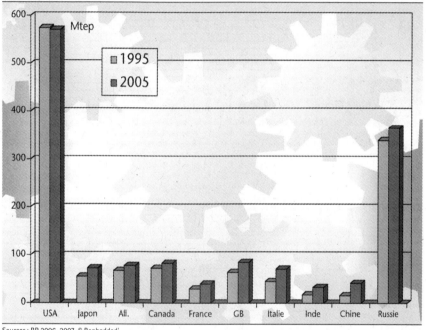

Sources : BP 2006, 2007, © Benhaddadi.

De nos jours, aux États-Unis[1], le GNL couvre désormais 13 % des besoins en gaz et ce dernier est importé de neuf pays (Algérie, Australie, Indonésie, Malaisie, Nigéria, Oman, Qatar, Trinidad et Émirats arabes unis). Le Département américain de l'Énergie prévoit pour 2025 des importations de plus de 13 Gpi^3 de GNL par jour[1] ! Mais, ces deux dernières décennies, c'est surtout en Asie où se trouvent pas moins de 27 terminaux méthaniers que le GNL a connu le plus grand essor, avec la concentration des plus grands importateurs (Japon, Corée) et des plus grands exportateurs (Indonésie, Malaisie, Qatar) mondiaux de GNL, ce qu'indiquent les données des figures 38 et 39.

FIGURE 38

Pays importateurs de GNL : top 10 en 2006

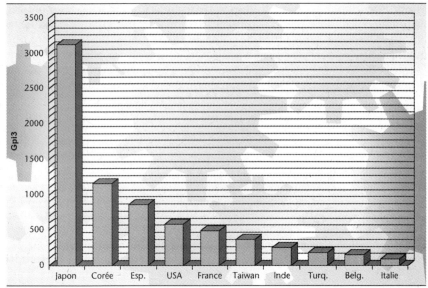

Sources : EIA 2007, © Benhaddadi.

FIGURE 39

Pays exportateurs de GNL : top 10 en 2006

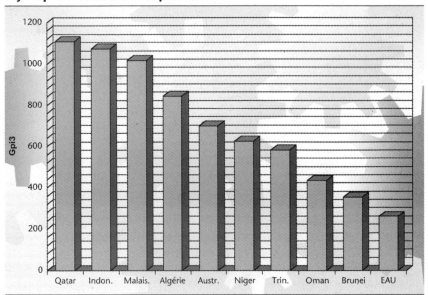

Sources : EIA 2007, © Benhaddadi.

La demande de gaz naturel devrait augmenter dans toutes les régions du monde, certaines régions aux réserves limitées ou en baisse deviendront des importateurs, ce qui modifiera sensiblement les schémas des échanges mondiaux. C'est ainsi que l'Asie devrait compter principalement sur un approvisionnement du Moyen-Orient où des découvertes fabuleuses ont été faites ces dernières années au Qatar et en Iran (figures 40 et 41) et où des projets de méga-gazoducs devraient voir le jour. L'Union européenne importe de la Russie et de l'Afrique du Nord pour combler plus de la moitié de ses besoins en gaz naturel et va raffermir ses liaisons, surtout avec le déclin du gaz en provenance de la mer du Nord. Quant à l'Amérique du Nord, avec le déclin des réserves canadiennes, elle devra se tourner davantage vers le GNL, ce que feront aussi les autres régions géographiques pour diversifier leurs partenaires. Ainsi, on peut penser que le recours accru au GNL mondialisera quelque peu le marché gazier, jusqu'ici plutôt continental.

Même si le marché mondial du gaz s'est considérablement développé[1, 2, 3, 4,...] ces dernières années, sa croissance devrait se poursuivre au moins dans les deux prochaines décennies, entraînée essentiellement par la « ruée sur le gaz » pour la production d'électricité : ainsi, il est attendu une croissance moyenne de 2,2 % par an de la consommation mondiale de gaz au cours des deux prochaines décennies.

Parmi tous les combustibles fossiles, le gaz naturel présente un double avantage :

- une meilleure répartition géographique par rapport au pétrole, avec des réserves prouvées plus importantes ;
- de plus faibles émissions de gaz à effet de serre par unité thermique, avec absence d'émissions de produits soufrés et de particules.

Depuis trois décennies, les réserves mondiales de gaz, représentées sur les figures 40 et 41, ont régulièrement augmenté et, de nos jours, le ratio réserves/production est de l'ordre de 70 ans.

Les plus récentes données publiées estiment les réserves mondiales de gaz naturel comme suit[1] :

- $6\ 380{,}6\ 10^{12}$ pi^3, soit 155 Gtep, pour *CEDIGAZ* ;
- $6\ 182{,}7\ 10^{12}$ pi^3, soit 150,2 Gtep, pour *Oil & Gas Journal* ;
- $6\ 226{,}6\ 10^{12}$ pi^3, soit 151,3 Gtep, pour *World Oil* ;
- $6\ 359{,}2\ 10^{12}$ pi^3, soit 154,5 Gtep, pour *BP Statistical Review*.

Comme on peut le remarquer, ces données sont assez proches les unes des autres. De plus, il n'y a pas d'organisation de pays exportateurs de gaz qui aurait, à l'occasion, intérêt à fausser les estimations, même si, là encore, bien des géologues soupçonnent la Russie de surestimer ses réserves.

La répartition géographique de ces réserves montre une concentration en Russie (35 %) et au Moyen-Orient (40 %), où la production gazière devrait se développer considérablement au cours des années à venir (figure 41).

FIGURE 40

Réserves mondiales de gaz

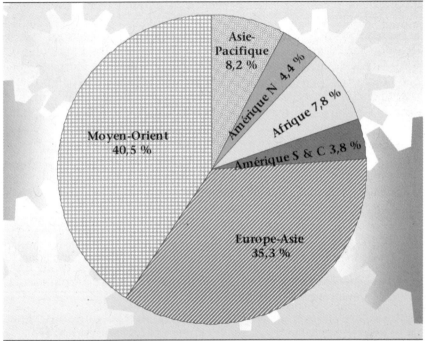

Asie-Pacifique 8,2 %

Amérique N 4,4 %

Afrique 7,8 %

Amérique S & C 3,8 %

Moyen-Orient 40,5 %

Europe-Asie 35,3 %

Sources : BP 2006, 2007, © Benhaddadi.

Par contre, les ressources des États-Unis sont très limitées et il est prévu que leur production diminuera de façon très sensible, malgré l'augmentation du nombre de forages, ce qui s'explique par les propriétés physiques (volatilité) du gaz naturel. De plus, ce pays est appelé à réduire ses importations de gaz canadien dont la production devrait aussi baisser. Ce n'est pas pour rien qu'ils[1] sont en train d'agrandir la quasi-totalité de leurs terminaux méthaniers. D'ailleurs, les États-Unis ont organisé sur le GNL le tout premier grand sommet ministériel avec les dirigeants de pas moins de 24 pays (Algérie, Russie, Nigéria, Norvège…) pour les allécher au lucratif marché étasunien du GNL.

La situation gazière de l'Europe n'est pas plus reluisante car la production en mer du Nord devrait, bientôt, sensiblement baisser. D'ailleurs, à court terme, l'Europe compte doubler le nombre de ses terminaux méthaniers, alors qu'il le triplerait à long terme. Néanmoins, l'Europe possède peut-être l'avantage de se situer beaucoup plus près de ses fournisseurs potentiels (Russie, Afrique du Nord, Moyen-Orient), qui peuvent même la desservir par des gazoducs en cours d'exploitation, d'agrandissement et/ou à l'état de projet.

FIGURE 41

Répartition des réserves de gaz par pays

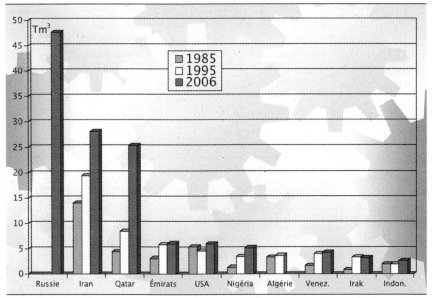

Sources : BP 2006, 2007, © Benhaddadi.

2.3.2. Prix du gaz naturel

Poussé par la ruée vers le gaz pour la production d'électricité, le commerce du gaz naturel n'a pas cessé de se développer avec dynamisme, même si le marché est encore davantage continental. En 2006, d'après Cedigaz, plus de 30 % (soit 0,9 Gtep) de la production mondiale du gaz a été échangé sur le marché international dont un peu moins du quart (24 %) par le biais de méthaniers qui acheminent du gaz naturel liquéfié (GNL) vers les États-Unis (3 terminaux), l'Asie–Pacifique (27 terminaux) et Europe occidentale (9 terminaux). Le reste est exporté par gazoducs en provenance du Canada vers les États-Unis, de la Russie, la Norvège, la Hollande et l'Algérie vers l'Europe. Ces dernières années ont également vu le renforcement de gazoducs vers l'Europe et, surtout, la floraison de nouveaux projets en direction de l'Asie et en provenance de la Russie, du Turkménistan, de l'Iran... La figure 42 présente les principaux pays exportateurs de gaz.

En Amérique du Nord, le gaz est vendu et acheté dans des carrefours d'échanges (principalement Henry en Louisiane et AECO-C en Alberta) où sont établis les prix en fonction des contrats et où, en général, les producteurs d'électricité achètent à des prix relativement plus bas (autour de 30 % à 40 % du prix payé par un usager résidentiel). La majorité des échanges de gaz se font sous forme de contrats à court terme ou de contrats spot et les marchés canadien et étasunien sont, à la suite de la déréglementation, fortement intégrés, avec une réelle séparation des activités de production, de transport et de distribution. Comme le révèlent les données de la figure 43, les cours étaient relativement stables, autour de 2 $US/MBtu, au début de la restructuration du secteur électrique nord-américain, de sorte que toutes les nouvelles centrales thermiques de production d'électricité étaient naturellement alimentées au gaz. L'envolée a commencé en 1999 avec un doublement des prix. Depuis le début de ce millénaire, les prix se distinguent par leur volatilité et les cours élevés.

FIGURE 42

Pays exportateurs de gaz : top 10 en 2006

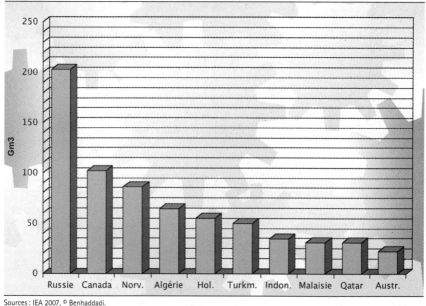

Sources : IEA 2007, © Benhaddadi.

Après l'Amérique du Nord, la déréglementation du secteur gazier a fini par toucher l'Europe et l'Asie, même si l'approvisionnement se fait encore essentiellement par le biais de contrats à long terme. Mais les contrats spot sont appelés à se développer, surtout avec l'augmentation de la part relative du GNL, dont les grandes quantités susceptibles d'être bientôt mises sur le marché peuvent contribuer à diminuer la volatilité du prix.

Par ailleurs, l'intégration des marchés gaziers est telle que la loi de l'offre et la demande est ressentie dans l'ensemble du marché. Les principaux facteurs qui influent sur la demande dans les marchés gaziers sont les suivants :

- le prix des combustibles concurrents;
- la croissance économique;
- le climat et le niveau des stocks.

Dans le même temps, la signature, durant l'été 2006, d'un accord de partenariat stratégique entre deux importants fournisseurs du marché gazier européen, Gazprom (Russie) et Sonatrach (Algérie), a suscité beaucoup de crainte chez certains de leurs clients habituels. Il est vrai que la Russie[37] couvre à elle seule plus du quart des importations gazières de l'Europe, avec des taux variant de 25 % pour la France à 40 % pour l'Allemagne et 100 % pour la Finlande. Quant à l'Algérie, c'est le premier fournisseur des pays du Sud de l'Europe (Italie, Espagne, Portugal...) et elle compte augmenter sa part de ce marché par la mise en œuvre prochaine de deux nouveaux gazoducs qui pourront même trouver un prolongement plus au Nord. De plus, Gazprom tout comme Sonatrach comptent sur la récente ouverture et dérégulation du marché gazier européen pour se placer aussi en aval de la chaîne gazière (distribution), où elles pourraient ajouter une plus-value à leur gaz exporté, ce que les Européens risquent de marchander en échange d'une plus grande ouverture du secteur amont (production) de ces fournisseurs attitrés.

En fait, cet accord est un mémorandum entre les protagonistes prévoyant un échange d'informations sur la prospection et l'extraction du pétrole et du gaz; il a aussi porté sur les opportunités d'investissement et de partenariat pour des projets concrets. Ainsi, les Russes s'intéressent de plus en plus au GNL, un secteur où les Algériens, pionniers en la matière parmi les pays exportateurs de gaz, possèdent une solide expertise de plus de 40 ans, avec un respect scrupuleux de tous leurs contrats de livraison, y compris en période de désaccord sur le prix avec leurs clients. En fait, la réaction épidermique de quelques-uns des clients européens, surtout ceux de la rive méditerranéenne, s'explique essentiellement par la crainte de voir naître un nouveau cartel gazier, à l'image de celui du pétrole. En Amérique du Nord, cet accord a été rapporté par la presse spécialisée sans commentaire, si ce n'est un rappel de la hantise suscitée chez les Européens.

Pourtant, un bref regard sur la figure 42 nous montre que le scénario de constitution d'un cartel gazier est plus que prématuré. D'importants exportateurs, comme le Canada, la Norvège et la Hollande, n'adhéreront jamais à un tel cartel. En réalité, même la Russie qui donne l'impression de pousser à la création de ce cartel gazier n'est pas susceptible d'y adhérer, malgré ses efforts actuels de nouer des contacts privilégiés avec les principaux acteurs du marché. D'ailleurs, il est loin d'être exclu que les Russes veulent utiliser cet accord comme «monnaie d'échange» avec les pays de l'Union européenne pour faire admettre Gazprom et ses autres mastodontes énergétiques dans le secteur aval de la chaîne gazière des pays du Vieux Continent.

Cela dit, à long terme et avec le développement de l'immense potentiel gazier d'un certain nombre de pays particulièrement bien pourvus en
réserves (Iran, Qatar, Émirats, Nigéria…) et qui font déjà partie de l'OPEP, la
constitution d'un cartel gazier avec la dénomination approximative d'OPEZ
(Organisation des pays exportateurs de gaz) ne serait plus alors une idée
saugrenue. Mais, pour l'heure et au-delà du positionnement stratégique des
uns et des autres, une chose est certaine : aucun des pays exportateurs de gaz
ne souhaite la constitution d'une organisation gazière où la Russie jouerait
un rôle identique à celui de l'Arabie Saoudite au sein de l'OPEP.

Pour ce qui est de cette Russie, ses récents conflits gaziers avec ses
ex-républiques satellites (Biélorussie, Ukraine, Géorgie, Moldavie…) ont mis
en évidence l'importance fondamentale de la sécurité énergétique. On peut
se demander qui est le suivant, sachant que les trois pays baltes (Estonie,
Lituanie et Lettonie) ont déjà goûté à cette « cuisine » russe d'utiliser les
approvisionnements énergétiques comme instrument de pression politique
dès leur accession à l'indépendance (1990).

En tout cas, la dernière crise russo-ukrainienne de janvier 2006 a surtout
mis en exergue l'extrême vulnérabilité de l'Union européenne en ce qui a
trait à sa dépendance vis-à-vis des approvisionnements en gaz russe, dont
plus des trois quarts transitent par l'Ukraine. D'ailleurs, les Russes sont en
train de rechercher une solution alternative en diversifiant les chemins
d'exportation vers l'Europe qui contourneront l'Ukraine, ce que fait aussi
l'Algérie avec ses deux nouveaux gazoducs vers l'Europe, même si cela a
comme conséquence de remettre aux calendes grecques l'intégration des
économies des pays du Maghreb.

Dans le même temps, il convient de mentionner que toutes ces querelles
sur l'énergie ont fourni une aubaine à certaines forces européennes et nord-
américaines, qui en ont profité pour dénoncer avec véhémence l'emprise
russe sur l'approvisionnement gazier de l'Europe. À l'opposé, il est patent
de souligner qu'avec l'éclatement de l'ex-Union soviétique et l'instauration
de la loi du marché, on ne peut plus occulter, comme le font systématiquement tous nos médias et politologues, le fait que les Russes n'ont plus
aucune raison de vendre leur énergie au rabais. C'est ainsi qu'*a posteriori*,
il s'est avéré que dans le cas de l'Ukraine, par exemple, les Russes leur
avaient vendu le gaz à 50 \$US par millier de m^3, alors que le marché était à
250 \$US, ce qui ne peut s'expliquer uniquement par le prélèvement de droit
de passage. Aujourd'hui, au-delà de toute considération géostratégique et
des partis pris des uns et des autres, force est de reconnaître que ces crises
sont, avant tout, les conséquences de décisions d'affaires. De ce fait, on
ne peut, tel un leitmotiv, donner chaque fois une dimension idéologique
à des relations commerciales, surtout que la guerre froide est censée être
finie depuis l'éclatement de l'empire bolchevique.

Par ailleurs, au courant du mois de septembre 2006, sous prétexte de
non-respect de normes environnementales, les Russes ont annoncé qu'ils
retiraient au géant anglo-néerlandais Shell et à deux maisons de négoce

japonaises le droit de développer son gigantesque projet gazo-pétrolier Sakhaline 2, situé en Extrême-Orient russe. Sakhaline 2 doit produire 155 000 b/j de pétrole et l'équivalent de près de 10 Mt de GNL pour le marché japonais et sud-coréen. L'estimation du coût du projet était, au départ, de 10 G$US, puis a été doublée à 20 G$US, ce qui a fait de ce projet le plus grand investissement énergétique au monde. Le contrat, dit à partage de production, a été signé au début des années 1990 quand l'énergie était bon marché et la Russie d'Eltsine, aux mains d'oligarques.

Les écologistes du monde entier ont applaudi la décision russe d'annuler le projet, surtout que la construction des oléoducs a occasionné de nombreux dommages écologiques (destruction complète de 12 rivières, érosion des sols, routes dans les forêts, menaces sur les populations de rennes, baleines grises du Pacifique...). Mais beaucoup d'experts ont estimé que la question de l'environnement a été utilisée juste comme prétexte puisqu'ils ont vu dans l'annulation de ce projet la volonté des Russes de renégocier à des conditions plus avantageuses et de reprendre en main le contrôle sur leurs ressources naturelles. Ils n'avaient pas tort car, après quelques brèves passes d'armes, les négociations ont abouti en quelques mois et le géant gazier russe Gazprom est devenu, avec 50 % plus une action, l'actionnaire majoritaire du gigantesque projet Sakhaline 2. Les Russes sont ainsi redevenus « maîtres chez eux » et, au risque d'offenser quelques nostalgiques de la guerre froide, on peut même ajouter que ce nationalisme économique n'est pas spécifiquement russe puisque certains pays de l'OCDE y ont également recouru dans un passé récent.

Une année plus tard, l'empressement inhabituellement *british* à accuser les autorités russes de façon véhémente et leur propension à établir un lien direct avec le pouvoir actuel lors de l'assassinat au polonium de l'ex-agent russe Alexandre Litvinenko montre que les sujets de Sa Majesté préfèrent nettement la Russie à genoux de Boris Eltsine et des oligarques qu'ils accueillent avec tous les égards, à celle, plus stoïque, de Vladimir Poutine.

L'autre tuile sur les têtes des Européens est l'important accord de transport de gaz naturel turkmène vers les marchés occidentaux via le Kazakhstan et la Russie. Cet accord, signé en 2007, va permettre de construire un nouveau gazoduc et de consolider l'ancien, ce qui permettrait d'acheminer plus de 20 milliards de m^3 de gaz de la Turkménie dont les immenses ressources naturelles sont l'objet de bien des convoitises. Par la même occasion, il va consolider l'emprise russe sur l'approvisionnement énergétique, alors que les pays de l'Union européenne et les États-Unis avaient préconisé et souhaité une route sous la mer Caspienne qui aurait, autant que faire se peut, contourné la Russie. L'insomnie des Européens n'est pas finie puisque le géant russe Gazprom lorgne présentement du côté des immenses réserves du delta du Niger, dont profitent sans vergogne les multinationales pétrolières présentes (Exxon, Shell, Total, ENI...) qui pompent outrageusement pétrole et gaz sans donner le juste échange aux Nigérians et autres Africains, jusqu'alors dépourvus de marge de manœuvre lors des négociations de contrats.

Sur un autre registre, il est non moins vrai que le projet d'installation du bouclier antimissile étasunien en Europe orientale, avec une station radar en République tchèque et des lanceurs de missiles en Pologne, irrite considérablement les Russes qui y sont viscéralement opposés. Il faut dire que ce projet n'arrive pas à convaincre les experts que, du point de vue trajectoire et balistique, il puisse être capable d'intercepter les missiles potentiels de pays comme l'Iran ou la Corée du Nord. En revanche, il crédibilise l'idée que la Russie postsoviétique continue à être traitée comme du temps de la guerre froide et celle-ci établit un parallèle avec l'épisode des missiles soviétiques à Cuba; elle réplique en développant des bombes à effet de souffle de puissance comparable à une bombe nucléaire et en procédant au premier tir d'essai d'un nouveau type de missile balistique intercontinental destiné à « éliminer des systèmes de défense antimissile ». Il est clair que la Russie veut utiliser sa puissance énergétique retrouvée pour reconquérir son statut perdu de grande puissance militaire et, à défaut de changer de cap avec le changement prévu de président aussi bien en Russie qu'aux États-Unis, le risque est réel qu'avec le déploiement du bouclier antimissile étasunien, l'Europe se transforme, de nouveau, en poudrière. D'ailleurs, se sentant acculés, les Russes ont décidé de franchir une nouvelle étape en suspendant leur participation au traité qui limite les forces conventionnelles en Europe, une pièce importante de la sécurité continentale.

Par ailleurs, il est établi que les prix du gaz et du pétrole sont corrélés et le prix du gaz est dans une large mesure indexé sur celui du pétrole, ce dernier fluctuant avec la demande et les événements mondiaux. La libéralisation des marchés gaziers, effective en Amérique du Nord depuis deux décennies, a seulement permis de substituer les mécanismes du marché à l'indexation planifiée. Ainsi, le prix du gaz, avec un léger décalage, se trouve être indexé sur celui du pétrole et il a connu une augmentation substantielle ces cinq dernières années. Cette hausse s'applique à la fois au marché nord-américain, européen et asiatique, malgré les différences dans l'organisation de ces marchés. Comme on peut le voir sur les figures 43 et 44, par rapport à 1999, les prix ont presque doublé en 2000 et plus que triplé en 2004-2005.

Il est intéressant de remarquer que, du point de vue thermique, le prix du pétrole au début de l'été 2005 – entre 55 et 60 $US/baril – n'était pas équivalent au prix du gaz naturel à la même période – 7 à 8 $US/MBtu. Ainsi, le prix du gaz a suivi celui du pétrole lorsque ce dernier a amorcé une hausse continue à partir de 2002; de même, la hausse a été exacerbée par l'instabilité géopolitique, lorsque le pétrole a franchi la barre symbolique des 60 $US/b, même si habituellement les cours de gaz sont plus élevés en automne-hiver. Les figures 45 et 46, pour les années 2004-2006, illustrent aussi bien la volatilité du prix du gaz que son indexation sur celui du pétrole, si on les compare aux soubresauts du pétrole (voir les figures 24, 25 et 26).

FIGURE 43
Prix du gaz naturel 1989-2005

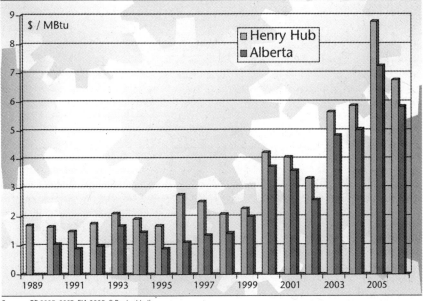

Sources : BP 2005, 2007, EIA 2005, © Benhaddadi.

Cela dit, aussi bien à Henry Hub (figure 46), au New York Mercantile Exchange NYMEX (figure 45) que sur d'autres marchés, le gaz naturel connaît aussi des tensions occasionnelles sur les prix, en particulier ces cinq dernières années, ce que reflètent bien les figures 43 et 44. Ainsi, tout au long de l'année 2005, les prix ont largement excédé 7 $US/MBtu, se rapprochant même de 9-10 $US/MBtu.

Ces données se vérifient aussi bien chez EIA, Henry Hub que NYMEX ou la Banque mondiale. La légère différence de prix que l'on peut constater entre Henry Hub et EIA provient du fait que cette dernière évalue le prix à la tête des puits, ce qui donne en moyenne une sous-évaluation de l'ordre de 10%.

La figure 47 illustre le prix record enregistré pour une transaction sur le gaz. En effet, même si cette transaction est beaucoup moins publicisée que pour le pétrole, celle-ci remonte au 25 février 2003, quand le cours a fracassé le record de tous les temps : 18,85 $US/MBtu, soit du point de vue thermique, l'équivalent de plus de 100 $US/b de pétrole !

Figure 44

Prix du gaz naturel 2000-2005

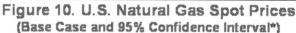

Figure 10. U.S. Natural Gas Spot Prices
(Base Case and 95% Confidence Interval*)

The confidence intervals show +/- 2 standard errors based on the properties of the model. The ranges do not include the effects of major supply disruptions.

Short-Term Energy Outlook, August 2005

Source : EIA, 2005.

Figure 45

Prix du gaz naturel 2005-2007

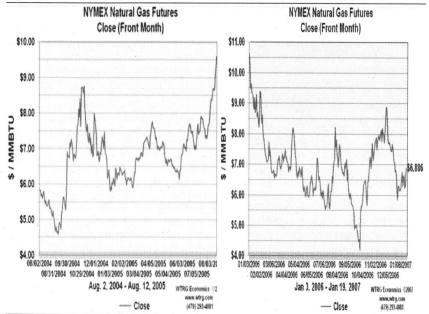

Source : WTRG Economics.

FIGURE 46

Prix du gaz naturel 2004-2005

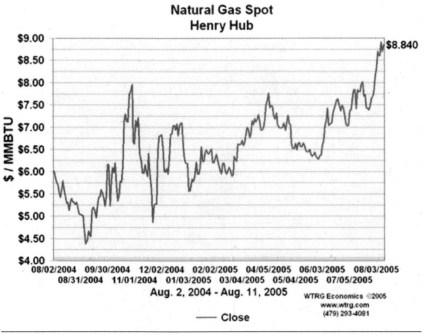

Source : WTRG Economics.

Il est loin d'être exclu que le prix du pétrole puisse baisser car, pour une rare fois, il y a consensus au sein de l'Organisation des pays exportateurs de pétrole (OPEP) en vue de stabiliser les prix autour de 70 $US/b ; c'est du moins la plus récente affirmation à laquelle semblent acquiescer les pays de l'OCDE.

Toutefois, il ne faut pas s'attendre à une diminution importante du prix du gaz. Le cours du gaz d'un peu plus de 7 $US/MBtu correspond, du point de vue équivalent thermique, à un pétrole au coût de 42 $US/b alors que le marché était à 70 $US/b durant l'été 2007 et 90 $US/b durant l'automne. La parité actuelle entre le prix du gaz et celui du pétrole est ainsi de l'ordre de 1 ÷ 12, alors que du point de vue équivalent thermique, elle devrait être de l'ordre de 1 ÷ 6 car le gaz est 6 fois moins compact que le pétrole. Certains analystes sont convaincus que la parité du prix relatif du gaz et celui du pétrole va bientôt converger vers ce ratio de 1:6. Ils soutiennent que si l'on considère cette dernière décennie, le prix du gaz a, dans l'ensemble, augmenté nettement plus que celui du pétrole, ce dont témoignent les données comparées des figures 26 et 43. Cette tendance pourrait se maintenir jusqu'à ce que la parité en termes d'équivalent thermique soit davantage reflétée, surtout que la concurrence entre les deux combustibles serait, à l'avenir, encore plus vive avec l'émergence de l'atout environnemental du gaz.

FIGURE 47

Volatilité des prix du gaz naturel (\$US par GBtu)

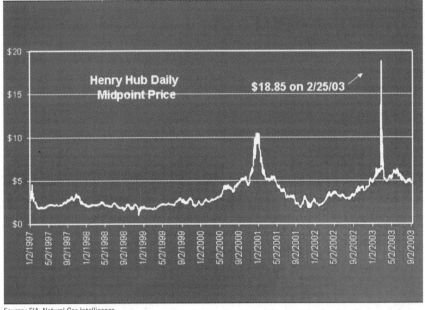

Source : EIA, Natural Gas Intelligence.

Toutefois, le changement dans le prix du gaz est structurel : il est là pour rester et même si le gaz a tendance à accompagner les produits pétroliers vers la baisse, son ampleur est plus que réduite. En effet, il y a consensus au sein de l'Agence internationale de l'énergie, au Conseil mondial de l'énergie comme à l'Energy Information Administration (Département de l'Énergie des États-Unis) que la ruée mondiale vers le gaz, causée par les centrales TAG (turbines à gaz), va persister au cours des deux prochaines décennies. Cette ruée peut justifier la persistance de cours élevés de gaz naturel.

En dépit de ce qui précède, on peut émettre l'hypothèse qu'à long terme, le prix élevé du gaz peut freiner le développement ultérieur de cette filière. En effet, au début de la déréglementation du secteur de la production d'électricité, le recours au gaz était systématique à cause de son prix compétitif, généralement autour de 2 \$US/MBtu. Comme l'ère du gaz bon marché fait désormais partie de l'histoire du siècle passé, on commence déjà à se poser des questions sur l'impact des nouveaux prix de gaz quant à la rentabilité de plusieurs centaines de centrales thermiques au gaz. À moins que n'arrive à la rescousse une taxe carbone qui pénaliserait le polluant charbon d'où l'on tire 40 % de l'électricité mondiale.

2.3.3. Gaz et coût de l'électricité thermique

Dans un passé récent, à l'occasion de la discussion d'un projet de centrale thermique à cycle combiné au gaz au Suroît, Québec (Canada)[66], les auteurs ont attiré l'attention de l'autorité de régulation du marché (la Régie de l'énergie du Québec) sur le risque de coût élevé du gaz[71], même si, à l'époque, il était encore inférieur à 5 $US/MBtu. Il a surtout été mis en exergue que ces coûts ne pouvaient qu'augmenter et que, par ailleurs, le promoteur du projet avait sous-estimé de façon substantielle le coût du gaz, même si le projet présentait un intérêt indéniable[71].

Aujourd'hui, même si le contexte de l'analyse alors produite n'est plus d'actualité et que le projet du Suroît a été entre-temps enterré, il n'en demeure pas moins que l'actualité énergétique mondiale a corroboré les conclusions présentées : le changement dans le prix du gaz est structurel ; il a augmenté substantiellement ces dernières années et cette augmentation est là pour rester. De nos jours, alors qu'on se met à rêver, dans le meilleur des cas, d'un prix du pétrole qui tourne entre 50 $US/b et 70 $US/b, le souhait conséquent pour le prix du gaz serait une fourchette comprise entre 6 et 8 $US/MBtu, sachant que son cours actuel est de plus de 6,5 $US/MBtu et qu'il ne pourrait qu'augmenter avec l'hiver qui s'approche.

En outre, ce qui caractérise la production d'électricité thermique au gaz, c'est que le prix de revient de chaque kWh généré est tributaire du prix du gaz et on admet que le prix du gaz représente généralement 75 % du prix de revient de chaque kWh d'électricité produite.

Si on considère une nouvelle fois, à titre d'illustration, le projet de la défunte centrale thermique au gaz du Suroît dont les caractéristiques énergétiques sont : 836 MW, 6,5 TWh et sur la base d'une consommation de 1,13 Gm^3/an[34], on peut déduire que cette centrale nécessite une quantité de gaz de :

$$0,175 \text{ Gm}^3 \text{ / TWh, soit } 6,95 \text{ MBtu / MWh.}$$

Étant donné un coût d'acquisition du gaz naturel au prix actuel de 6,5 $US/MBtu, on peut déduire un prix de revient de l'électricité de :

$$45 \text{ \$US / MWh.}$$

En considérant que le prix du gaz représente les trois quarts du prix de revient de chaque kWh produit et si l'on comptabilise un coût de distribution de 10 $US/MWh, alors que l'on néglige celui du transport (les centrales à gaz sont généralement localisées près des charges), alors le prix de l'électricité thermique serait de l'ordre de :

$$65 \text{ \$US / MWh.}$$

Ce prix est supérieur au prix de l'électricité résidentielle au Québec, de l'ordre de 62 $US/MWh, ce qui voudrait dire qu'il est plus économique d'acheter l'électricité du marché québécois plutôt que de la générer à partir de centrale au gaz. Mais lorsque le projet a été initié, le Québec avait alors un urgent besoin supplémentaire en électricité et le coût minimal des nouveaux projets hydroélectriques est de 9 ou 10 $US/MWh.

Sur une plus grande échelle, soit celle de l'Amérique du Nord, avec les prix de l'électricité pour quelques grandes villes données au tableau ci-dessous, les centrales au gaz demeurent encore rentables au coût de 6,5 $US/MBtu, mais avec des marges de profits relativement restreintes au Canada. Les calculs exécutés, au demeurant assez simples, illustrent à quel point le prix de revient du kWh d'électricité est tributaire du prix du gaz, et il se trouve que le prix de ce gaz est, et va demeurer, élevé. On ne peut plus se permettre de rêver d'un prix du gaz de 2 $US/MBtu tel qu'il était en 1999. Ces prix font désormais partie de cours du siècle passé. Le cours actuel de 6,5 $US/MBtu est élevé mais il peut encore augmenter davantage. En effet, d'une part, avec un baril de pétrole à 90 $US/b, le prix équivalent thermique du gaz serait nettement supérieur à 15 $US/MBtu; d'autre part, le prix du gaz suit celui du pétrole, avec un décalage dans le temps. Ainsi, le cours actuel n'est donc pas susceptible de subir une chute importante; du moins, on le voit très difficilement au-dessous de 5 $US/MBtu.

Par contre, si le prix du gaz venait à atteindre de nouveau 10 à 12 $US/MBtu, on pourrait se retrouver avec un prix d'électricité thermique gaz supérieure à 10 $US/MWh.

Cela, avec les cours actuels de l'électricité, mènerait à la faillite pas mal de promoteurs de projets, pendant que d'autres se tourneraient de nouveau vers le charbon, à moins que ne soit majoré le prix de l'électricité ou ne soit instaurée une taxe carbone.

Prix de l'électricité résidentielle en 2006 (¢ / kWh)

Vancouver	6,1
Montréal	6,2
Toronto	9,9
Chicago	8,2
New York	18
Boston	22

Source : Reconstitution de l'auteur.

2.3.4. Le Canada et le déclin de ses réserves gazières

Depuis maintenant deux décennies, le prix du gaz naturel nord-américain est totalement déréglementé et établi dans le marché par la loi de l'offre et de la demande, au demeurant aussi volatile que pour le pétrole; par contre, les prix de transport et de distribution demeurent réglementés. Au Canada[43, 46], le prix du gaz est établi aux carrefours d'échanges (AECO en Alberta, Station 2 en Colombie-Britannique, Dawn en Ontario) où les prix sont déterminés par le marché. Avant la déréglementation du secteur gazier, les exportations étaient très limitées car on obligeait les exportateurs potentiels à prouver qu'ils avaient des réserves de 25 ans, abaissées plus tard à 15 ans, ce qui a créé un excédent local et induit de bas prix, de l'ordre de 1 \$/GJ. Cet excédent a été éliminé par les deux grands projets de gazoducs exportateurs construits à la fin de 1998. Les marchés canadiens du gaz ont alors vu leurs prix augmenter considérablement ; par exemple, le prix en Alberta selon des contrats mensuels est passé de 1,53 \$/GJ en janvier 1998 à 3,71 \$/GJ en novembre 1999 !

Il est admis que la déréglementation des marchés gaziers canadien et étasunien, conformément aux Accords de libre échange nord-américain (ALENA), a exercé une influence prépondérante sur les échanges. De nos jours, les exportations canadiennes de gaz vers les États-Unis dépassent même la consommation intérieure : selon le Département américain de l'Énergie, en 2005, elles s'élevaient à plus 3,75 Tpi^3, soit plus de 100 milliards de mètres cubes. D'ailleurs, ce chiffre peut être extrapolé à partir des données de la figure 47.

Ainsi, en moins de deux décennies, les exportations canadiennes de gaz vers les États-Unis ont quadruplé[1], principalement en raison de la demande croissante, d'une part, et de la déréglementation des marchés canadien et étasunien qui a exercé une influence sur la structure des échanges de l'énergie, d'autre part. Cette augmentation de la part de marché étasunien s'explique aussi par une hausse de la capacité de production, la construction de nouveaux gazoducs, ainsi que les coûts d'exploitation concurrentiels du gaz naturel au Canada.

C'est ainsi que le gaz canadien a comblé rien de moins que 16 %[1] de la demande étasunienne en 2005. Ce pourcentage est particulièrement élevé dans les États de l'Ouest où il avoisine 50 %, contre 20 % dans le Nord-Est des États-Unis. Tous les échanges se font par gazoducs et il est important de souligner que, pour la première fois, en 2003, les exportations ont baissé de 0,4 Tpi^3 par rapport à 2002[1]. Tout indique que cette baisse n'est pas accidentelle ; elle est structurelle et pourrait même s'accentuer. En effet, cette nouvelle tendance s'explique essentiellement par un déclin dans la production canadienne, alors que le recours au gaz comme source d'énergie ne cesse d'augmenter.

Chose certaine, les réserves canadiennes de gaz, les 19e au monde, sont relativement modestes, en tout cas sans commune mesure avec celles du pétrole. Bien plus, le ratio actuel de la production sur les réserves est inférieur à 10 ans et l'accroissement des réserves pour cette dernière décennie est de l'ordre de 13 %. L'incapacité d'augmenter les réserves s'explique essentiellement par l'épuisement du bassin sédimentaire de l'Ouest canadien, surexploité pendant les années 1990 et dont tous les gros gisements de gaz présents ont déjà été trouvés. Depuis près d'une décennie, la pente des réserves est à la baisse, alors que la substantielle augmentation du nombre de forages, 14 000 en 2003 contre 2 200 en 1990, permet uniquement de limiter l'ampleur de cette baisse. En attendant la mise en exploitation des ressources en mer de Beaufort et dans le delta du Mackenzie, il y a effectivement matière à réflexion quant à la politique de gestion des réserves, sachant que les timides réductions des exportations devraient, sauf découverte majeure, s'accélérer sensiblement. De plus, comme l'extraction des sables bitumineux requiert d'immenses quantités de gaz, on peut prévoir une très forte augmentation de l'autoconsommation dans l'Ouest canadien.

Pour prendre acte de cet état de fait et sécuriser leurs approvisionnements, les autres provinces canadiennes sont en train d'initier des projets de terminaux de gaz naturel liquéfié (GNL) pour importer du GNL et faire ainsi face au déclin de la production de l'Ouest canadien. Même si le Canada ne possède encore aucun terminal de GNL en fonctionnement, pas moins de huit projets (quatre dans les Maritimes, deux au Québec et deux en Colombie-Britannique) pourraient entrer en fonction à partir de 2008, surtout que certains sont à un stade avancé. Il est probable que ces projets ne seront pas tous intégralement réalisés, surtout qu'ils soulèvent localement des préoccupations, même s'ils ne suscitent pas partout le même niveau de résistance chez les environnementalistes et les habitants limitrophes des sites retenus. À titre d'illustration, si le projet au Nouveau-Brunswick est à un stade avancé qui permettrait sa prochaine inauguration, les deux projets au Québec ont suscité beaucoup de controverses, eu égard aux réticences des environnementalistes et en dépit du quitus de la population concernée, qui s'est favorablement prononcée dans un récent référendum local pour l'un des projets. Aux dernières nouvelles, invoquant la nécessité d'accélérer les négociations avec les fournisseurs potentiels de gaz, le gouvernement du Québec a même dû intervenir pour écourter la procédure d'étude de l'impact environnemental.

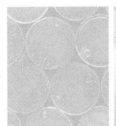

CHAPITRE 3

L'ÉNERGIE ÉLECTRIQUE

3.1. Production d'électricité

L'électricité est la technologie centrale de notre époque : avec un taux de croissance annuelle moyen de 3 %, la consommation mondiale a fait l'objet d'une croissance soutenue tout au long du XXe siècle. Seulement pour la dernière décennie, la production d'électricité a augmenté de près d'un tiers, ce qui s'explique par le développement du chauffage et la climatisation, la prolifération des appareils électriques, les politiques d'électrification rurale dans les pays en voie de développement. Les figures 48 et 49 illustrent la répartition de la puissance électrique installée (figure 48) et de l'énergie générée (figure 49) dans le monde.

FIGURE 48

Répartition de la capacité électrique installée par pays

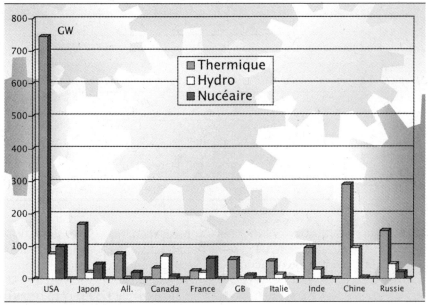

Sources : EIA 2005, © Benhaddadi.

3.1.1. Capacités et sources d'énergie électrique

En 2006, la production mondiale d'électricité a avoisiné 18 900 TWh[4], avec des pertes de transport et de distribution de l'ordre de 7 %. Pour chaque pays, le montant de ces pertes dépend essentiellement de la qualité du réseau : longueur des lignes, tension utilisée pour le transport et la distribution. Pour ce qui est de la consommation mondiale d'énergie électrique, il existe de très fortes disparités dans l'usage de cette électricité, cette dernière étant étroitement corrélée avec le niveau de développement économique : les pays en développement constituent 80 % de la population mondiale mais ne représentent qu'un quart de la consommation mondiale d'électricité. C'est ainsi que, par habitant, cette consommation d'électricité est, à l'échelle planétaire, de l'ordre de 3 000 kWh/h. En Afrique, elle n'est que de 500 kWh/h, alors qu'elle est en moyenne 15 fois plus importante en France, 30 fois plus aux États-Unis et 35 fois plus au Canada.

FIGURE 49

Répartition de la génération d'électricité par pays

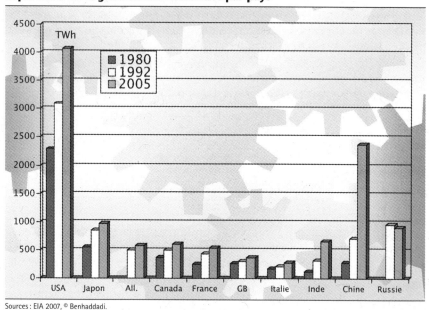

Sources : EIA 2007, © Benhaddadi.

La figure 50 illustre les différentes sources d'énergie électrique, où il apparaît que cette électricité est générée pour les deux tiers par des centrales thermiques classiques qui fonctionnent, respectivement, au charbon (plus de 40 %), au gaz naturel (19,7 %) et au pétrole (6,6 %). L'autre tiers est assuré par l'électronucléaire, à hauteur de 15,2 % et le solde de 17,9 % correspond à la contribution des énergies renouvelables, où la part du lion revient à l'hydroélectricité, avec plus de 16 %.

Comme on peut le voir à la figure 50, au cours de ces trois dernières décennies, la part de l'électricité d'origine thermique au charbon est restée relativement stable et élevée, à hauteur de 40 % ; par contre, ce qui a fondamentalement changé dans la production d'électricité au cours de la même période, c'est :

- la réduction de la filière thermique au mazout, à la suite du renchérissement du prix du pétrole ;
- le développement de la filière nucléaire, après les deux chocs pétroliers ;
- le développement de centrales thermiques au gaz.

FIGURE 50

Sources d'énergie électrique

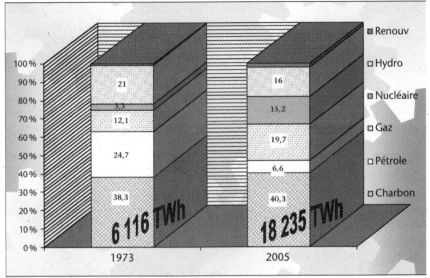

Sources : IEA 2007, © Benhaddadi.

En Amérique du Nord, le fait notable pour la production d'électricité est qu'après la déréglementation du secteur gazier opéré dans les années 1980 le développement des turbines à gaz a bénéficié d'un concours de circonstances qui lui a été particulièrement favorable : la défiance accrue que suscitent les centrales au charbon, d'une part, et le gel du programme de développement nucléaire, d'autre part. Il faut dire que les nouvelles centrales au gaz recèlent beaucoup d'avantages : en plus d'assurer la sécurité énergétique, elles sont beaucoup moins polluantes, ce dont témoigne la figure 51. En outre, ces centrales peuvent être installées près des charges, réduisant ainsi les pertes, la congestion et le coût de transport. Cela explique pourquoi 98 % des centrales thermiques construites ces cinq dernières années aux États-Unis sont alimentées au gaz naturel.

D'ailleurs, jusqu'ici, c'est pour la solution gaz que l'on a opté le plus souvent en raison de son impact environnemental relativement réduit. En effet, une centrale à cycle combiné typique produit du dioxyde de carbone (CO_2) pour moins de 0,4 Mt/TWh, contre 1 Mt/TWh et 0,8 Mt/TWh pour, respectivement, les centrales au charbon et au pétrole, ce que montrent les données de la figure 51. Pour les émissions d'oxydes d'azote NO_x (figure 52), le gaz naturel est respectivement 2,5 et 4 fois moins polluant que le mazout et le charbon. En ce qui concerne le dioxyde de soufre, le gaz en produit 11 fois moins que le mazout et 36 fois moins que le charbon (figure 52). D'ailleurs, dans un récent rapport déposé auprès du Congrès des États-Unis[65], il a été estimé que la combustion du charbon par la Chine est à l'origine de 12 % des émissions mondiales de CO_2 et de 25 % de celles de mercure. Aussi, les émissions chinoises de dioxyde de soufre – à l'origine des pluies acides – a augmenté de 30 % entre 2000 et 2006[65]. Dans le même temps, alors que 16 des 20 villes les plus polluées au monde se trouvent en Chine, l'Organisation mondiale de la santé (OMS) vient de publier les lignes directrices relatives à la qualité de l'air mettant en évidences que des normes plus strictes en matière de pollution atmosphérique pourraient réduire de 15 % le nombre de décès dans les grandes villes polluées[30]. Ces données expliquent pourquoi on considère, à juste titre, que toute part du marché, gagnée par le gaz au détriment de la filière thermique au charbon est une contribution somme toute positive à la préservation de l'environnement.

FIGURE 51

Production d'électricité et émissions de CO$_2$

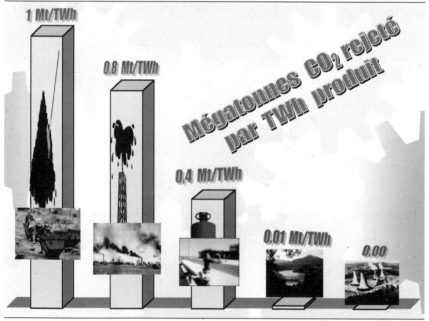

Source : © Benhaddadi.

Il est intéressant de remarquer que dans cette filière au gaz, la plus grande partie de la production d'électricité proviendra de turbines à gaz à cycle combiné, technologie développée à partir des années 1990 et dont le rendement actuel se situe autour de 60 %. Cette part du gaz dans la production d'électricité augmente de façon constante, surtout dans les pays développés et les principales régions productrices de gaz, alors que la part du charbon décroît dans toutes les régions, sauf en Amérique du Nord où elle se stabilise et en Asie où, à cause du recours massif de la Chine au charbon, elle augmente sensiblement. Par ailleurs, l'émergence de cette filière au gaz a induit une plus grande élasticité dans les marchés de l'électricité et celui du gaz. C'est pour cela qu'avec le renchérissement du prix du gaz constaté ces dernières années, on peut s'attendre à un recours encore plus massif au charbon pour répondre aux besoins toujours croissants. Certaines voix s'élèvent déjà pour dire que les centrales thermiques doivent davantage fonctionner en base au charbon et au nucléaire et que le gaz doit être préservé pour un usage plus noble (cogénération, génération distribuée, pointe…).

Quant au développement de l'énergie nucléaire qui n'est pas encore parvenue à redorer son image, il connaît un tassement et ne suit plus le rythme de la production totale d'électricité: sa part de marché a commencé à baisser; elle pourrait baisser encore plus à l'avenir si la filière n'est pas relancée à moyen terme. Quant aux nouvelles énergies renouvelables hors hydraulique, elles assurent autour de 2% de la production, surtout grâce à la rapide progression de l'électricité d'origine éolienne.

FIGURE 52

Facteurs moyens d'émissions

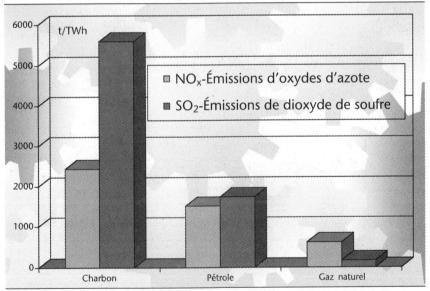

Sources: US Environmental Protection Agency, 2007, © Benhaddadi.

Tout au long de ces dernières décennies, la consommation d'électricité a crû beaucoup plus vite que celle des autres énergies finales. Cette tendance lourde devrait être maintenue au cours du prochain quart de siècle, où l'on prévoit que la demande d'énergie devrait croître de moitié, alors que celle d'électricité devrait doubler. Certains experts considèrent que pour économiser l'énergie primaire, en règle générale, on a intérêt à augmenter prioritairement la part relative d'électricité dont l'utilisation est un facteur d'efficacité énergétique. Cette règle n'est plus systématique depuis l'introduction à grande échelle du chauffage électrique, une application où le thermique (gaz ou mazout) est beaucoup plus efficient.

Il est vrai que l'introduction à grande échelle du chauffage électrique s'est fait surtout dans les pays qui ont développé des capacités électriques plus importantes que leurs besoins spécifiques. Comme l'électricité produite devait être consommée, en plus d'écouler une partie de celle-ci sur les marchés voisins, ces pays ont encouragé la promotion du chauffage électrique. Les figures 53 et 54 représentent les principaux pays exportateurs et importateurs d'électricité. La France, qui a surdéveloppé son parc électronucléaire, est le 1er exportateur mondial d'électricité. Ce pays exporte massivement vers la majorité des pays voisins (Allemagne, Italie, Suisse…) auxquels son réseau est interconnecté. Mais ce qui caractérise particulièrement le marché de l'électricité, c'est que les échanges se font de plus en plus dans les deux sens, c'est le cas notamment de l'Allemagne, des États-Unis, de la Suisse et du Canada. Certains de ces pays, tel le Canada, achètent cette électricité aux heures creuses et à bas prix pour revendre aux heures de pointe et à prix d'or. Ainsi, en 2003, le prix moyen du kWh livré par le Québec (Canada) sur le marché du Nord-Est étasunien était de 8,83 ¢/kWh, contre 4,47 ¢/kWh en sens inverse, ajoutant ainsi une substantielle plus-value à l'hydroélectricité locale. La déréglementation du marché de l'électricité, déjà opérée ou en cours, ne pourrait que raffermir ces échanges, surtout que l'électricité est en train de devenir une marchandise comme une autre.

FIGURE 53

Pays exportateurs d'électricité : top 10 en 2005

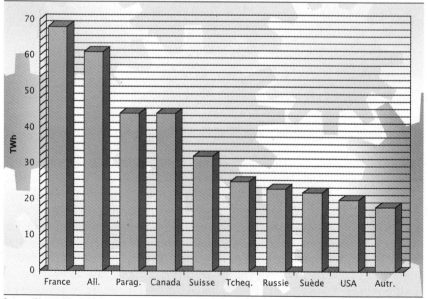

Sources : IEA 2007, © Benhaddadi.

Le Québec (Canada), qui a massivement développé son hydroélectricité dans les années 1980 a, en plus d'exporter de grandes quantités vers le Nord-Est des États-Unis, encouragé les conversions du chauffage thermique vers l'électrique. Aujourd'hui, comme la situation a fondamentalement changé avec les prix de l'électricité qui ont augmenté sur les marchés extérieurs, d'une part, et l'absence de surplus, d'autre part, on commence à se poser des questions sur le chauffage électrique. Les auteurs ont, à maintes reprises, attiré l'attention des décideurs locaux sur la nécessité de mettre la bonne énergie à la bonne place[71, 74].

FIGURE 54

Pays importateurs d'électricité : top 10 en 2005

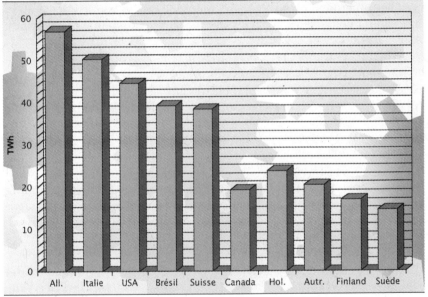

Sources : IEA 2007, © Benhaddadi.

3.1.2. Déréglementation et crise californienne

En Amérique du Nord, la déréglementation du secteur gazier a commencé dans les années 1980 et celle du secteur électrique a suivi, une décennie plus tard. C'est ainsi que durant la dernière décennie du XXᵉ siècle, les États-Unis et le Canada se sont engagés dans un vaste mouvement de restructuration du marché nord-américain en ouvrant le réseau de transport et le marché de gros de l'électricité à la concurrence, puis même le marché de détail. En conséquence, les sociétés œuvrant dans le secteur électrique et qui étaient à l'origine verticalement intégrées ont été amenées à se restructurer par grand domaine d'activité : la production, le transport et la distribution.

Cette restructuration correspond aux nouveaux modes de fonctionnement d'un marché censé être plus ouvert à la concurrence. La structure mise en place se rencontre aujourd'hui, à quelques détails près, dans la majorité des États américains, des provinces canadiennes, nombre de pays européens ou en transition économique. Cette nouvelle structure consacre en fait la «marchandise» qu'est devenu le kilowattheure d'électricité, au même titre que le gaz et le mazout.

La Californie, en pionnière intrépide, a été le premier État à avoir déréglementé, dès 1996, l'ouverture de son marché d'électricité. Cet État, avec ses 37 millions d'habitants et ses 35 millions de véhicules, a un PIB (produit intérieur brut) supérieur à 1 000 milliards de dollars. Il est le plus peuplé et le plus prospère des États américains et abrite la fine fleur de la technologie étasunienne (Silicon Valley), l'industrie du cinéma (Hollywood) et d'innombrables sociétés, réputées leaders dans les domaines de la défense et du transport.

Déjà en 1998, la Californie a procédé à l'ouverture brutale et totale de son marché de l'électricité, y compris celui du détail. Cette année-là, le prix de l'électricité dans le marché de gros se situait aux alentours de 2,5 à 3 ¢US/kWh. Néanmoins, pour protéger les petits consommateurs durant la période transitoire du nouveau mode organisationnel, les tarifs dans le secteur résidentiel ont été momentanément gelés, du moins pour les quatre premières années.

Alors qu'on prévoyait une baisse des prix, c'est du moins ce qu'on a initialement fait miroiter, ces derniers ont connu une hausse fulgurante tout au long de l'année 2000. Les cours ont été multiplié par cinq, atteignant même un sommet historique de 3,86 $US/kWh en décembre 2000. Malgré l'effacement de certaines charges industrielles non prioritaires et le délestage systémique imposé, plusieurs états d'urgence ont été décrétés.

La crise californienne est certainement attribuable à de multiples causes conjoncturelles et structurelles. Même si cette hausse du prix de l'électricité a pris au dépourvu tous les partenaires impliqués dans la déréglementation du secteur électrique californien, il n'en demeure pas moins que les raisons de son ampleur peuvent être, à posteriori, clairement mises en évidence. Voici une dizaine d'arguments, pas forcément dans le désordre.

- *L'inadéquation entre l'offre et la demande* due, entre autres facteurs, par le désengagement de plusieurs producteurs d'électricité qui se sont repositionnés dans la distribution, anticipant une plus-value autrement plus gratifiante dans ce dernier secteur. C'est ainsi que l'offre au cours des quatre dernières années qui ont précédé le crash californien n'a augmenté que de 2 % alors que la demande a crû de 10 %. À titre d'illustration, la seule demande de pointe a crû de 5 522 MW alors que l'offre n'a suivi qu'avec un piètre 672 MW.

- *L'ouverture brutale et totale du secteur de l'électricité* en laissant jouer les seules forces du marché, sans une véritable politique d'encadrement réglementaire. Dans la définition du cadre réglementaire, il est étonnant de constater que les autorités n'ont pas jugé opportun d'octroyer les autorisations nécessaires aux nouveaux projets, sachant que la demande était déjà en train d'exploser. De même, il est plutôt étrange qu'au milieu de la tourmente les autorités n'aient pas institué temporairement un prix plafond sur le marché de gros.

- *L'envolée générale, en l'an 2000, du prix du gaz naturel* à l'échelle mondiale, alors que les cours étaient de 1,6 à 2,2 $US/MBtu au début de la restructuration du secteur électrique étasunien. En effet, comme le montrent bien les données des figures 43, 44 et 47, les prix du gaz ont plus que doublé entre 1999 et 2000, alors que la facture trimestrielle de 2001 s'est avérée pour les distributeurs plus élevée que celle de toute l'année 1999! De plus, la crise s'est exacerbée, pour la Californie en particulier, par l'indisponibilité momentanée d'un important pipeline de la compagnie El Paso.

- *Les actions volontaires des producteurs qui ont spéculé* sur le prix de l'électricité en réduisant délibérément l'offre, ou en s'octroyant une marge exagérément élevée et qui ont, par la suite, grandement bénéficié de l'explosion des prix en dégageant des profits mirobolants. D'ailleurs, la Commission de régulation de la Californie a, plus tard, épinglé puis accusé El Paso de collusion (rétention de production, cessions internes...).

- La *réglementation environnementale* particulièrement contraignante de la Californie a conduit au refus de 20 nouveaux projets sur les 25 présentés, d'une part, et l'immobilisation de capacités existantes en raison de l'épuisement de quotas d'émissions, d'autre part. En fait, la Californie est passée du célèbre syndrome NIMBY «pas dans ma cour» (*Not in my backyard*) à un nouveau syndrome BANANA «ne rien construire, nulle part, à côté de personne» (*Build absolutly nothing anywhere near anyone*).

- *L'absence de réelle politique de maîtrise de la demande*, alors que, paradoxalement, la Californie a initié une politique volontariste de réduction des émissions de gaz à effet de serre et de promotion des énergies renouvelables.

- *La mauvaise hydraulicité* locale et à l'échelle du Nord-Ouest étasunien a privé la Californie d'une substantielle puissance, alors que, dans le même temps, la demande a été accentuée par la chaleur qui a sévi tout au long de l'été 2000.

- *L'état, plutôt vétuste, du réseau de transport californien* et qui a accentué les risques de coupure et de congestion. En effet, en voulant à tout prix faire émerger la diminution des coûts qu'occasionne la déréglementation du secteur électrique, le secteur des transports s'est retrouvé sous l'effet de flagrants sous-investissements. En parallèle, la faiblesse relative des capacités d'interconnexions a empêché les réseaux voisins de fournir l'énergie supplémentaire requise.

- *La crise financière des trois plus importants distributeurs* (Pacific Gaz & Electric, San Diego Gas & Electric et Southern California Edison), pris en tenaille entre le prix exorbitant du marché de gros où ils s'approvisionnaient, d'une part, et l'impossibilité de le répercuter sur les consommateurs, d'autre part. Ayant accumulé des pertes de 12 milliards de dollars en une année, ces trois distributeurs ont été près du dépôt de bilan car ils se sont retrouvés dans l'impossibilité d'honorer leurs factures.

- *L'indisponibilité, pour cause de maintenance, de plusieurs centrales*, particulièrement sollicitées tout au long de l'été.

Devant la situation tragique de la Californie, les pouvoirs publics, avec l'accord de l'autorité fédérale de régulation FERC (Federal Energy Regulatory Commission), se sont attelés, au milieu de la tourmente, à reprendre le contrôle des événements en réintroduisant une substantielle re-réglementation que l'on a d'abord présentée comme une mesure temporaire mais qui, plus d'une décennie plus tard, est toujours partiellement en place et va encore s'étaler sur des années. On considère, en effet, que la catastrophe vécue est due à une organisation inadéquate du marché et à des défauts de réglementation. En d'autres termes, ce n'est aucunement la politique de déréglementation qui est remise en cause, mais l'encadrement de sa mise en application.

Ainsi, l'absence d'adéquation entre l'offre et la demande a plongé la Californie dans une crise d'une ampleur sans précédent. En fait, la déréglementation a produit des effets exactement opposés au but recherché, soit la baisse des prix. Et, comble de l'ironie, la crise a atteint une telle acuité que la FERC a décidé de renforcer son autorité sur le contrôle des prix de l'électricité de gros dans les 11 États de l'Ouest étasunien. Elle a dû le faire non seulement pour la période spécifique de la crise, mais l'élargir même pour la période normale. Ces mesures, quoique transitoires, seront appliquées tant et aussi longtemps que l'équilibre entre l'offre et la demande d'énergie ne sera pas durablement établi, ce qui peut nécessiter encore du temps. Toujours est-il qu'après cette expérience amère, la Californie ne veut plus aller trop vite dans la réorganisation de son secteur énergétique électrique ; bien plus, il figure parmi les États qui ont pris le plus de retard dans la réorganisation de leur secteur électrique.

Ce que nous enseigne la crise californienne, c'est à quel point les incohérences de politique énergétique sont particulièrement lourdes de conséquences dans le secteur électrique, surtout quand on veut y développer la concurrence. Il est vrai qu'on a oublié que l'objectif ultime de l'instauration de la concurrence dans le secteur électrique, comme dans tout autre secteur, était une diminution de l'écart entre le prix et le coût de cette électricité et pas nécessairement la baisse des prix. Or, le coût de l'électricité a fortement augmenté à cause, essentiellement, de l'envolée du prix du gaz naturel qui a irrémédiablement tiré vers le haut les tarifs.

Pour tous les pays qui sont en train de restructurer leur industrie de la production d'électricité, la crise californienne peut servir de mise en garde contre la précipitation dans les prises de décision. En effet, la conception de nouvelles règles de marché, même si elle est basée sur des expertises avérées, doit être accompagnée de mesures d'encadrement, tant et aussi longtemps que le marché n'est pas durablement stabilisé.

Ayant certainement médité la leçon californienne, la majorité des autres États américains et des provinces canadiennes ont réorganisé leurs entreprises, jusqu'alors verticalement intégrées, de sorte qu'une certaine concurrence puisse émerger dans les secteurs de la production et de la distribution. Quant à la restructuration dans les pays de l'Europe occidentale, dès qu'il a été constaté que la directive européenne sur la dérégulation du marché de l'électricité a malgré tout induit une trop grande concentration dans les secteurs de la distribution et de la production d'électricité grâce aux acquisitions, leurs gouvernements respectifs ont décidé de renforcer le contrôle sur les gros acteurs du marché, du moins jusqu'à la libéralisation totale des transactions de l'électricité et du gaz, effective à partir du 1er juillet 2007.

3.2. Énergie nucléaire

En comparaison des énergies fossiles, le nucléaire est une source d'énergie relativement récente, basée sur la fission de l'atome d'uranium en vue de créer la chaleur servant à produire la vapeur nécessaire à la production de l'électricité. Il existe sept filières principales de production : graphite-gaz (le gaz est le caloporteur, le graphite, le modérateur), eau lourde, eau ordinaire sous pression, eau ordinaire bouillante, la filière à neutrons rapides, la filière eau-graphite et la filière eau ordinaire bouillante-eau lourde. Il convient de mentionner que, parmi toute cette panoplie de filières, émergent les centrales à eau pressurisée PWR (Pressurized Water Reactor) qui représentent 80 % de la puissance nucléaire installée et qui utilisent des combustibles classiques d'uranium enrichi en vue d'augmenter la proportion d'atomes fissibles. Quant aux réacteurs canadiens CANDU (Canada Deutérium Uranium), ils fonctionnent à l'uranium pur et à l'eau lourde. Malgré la multitude des types de réacteurs, ils reposent tous sur un même principe de base, soit celui des chaudières dans les centrales thermiques (charbon, gaz ou mazout).

Même si la réalisation de la première réaction nucléaire a été concrétisée dès 1942 par Enrico Fermi et que la première centrale nucléaire industrielle a été construite dès 1956 par les États-Unis, le développement de l'énergie nucléaire n'a réellement commencé qu'une vingtaine d'années plus tard, après le premier choc pétrolier de 1973. À partir de cette date, cette filière a connu une croissance particulièrement élevée, grâce à la conjonction de trois facteurs :

- la forte augmentation des besoins énergétiques, en général, et électriques, en particulier ;
- le contexte mondial caractérisé par le prix du pétrole qui a été brutalement multiplié par quatre, d'une part, avec des réserves estimées à moins de quarante années de consommation et dont l'épuisement est soudainement apparu inéluctable, d'autre part ;
- la volonté politique des pays développés d'obtenir leur indépendance énergétique, ce qui s'est fait avec l'assentiment des opinions publiques.

3.2.1. Bilan énergétique actuel

Au 1er janvier 2007, selon l'Agence internationale de l'énergie atomique (AIEA)[40], à travers le monde, il y avait 435 réacteurs en fonctionnement, dont deux nouveaux (Inde et Chine) et une reconnexion d'un réacteur reconditionné (Russie). Toutes filières confondues, la puissance nucléaire installée dans le monde s'élève à près de 370 GW et celle en construction à 23,64 GW. L'année 2006 a vu le retrait de huit réacteurs (quatre au Royaume-Uni, deux en Bulgarie, un en Slovaquie et un en Espagne) et le lancement des travaux de trois nouvelles unités (deux en Chine et un en Corée). Comme l'illustre le tableau 5, au 1er janvier 2007, les réacteurs en fonctionnement (435) et en construction (29) sont répartis sur 31 pays.

- Avec plus de 150 réacteurs installés, le parc de la nouvelle Union européenne des 27 (UE-27) représente une puissance installée de 133,8 GW dont plus de 63 GW pour la France ; l'Europe hors UE possède 53 réacteurs et une puissance de 21,7 GW pour la Russie, 13,1 GW pour l'Ukraine et 3,2 GW pour la Suisse. L'Europe apparaît donc comme la zone la plus « nucléarisée » du monde, ce qui s'explique par son haut niveau de développement économique et technologique, d'une part, et sa pauvreté relative en ressources d'énergies fossiles, d'autre part.

- L'Amérique du Nord, avec plus de 120 réacteurs en fonctionnement, a une puissance installée de 112 GW, dont près de 100 GW pour les États-Unis.

- L'Asie, où ont été connectés 26 des 36 derniers réacteurs installés dans le monde et où se trouvent plus de la moitié des réacteurs en construction, vient de dépasser la barre symbolique des 100 unités pour une puissance de plus de 82 GW. Il convient de spécifier que, conformément aux données de l'AIEA (tableau 5), les réacteurs de Taiwan ne figurent pas explicitement dans cette figure mais sont inclus dans le total mondial.

TABLEAU 5

Réacteurs en opération et en construction en 2007

Pays	Réacteurs en opération		Réacteurs en construction		Énergie (TWh)
	Nombre	Puissance (MW)	Nombre	Puissance (MW)	
États-Unis	103	99 257	–	–	788,3
France	59	63 260	–	–	429,8
Japon	55	47 785	1	866	291,1
Russie	31	21 743	5	4 525	144,6
Allemagne	17	20 339	–	–	158,7
Corée du Sud	20	17 454	1	960	141,2
Ukraine	15	13 107	2	1 900	84,9
Canada	18	12 610	–	–	92,4
Royaume-Uni	19	10 965	–	–	69,4
Suède	10	9 097	–	–	65,1
Espagne	8	7 450	–	–	57,4
Chine	10	7 572	4	3 610	51,8
Belgique	7	5 824	–	–	44,3
Tchéquie	6	3 323	–	–	24,5
Suisse	5	3 220	–	–	26,4
Inde	16	3 577	7	3 112	15,6
Bulgarie	2	1 906	2	1 906	18,2
Finlande	4	2 696	1	1 600	22
Slovaquie	5	2 034	–	–	16,6
Brésil	2	1 901	–	–	13
Afrique du Sud	2	1 800	–	–	10,1
Hongrie	4	1 755	–	–	12,5
Mexique	2	1 360	–	–	10,4
Lituanie	1	1 185	–	–	7,9
Argentine	2	935	1	692	7,2
Slovénie	1	666	–	–	5,3
Roumanie	1	655	1	–	5,3
Hollande	1	482	–	–	3,3
Pakistan	2	425	1	–	2,6
Arménie	1	376	–	–	2,4
Iran	–	–	1	915	–
Total	**435**	**369 683**	**29**	**23 641**	**2 660,9**

Source : AIEA, 2007.

En 2006, l'énergie électrique d'origine nucléaire générée à travers le monde a été de 635 Mtep selon le rapport de BP[3] et de près de 2800 TWh selon les données d'Énerdata[4]. Les figures 55 et 56 illustrent la répartition géographique et par pays de l'énergie nucléaire générée. L'énergie nucléaire représente environ 16 % de la production mondiale d'électricité, soit un petit peu moins que l'hydroélectricité. Ce taux de 16 % correspond à la part globale de l'énergie nucléaire dans la production totale d'électricité, mais recouvre des situations très variables : ainsi, le nucléaire assure[40] :

- 19 % de la production d'électricité aux États-Unis, 14 % au Canada et 5 % au Mexique ;
- 78,5 % de la production d'électricité en France, 31 % en Allemagne, 20 % au Royaume-Uni et 16 % en Russie ;
- 29 % de la production d'électricité au Japon, 45 % en Corée, 2 % en Chine et 3 % en Inde.

FIGURE 55
Énergie nucléaire

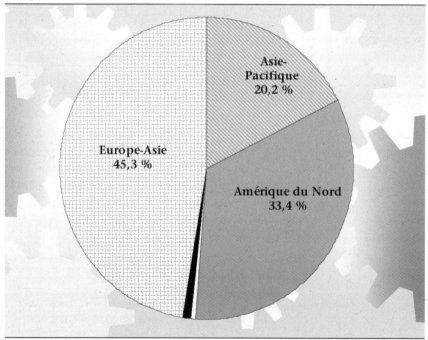

Sources : BP 2007, © Benhaddadi.

Le succès du développement de l'énergie nucléaire peut être illustré par l'exemple de la France qui, avant 1973, avait un taux d'indépendance énergétique de 22,5 % avec le pétrole qui occupait alors 70 % dans le bilan énergétique. À partir des années 1990, le pétrole n'a plus occupé que 40 % dans le bilan énergétique et l'indépendance énergétique est maintenant stabilisée depuis plus d'une décennie autour de 50%! Qui plus est, actuellement, le prix du kWh produit par les centrales nucléaires est compétitif par rapport à la filière thermique; ce prix ne tient toutefois pas compte du coût de démantèlement du site.

Récemment, à l'occasion du conflit sur le prix du gaz entre la Russie et l'Ukraine puis la Géorgie, on a pu mesurer les conséquences d'une trop grande dépendance énergétique. D'ailleurs, cette crise du gaz a relancé le débat sur la place de l'énergie nucléaire dans certains pays (Allemagne, Finlande…), ces derniers voulant raffermir la sécurité de leurs approvisionnements énergétiques en recourant davantage à la forme d'énergie «disponible sur place». Signalons que cette mini-crise russo-ukrainienne, puis russo-géorgienne constituait aussi une aubaine pour les lobbies de l'atome désireux de relancer la filière nucléaire.

FIGURE 56

Répartition de la production d'énergie nucléaire par pays

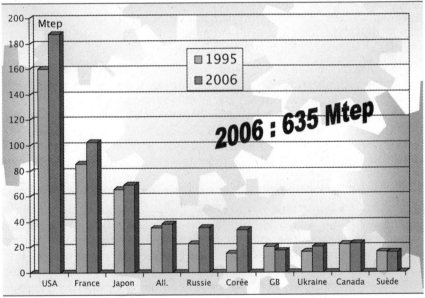

Sources : BP 2006, 2007, © Benhaddadi.

Ces derniers temps, à l'image du prix des combustibles fossiles, celui du combustible nucléaire a connu de profonds changements, occasionnés par une sorte de ruée vers l'uranium dont le prix est passé de 7 $US/kilo, au début de ce millénaire, à 25 $US/kilo en 2002[40] et à plus de 45 $US/kilo durant l'été 2006. Un pic de 112 $US/kilo a été observé en mai 2006[40] et, rien que pour ces derniers 18 mois, son prix a augmenté de 300%! La disgrâce de cette ressource, au lendemain de la catastrophe de Tchernobyl, a duré un peu plus d'une décennie; son offre a donc été bonifiée par l'abondance du minerai rendu disponible, entre autres, par le démantèlement et le retraitement des ogives nucléaires russes. Cette hostilité vis-à-vis du nucléaire donne maintenant l'impression de faire partie du passé car le marché est en pleine effervescence, avec une demande annuelle de 67 000 tonnes, couverte pour plus du tiers par le recours aux réserves accumulées pendant les années 1980. Le marché est dominé par l'Australie et le Canada, ce dernier pays étant le 1er producteur mondial d'uranium dont il possède des réserves estimées à plus de 400 000 tonnes et assurant à lui seul le tiers de la production mondiale qu'il exporte à plus de 80 %. Mais c'est l'Australie qui possède les plus grandes réserves mondiales d'uranium. Le Kazakhstan et plusieurs pays africains (Afrique du Sud, Zambie, Niger, Tchad…) possèdent aussi des réserves non négligeables. Néanmoins, il convient de relativiser l'impact réel de l'augmentation du prix de l'uranium car, contrairement aux centrales thermiques au gaz, ce combustible entre encore pour une faible part dans le prix de revient de chaque kilowattheure généré par les centrales nucléaires. En effet, sur la base d'un coût du combustible de 50 $US/kilo et en tenant compte du fait que les 2 800 TWh d'électricité nucléaire générée à l'échelle de la planète ont nécessité l'usage de 67 000 tonnes d'uranium, on peut, dans une première approximation, déduire que le prix du combustible représente 0,12¢/kWh, soit nettement moins de 5 % du prix de chaque kWh généré.

Par contre, on commence à se poser des questions sur les réserves réelles d'uranium, estimées à 50-70 ans, surtout si l'on se place dans une perspective de relance de cette filière. D'ailleurs, certains pays, à l'image de l'Inde, comptent lancer la construction d'un nouveau prototype de réacteur à eau lourde fonctionnant au thorium, davantage disponible chez eux, et, ainsi, susceptible d'assurer une meilleure sécurité énergétique.

3.2.2. Perspectives du nucléaire

Les accidents à Three Mile Island (1979, États-Unis) et, surtout, celui de Tchernobyl (1986, Ukraine) dont la centrale était de type PWR (la plus courante dans le monde) ont sérieusement compromis le futur essor du nucléaire en freinant brutalement son développement. C'est ainsi qu'aucune nouvelle centrale nucléaire n'a été construite aux États-Unis depuis bientôt trois décennies et, abstraction faite du projet finlandais, aucune en Europe occidentale et au Canada depuis maintenant plus de 15 ans. D'ailleurs, la part relative du nucléaire dans la puissance électrique totale installée a, de ce fait, baissé. À l'avenir et à défaut de nouveaux projets substantiels, cette part baissera beaucoup plus sensiblement, du fait de la fermeture programmée de centrales ayant atteint leur limite d'âge.

Néanmoins, des améliorations significatives ont été récemment apportées dans le fonctionnement et la sécurité des centrales nucléaires. Par un raffermissement des opérations de maintenance, la durée de vie de certaines centrales a pu être étendue de 25 à 40-60 ans, tout en améliorant sensiblement leurs performances, en particulier le facteur moyen de disponibilité de la puissance. Ainsi, ce facteur est passé à 83 % au début de ce nouveau millénaire, alors qu'il n'était que de 73 % en 1990. Selon l'Agence internationale de l'énergie atomique (AIEA), l'amélioration du facteur de disponibilité des centrales nucléaires lors de la décennie 1990-1999 a permis à elle seule de générer plus de 80 TWh supplémentaires. L'illustration la plus éloquente est fournie par les États-Unis où ce facteur est passé à 89 %[1], ce qui a permis en 10 ans d'augmenter l'énergie électrique générée de près de 20 %, sans mettre en œuvre de nouvelle centrale nucléaire. Les données de la figure 57 confirment cet état de fait.

Au Canada, selon le Bulletin de l'Association nucléaire canadienne, les réacteurs CANDU (Canada Deuterium Uranium) en fonctionnement ont affiché en 2006 un rendement moyen de 86,4 % et un rendement sur la durée de vie de 84,5 %. Comme l'indiquent les données de la figure 57, le facteur moyen de disponibilité de la puissance a été sensiblement amélioré en France, pays où l'on a augmenté la production d'électricité nucléaire sans construire de nouvelle centrale.

FIGURE 57

Énergie nucléaire générée

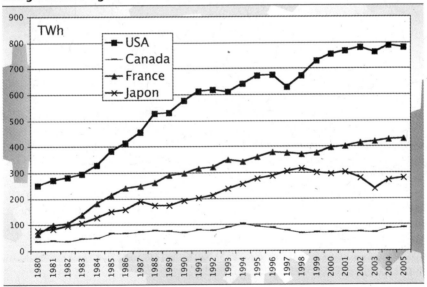

Sources : EIA 2007, © Benhaddadi.

Par contre, pour l'heure au Canada, du fait que quatre réacteurs sur les cinq arrêtés en 1997 n'ont pas été remis en service, il y a un tassement de la production d'électricité nucléaire. Aux dernières nouvelles, deux de ces réacteurs doivent redémarrer en 2009 et 2010, alors que les deux autres de 542 MW chacun et construits en 1972 et 1973 sont mis définitivement hors production. Quant au Japon, il a enregistré en 2003 un manque de 65 TWh.

Les perspectives du nucléaire peuvent être consolidées par le consortium franco-allemand Areva-Siemens, qui a permis le développement des réacteurs dits de troisième génération, soit de type à eau pressurisée EPR (European Pressurized Reactor). Typiquement, l'EPR a une puissance électrique de 1 600 MW, une durée de vie de 60 ans et une diminution relative de 15 % du combustible requis (uranium). Le premier EPR est en cours de construction en Finlande et sa mise en service est prévue pour 2009, alors que la France lancera la construction de son EPR tête de série à Flamanville (Manche) en 2007 pour une livraison en 2012. D'ailleurs, dans le cas de la France, le choix de la date n'est pas fortuit puisque ce pays doit décider du remplacement des premières centrales de son parc vers 2010-2015. Cela dit, le succès commercial est loin d'être garanti, surtout que le prometteur marché asiatique tarde à concrétiser ses promesses d'achat. C'est ainsi que, malgré le *forcing* politico-financier, la décision de la Chine d'acquiescer à l'achat de réacteurs EPR se fait toujours languir. Par contre, en juillet 2007, la Chine a signé avec Westinghouse la fourniture de quatre réacteurs du modèle avancé AP-1000, le concurrent direct de l'EPR. Eu égard aux réelles perspectives du marché nucléaire de l'Empire du Milieu qui projette de faire passer sa puissance actuelle de 7 500 MW à 40 000 MW à l'horizon 2020, il est incontestable que celui qui arriverait à s'accaparer ce juteux marché se placerait définitivement sur orbite et se donnerait une bonne longueur d'avance sur ses concurrents. Au demeurant, la concurrence est devenue plus vive avec l'homologation en 2006 du modèle avancé AP-1000 de Westinghouse par la Commission de réglementation nucléaire NRC des États-Unis, et les alliances qui se dessinent entre les acteurs de premier ordre : Areva-Mitsubishi, Westinghouse-Toshiba et General Electric-Hitachi. Même la Russie et le Canada ne sont pas en reste puisque le premier est en train de mettre au point un modèle de centrale plus évolutive et plus puissante (VVER-1500), alors que le second est en train de développer un *nouveau modèle de CANDU* (ACR-1000) qui a aussi la particularité de bénéficier d'une amélioration de la sécurité et de la rentabilité économique.

Cela dit, en tergiversant, il se dessine que la Chine n'a pas l'intention d'offrir son immense marché sur un plateau d'argent ; elle va probablement privilégier la solution locale en construisant ses propres centrales, tout en recherchant un transfert de technologie que permettraient quelques commandes chez Westinghouse, Atomstroyexport (Russie), Areva ou d'autres.

Il convient toutefois de mentionner que ces nouveaux réacteurs ne font pas l'unanimité puisque les détracteurs du nucléaire leur reprochent de ne pas amener d'avancée scientifique majeure et encore moins de rupture technologique. Aussi, le prototype en construction en Finlande est l'objet d'une multitude de déboires qui retarderont probablement de deux ans sa mise en service, engendrant par là même des surcoûts. Mais, qu'à cela ne tienne, on ne fait pas d'omelette sans casser d'œufs et, histoire d'anticiper et de plomber les choix énergétiques à venir et de se positionner stratégiquement, la France parle déjà de plan concret de recherches à mener en vue de déployer les réacteurs de quatrième génération à l'horizon 2040-2050, avant même que l'EPR de troisième génération n'ait fait ses preuves. Il n'est pas inutile de rappeler que tout laisse croire que ces réacteurs de quatrième génération seront de type surgénérateur à neutrons rapides, où le fluide caloriporteur est le sodium. Malgré l'indéniable avantage de pouvoir produire jusqu'à 100 fois plus d'électricité avec la même quantité d'uranium, cette technologie n'est pas totalement au point et ses déboires passés peuvent être illustrés par Superphenix, l'ancêtre et controversée centrale prototype qui a été «politiquement» soutenue contre vents et marées, mais qui a dû fermer en 1997 à cause des multiples problèmes qu'elle a connus. Le rappel de ce douloureux passé n'a pas pour objectif de dénigrer cette technologie, mais de mettre en relief les grands défis qui restent posés, surtout que l'on ne sait pas jusqu'à quel point les leçons de la fuite en avant ont été retenues.

Par ailleurs, pour satisfaire aux exigences liées au protocole de Kyoto ou pour des raisons stratégiques d'approvisionnement énergétique à long terme, plusieurs pays ont relancé le débat sur le futur de l'énergie nucléaire.

Ainsi, aux États-Unis, les orientations de la politique énergétique présentées par l'actuelle administration républicaine se traduisent par une politique de relance volontariste du nucléaire. On considère désormais le nucléaire comme une «composante majeure de la politique énergétique nationale»[1] car on veut réduire la dépendance du pays à l'égard du pétrole et des sources d'énergie étrangère et, de ce fait, on n'exclut guère la mise en chantier de nouvelles centrales avant la fin de cette décennie. De plus, le lancement de la procédure de recherche de sites (Yucca Mountain) pour la construction de nouvelles centrales, l'octroi de licences et le soutien aux technologies avancées des réacteurs signalent que l'administration étasunienne évalue les concepts de réacteurs susceptibles d'être déployés à l'horizon 2010. En même temps, la Commission de régulation nucléaire vient d'approuver[40] l'octroi de neuf nouvelles licences de prolongation d'exploitation de centrales nucléaires de vingt ans chacune et dont certaines atteindront 60 ans de durée de vie.

Signe des temps et sans une apparente contrepartie, les États-Unis viennent de signer un généreux accord sur la coopération nucléaire civile avec l'Inde, au terme duquel ils fourniront de la technologie de pointe à ce pays qui n'a pas signé le traité de non-prolifération nucléaire (TNP). Cet accord amende même la loi de 1954 sur l'énergie atomique aux États-Unis et il va sans dire que la soudaine générosité de l'administration Bush n'est pas tellement liée au lucratif marché indien, mais découle plutôt d'une triple considération géopolitique. En plus de damer le pion à l'insoumise France de Chirac, cet accord permet de poser une pierre juste à côté du jardin de la Chine, davantage traitée comme ennemi de demain et dont le fulgurant développement commence à causer de l'insomnie à certains stratèges de la Maison-Blanche. Dernier argument, et non le moindre, cette généreuse collaboration peut aider à entraver le projet de gazoduc indo-pakistano-iranien et les aspirations nucléaires de ce dernier pays. Ne se faisant pas d'illusions sur les véritables raisons de la « générosité » étasunienne, pour l'instant et pour des raisons de consensus interne, la démocratie millénaire de l'Inde ne se presse pas de sortir de son non-alignement pour devenir un partenaire stratégique des États-Unis. Pour le moment, l'accord est en « *stand-by* » côté indien, qui tarde à l'envoyer pour une ratification.

L'utilisation de l'énergie nucléaire pour produire de l'électricité représente une option intéressante pour les pays asiatiques en développement dits à économies émergentes qui ne possèdent pas de ressources énergétiques naturelles sur leur territoire. C'est ainsi que le dynamisme du nucléaire se confirme dans cette région géographique, où sont situés plus de la moitié des réacteurs en construction, alors que plus de 20 tranches sont programmées.

- Le Japon poursuit assidûment son vaste programme nucléaire : aux 55 réacteurs en exploitation et qui fournissent 66 Mtep[3] s'ajoutera bientôt un réacteur en cours de construction et 10 tranches supplémentaires sont en projet. Le programme japonais prévoit un accroissement progressif de la part de l'électronucléaire dont la capacité installée devrait atteindre 70,5 GW en 2010 et 100 GW en 2030, soit l'actuelle puissance des États-Unis.

- En Chine, où dix réacteurs de 7,5 GW sont en exploitation et fournissent 12 Mtep[3], il y a 3 GW en construction et le développement de l'énergie nucléaire à l'horizon 2020 pourrait se traduire par le lancement de plus de 30 GW supplémentaire.

- L'Inde, qui dispose de 16 réacteurs en fonctionnement, poursuit un ambitieux programme de construction de sept nouvelles tranches ; de plus, un ambitieux plan de développement prévoit de porter la capacité nucléaire totale du pays à 20 GW en 2020.

- En Corée du Sud, les autorités ont donné une nouvelle impulsion au programme électronucléaire : aux 20 réacteurs en exploitation, dont 4 de construction récente et qui ont assuré en 2005 une production d'électricité équivalente à 33 Mtep[3], s'ajouteront 8 nouvelles centrales qui devraient être mises en service d'ici 2015. À terme, la réalisation de ce plan aboutirait à doubler la capacité installée qui serait portée à 26 GW.

- Quand à Taiwan, les six réacteurs en service ont assuré en 2006 une production d'électricité équivalente à 9 Mtep[3], alors que deux réacteurs totalisant 2,6 GM sont en construction. Au terme d'un houleux débat politique sur la place de l'électricité d'origine nucléaire, un compromis s'est dégagé pour limiter à 30 % son taux de pénétration, contre 20 % actuellement.

Dans les pays de l'Union européenne, le Livre vert de la Commission de sécurité d'approvisionnements a fait ressortir, d'une part, l'augmentation de la dépendance à l'égard du gaz et du pétrole importés, dépendance qui dépasserait nettement 60% à l'horizon 2025 et, fait nouveau, l'incapacité de ces pays à honorer leurs engagements souscrits dans le cadre du protocole de Kyoto si les réacteurs nucléaires existants n'étaient pas remplacés ou étaient fermés de manière prématurée, d'autre part. De plus, la déréglementation en cours du marché de l'énergie électrique peut être fortement perturbée par l'augmentation de la part relative de l'énergie fossile (pétrole et gaz) dont les ressources sont loin d'être inépuisables. D'ailleurs, lors du récent débat sur la politique énergétique européenne, la France a explicitement plaidé pour la relance de l'énergie nucléaire en demandant de prendre en considération la contribution de cette filière à la sécurité des approvisionnements de l'Union européenne, ainsi qu'à son apport dans la lutte contre les changements climatiques. Cette position réconforte le choix des trois républiques baltes (Estonie, Lettonie et Lituanie) qui, hier encore, faisaient partie de l'ex-Union soviétique mais qui, aujourd'hui, sont membres de l'Europe des 27 et viennent de lancer l'idée inédite d'un projet de centrale nucléaire commune.

Toutefois, il faut convenir qu'au-delà des déclarations incantatoires, jusqu'ici, les pays de l'UE font face au nucléaire en rangs plutôt dispersés. En effet, malgré son élargissement à 27 membres à partir de janvier 2007, dont 15 sont dotés de centrales nucléaires, l'UE n'a pas encore de politique énergétique commune digne de ce nom et semble, jusqu'ici, plutôt faire du marché la matrice essentielle de sa constitution. Mais il n'est pas impossible que la nécessité de sécuriser les approvisionnements énergétiques, d'une part, et celle de lutter contre le réchauffement climatique dans le cadre des futures négociations sur la réduction des émissions de GES post-Kyoto, d'autre part, conduisent la Commission européenne à jeter les fondements d'une future politique énergétique commune. Il faut également souligner que les projections sur les centrales nucléaires ne sont pas seulement soumises à la conjoncture économique mais aussi, de plus en plus, aux aléas politiques. C'est ainsi que les gouvernements initialement libéraux en Belgique, Allemagne et Suède ont défini, avec des éléments de flexibilité, des échéanciers pour la sortie du nucléaire, ce qui s'est fait avec beaucoup de tergiversations, en tenant compte de l'avis partagé des professionnels. Et, ce qui peut sembler paradoxal, c'est que ces choix ne sont pas figés et peuvent être remis en cause demain par d'éventuels nouveaux gouvernements conservateurs. D'ailleurs, en Allemagne et à la lueur des derniers changements de gouvernement, les industriels de l'atome n'ont pas perdu tout espoir, malgré l'existence d'une loi qui prévoit le démantèlement des centrales nucléaires à l'horizon 2020 et la construction de polluantes centrales thermiques au charbon.

Paradoxale est aussi la situation de l'Angleterre qui se retrouve déjà avec un parc nucléaire obsolète, ce qui confirme la mise hors service de quatre réacteurs en 2006[40]. Malgré la sortie d'un livre blanc à ce propos, n'a décidé pour le long terme ni le développement, ni l'arrêt du nucléaire : c'est le pragmatique «*wait and see*» britannique, même si l'on ne sait pas exactement sur quel pied danser. Il est vrai que dans le cadre de sa politique énergétique, le gouvernement travailliste a remis le nucléaire à l'ordre du jour, alors que les conclusions de la commission parlementaire penchent vers le développement des centrales éoliennes, marémotrices et thermiques au gaz. Il faut convenir que le désir de ce pays, et de bien d'autres, de remplir ses engagements par rapport au protocole de Kyoto lui donne un argument supplémentaire pour garder l'option du nucléaire ouverte, même si, à la lumière de l'épuisement des ressources gazières de la mer du Nord, le polluant charbon refait un retour en force.

En ce qui concerne la Russie, où le nucléaire est en train de renaître de ses cendres, en autorisant l'entreposage des combustibles irradiés d'autres pays ou en pratiquant le «*leasing*» de combustibles, elle confirme son intention de développer un ambitieux programme de construction de nouveaux réacteurs et cherche, pour ce faire, à se procurer des ressources en conséquence. D'ailleurs, en plus de la centrale nucléaire de 915 MW qu'il est en train d'ériger à Bouchair (Iran), ce pays construit sur son territoire cinq nouveaux réacteurs totalisant une puissance de 4 525 MW[40], soit la plus grande puissance nucléaire en construction dans le monde. De plus, la Russie s'apprête à lancer courant 2007 la construction de la première centrale nucléaire flottante au monde, un projet qui pourrait s'avérer avantageux pour maints pays qui voudraient utiliser cette technologie pour dessaler l'eau de mer.

Projet Iter

On ne peut évidemment parler de perspectives du nucléaire sans évoquer le projet international Iter (International Thermonuclear Experimental Reactor), un réacteur expérimental qui permettrait au monde de maîtriser la fusion nucléaire, et non la fission, comme c'est le cas aujourd'hui avec les centrales nucléaires classiques.

Notons que la fusion thermonucléaire contrôlée est un vieux rêve inassouvi de physiciens qui consiste à maîtriser les réactions qui ont créé l'univers. L'immense attrait qu'elle exerce s'explique essentiellement par la possibilité de produire une quantité d'énergie infiniment grande avec moins de matières premières que la fission, ce qui libérerait à jamais l'humanité de tout risque de pénurie énergétique. De plus, cette filière ne produit pas de déchets radioactifs de très longue durée. Mais, seulement pour lancer le laboratoire de recherche, et non une centrale de production, pas loin de 10 milliards d'euros sont requis. Pour l'implantation de ce laboratoire, deux sites étaient en concurrence : Cadarache (France) et Rokkasho-Mura

(Japon). Pour des considérations politiques et de stratégie énergétique, le projet français était soutenu par l'Union européenne, la Russie et la Chine, alors que son concurrent japonais l'était par les États-Unis et la Corée. Le Canada était neutre et l'Inde s'est jointe au projet plus tard, en décembre 2005. Vu la grandeur du projet, le défi est immense et requiert une collaboration internationale. Les Français, chantres par excellence du nucléaire, ont tenu mordicus à ce que le site soit implanté chez eux et ils ont bénéficié d'un plus large soutien ; les Japonais n'ont pas voulu lâcher du lest. La pire solution aurait été le lancement des deux projets, ce qui aurait dispersé les moyens. Après de rudes négociations pour ménager la chèvre et le chou et en échange d'un désistement d'hébergement au profit de Cadarache, les Japonais ont obtenu diverses compensations qui leur ont permis de sauver la face. Au-delà des luttes partisanes, le compromis obtenu permet d'espérer que toutes les énergies de la planète seraient désormais mobilisées pour débroussailler cette nouvelle avenue, susceptible de garantir à l'humanité de l'énergie à profusion. De plus, comme cela commence à se faire avec la station spatiale internationale, l'aventure de la fusion nucléaire devient ainsi un défi planétaire, avec tous les dividendes politiques, financiers, de paix énergétique et de guerre évitée pour l'accès aux ressources énergétiques.

Étalée sur une dizaine d'années, la construction du premier réacteur expérimental devrait débuter en 2008 et la démonstration de la viabilité du projet pourrait se faire dans un quart de siècle. Moyennant une avancée dans la recherche sur la tenue des matériaux, la fusion thermonucléaire sortirait alors de la recherche fondamentale pour passer à l'étape d'exploitation dès les années 2035, mais les premières applications industrielles ne sont pas attendues avant plusieurs décennies, dans le meilleur des cas, autour de l'an 2050. Néanmoins, les experts émettent l'hypothèse que les possibilités réelles de la maîtrise de la fusion thermonucléaire seront objectivement déterminées dès 2030-2035.

3.2.3. Le nucléaire, l'impact sur l'environnement et Kyoto

De nos jours, l'intérêt stratégique et économique de l'énergie nucléaire peut difficilement être nié. Mais, en même temps, il y a une remise en cause qui porte surtout sur son impact environnemental. Selon les détracteurs du nucléaire, les inconvénients environnementaux de cette source d'énergie seraient si désastreux qu'ils rendraient insignifiants ses atouts stratégiques et économiques.

Qu'ils soient accidentels ou qu'ils résultent du cycle d'exploitation normal, les rejets radioactifs constituent le principal risque du nucléaire. Ce risque fait l'objet d'appréciations contradictoires, mais explique l'absence de consensus social et politique sur l'énergie nucléaire dans les pays nucléarisés. Les avantages du nucléaire pour la réduction des émissions de gaz à effet de serre pourraient toutefois modifier le point d'équilibre des opinions.

Il est évident que du point de vue des défenseurs de la nature, le nucléaire n'est pas une source d'énergie propre et durable ; voici pourquoi.

- Le nucléaire demeure une source d'énergie dangereuse, particulièrement difficile à contrôler, comme l'ont montré les accidents de Tchernobyl (Ukraine), Three Mile Island (États-Unis) et celui, plus récent, de Tokai-Mura (Japon).

- Le problème des déchets nucléaires n'est pas encore résolu, et la prolifération nucléaire constitue l'une des menaces les plus importantes au plan international.

- Les centrales nucléaires nécessitent des investissements énormes et requièrent des aides publiques difficiles à justifier, alors que cet argent fait cruellement défaut aux programmes visant la promotion d'efficacité énergétique et celle des énergies renouvelables. Or, ces programmes peuvent contribuer de façon tout aussi substantielle à la réduction des gaz à effet de serre.

- Le coût réel du nucléaire est biaisé, car il ne tient pas compte du coût de démantèlement et de la gestion des déchets radioactifs dont les montants sont prohibitifs.

- Le nucléaire ne produit que de l'électricité et il perd donc ses avantages en termes de GES au profit des installations de cogénération, par exemple.

À l'opposé, les défenseurs du nucléaire soutiennent que la catastrophe de Tchernobyl est davantage un « accident soviétique » et que cette filière ne recèle aucune propriété fondamentale qui serait de nature à l'exclure des stratégies énergétiques durables et, de ce fait, il faut conserver les moyens d'y recourir et de la développer à moyen et à long terme. Il faut reconnaître que la production d'électricité à partir de l'uranium ne rejette dans l'atmosphère aucun des habituels gaz de combustion qui contribuent à des problèmes environnementaux comme l'effet de serre, les pluies acides et le smog urbain. Aussi, les pays qui désirent promouvoir le développement du nucléaire dans le futur ne manqueront pas de mettre en exergue que cette filière constitue la meilleure stratégie pour respecter leurs engagements internationaux actuels et futurs en matière de réduction des émissions de gaz à effet.

À cet effet, signalons que le protocole de Kyoto n'interdit pas de bénéficier des avantages de l'énergie nucléaire en termes de réduction des émissions de GES, et la construction de nouvelles centrales nucléaires aidera certainement les pays qui ont choisi de recourir à cette source d'énergie à satisfaire une partie de leurs besoins énergétiques tout en respectant leurs engagements pris dans le cadre du protocole de Kyoto.

En revanche, il convient de spécifier que le protocole de Kyoto ne reconnaît pas le nucléaire comme une énergie propre et renouvelable puisqu'il contient des dispositions qui aboutissent en fait à exclure cette filière des solutions envisageables pour la mise en œuvre d'un certain nombre de mécanismes de flexibilité (projets conjoints et mécanisme pour un développement propre décrits au chapitre 4) auxquels les parties peuvent recourir pour remplir leurs engagements à l'égard de ce protocole. En outre, il n'est pas inutile de rappeler que durant les négociations du protocole de Kyoto, certains pays,tel le Canada, ont plus ou moins subtilement, mais vainement, essayé de faire admettre le nucléaire parmi les mécanismes de flexibilité (mécanisme pour un développement propre); il est vrai aussi que ces pays avaient alors plusieurs projets d'exportation de technologie nucléaire dans de nombreux pays en développement (Chine, Roumanie…). En réalité, l'exclusion de l'énergie nucléaire des mécanismes de flexibilité ne peut avoir qu'un impact symbolique d'ici l'échéance 2012 du protocole de Kyoto car, au-delà du fait qu'aucune centrale n'a été construite en Europe de l'Ouest et aux États-Unis depuis 15 et 30 ans respectivement, il n'y a aucune tranche nucléaire de prévue à court terme, si ce n'est le projet finlandais.

Néanmoins, il y a des signes avant-coureurs qui ne trompent personne; en effet, le débat sur l'énergie nucléaire qui a conduit à l'exclure de certains mécanismes liés à l'application du protocole de Kyoto est plutôt annonciateur du véritable débat à venir entre les défenseurs et les détracteurs du nucléaire. En fait, c'est à partir de 2012 que l'énergie nucléaire pourra véritablement contribuer à la réduction des émissions de gaz à effet de serre. C'est également à cet l'horizon 2012 que le débat sur la place de l'énergie nucléaire dans une perspective de développement durable prendra toute son importance, surtout qu'il va falloir alors se décider à remplacer – ou à ne pas remplacer – près de la moitié des 435 réacteurs installés dont 90% fonctionnent depuis plus de 15 ans et 45%, depuis plus de 25 ans.

3.3. Énergies renouvelables

3.3.1. Énergie hydraulique

Malgré les récents progrès dans l'introduction de l'éolien, le solaire, le géothermique et les biocarburants, quand on pense au développement des énergies renouvelables, on pense d'abord à l'eau, la première et la plus puissante d'entre elles. Rappelons que la plus ancienne forme de technologie hydroélectrique, l'énergie produite par des roues à aube, était déjà utilisée pour moudre le blé il y a plus de 30 siècles.

De nos jours, l'énergie hydraulique représente 7% de la production d'énergie dans le monde et un peu plus de 16% de la production d'électricité. En 2006[3], on a produit l'équivalent de 688 Mtep, contre 570 Mtep en 1993[3]. Néanmoins, avec une moyenne de 1,5% pour ces 15 dernières années, la croissance de l'hydroélectricité a été deux fois moins élevée que celle de la production totale d'électricité. Par grande région géographique (figure 58):

- l'Amérique s'accapare plus de 43 % du marché, équitablement réparti entre le Nord (22,1 %) et le Sud avec l'Amérique centrale (21,5 %) ;
- la part de l'Europe et de l'ex-Union soviétique est de 26,8 % ;
- l'Asie et l'Océanie représentent 25,9 % et l'Afrique avec le Moyen-Orient, 3,4 %.

Figure 58

Production d'hydroélectricité

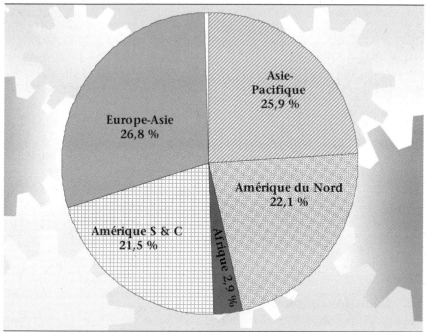

Sources : BP 2007, © Benhaddadi.

Par ailleurs, cette forme d'énergie se caractérise par une flexibilité sans commune mesure avec les sources concurrentes (charbon, gaz ou nucléaire), de sorte que le kWh hydroélectrique est beaucoup plus valorisé par le marché. Cette flexibilité qu'autorise le réglage instantané du débit des centrales hydrauliques permet à des pays à forte concentration hydroélectrique d'obtenir une plus-value en optimisant la planification sur le marché spot des exportations et importations de leur électricité.

Comme illustré sur les figures 59 et 60, grâce à l'inauguration de récents projets, la Chine possède désormais la plus grande puissance hydroélectrique installée dans le monde (figure 59), devant les États-Unis, le Canada et le Brésil. Mais, si l'on considère l'énergie générée, les États-Unis sont dépassés par le Canada et le Brésil (figure 60). Ce paradoxe est mis en relief par la comparaison de deux pays de l'Amérique du Nord : les États-Unis ont une puissance hydroélectrique installée 1,10 fois plus importante que le Canada (77,6 GW contre 70,2 GW); ce dernier génère une énergie 1,35 fois plus importante (81,7 Mtep contre 60,6 Mtep). Cela s'explique essentiellement par les systèmes de réservoirs et les problèmes d'eau que commencent à connaître les États-Unis qui, d'ailleurs, ne considèrent plus chez eux l'hydroélectricité comme une source d'énergie propre et renouvelable. Ils demandent même à ce que l'eau devienne un produit comme un autre, c'est-à-dire régi par l'ALENA (Accord de libre échange nord-américain).

FIGURE 59

Hydroélectricité – puissance installée

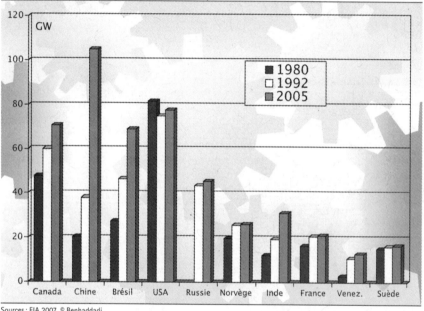

Sources : EIA 2007, © Benhaddadi.

Aussi, dans le monde entier, il reste encore un potentiel hydroélectrique à développer de plusieurs centaines de gigawatts (GW), en particulier, en Chine, au Canada, au Brésil et au Congo. La Chine, à elle seule, recèle un potentiel de 378 GW, soit plus de quatre fois la puissance actuellement installée. D'ailleurs, le plus grand barrage hydroélectrique au monde, dénommé les Trois Gorges et dont les travaux de génie civil ont été finalisés, doit entrer pleinement en fonction dès 2008. Cet ouvrage titanesque, haut de 185 m et long de 2 310 m, a coûté la bagatelle de 22 milliards de dollars américains. Il comprend 26 groupes turboalternateurs de 700 MW de puissance unitaire, soit un total de 18,2 GW de puissance installée. Ce complexe va produire pas loin de 85 TWh d'électricité, pouvant ainsi contribuer à atténuer les pénuries d'électricité occasionnées par l'explosion de la croissance économique, d'une part, et réduire quelque peu le recours au «vilain» charbon, d'autre part. À la fin de l'année 2006, huit turbo-alternateurs géants étaient déjà en fonction. L'impact environnemental de cet immense mégaprojet est considérable : il a nécessité le déplacement forcé de plus de 1,4 million de personnes, le détournement de plus de 1 000 rivières, ruisseaux et oueds, la modification profonde des écosystèmes, ainsi que la destruction d'une partie du patrimoine archéologique de la région des Trois Gorges. Cela dit, il convient de relativiser cet impact car, selon l'EIA[1], seulement pour les années 2004 et 2005, le développement électrique de la Chine a été tel qu'il a requis l'ajout d'une énergie électrique égale à 565 TWh, soit plus que la production annuelle de la France en 2006. Sachant que la Chine tire du charbon plus des trois quarts de son électricité, il est patent de spécifier que toute part relative du marché gagné par l'hydraulique est une contribution somme toute positive pour l'environnement.

FIGURE 60
Hydroélectricité – énergie générée

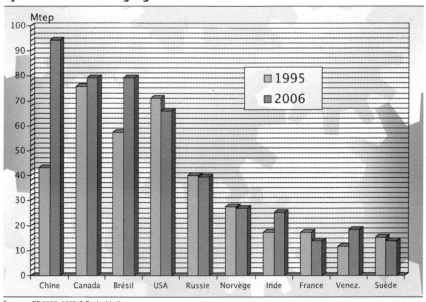

Sources : BP 2006, 2007, © Benhaddadi.

3.3.2. Énergie éolienne

À l'instar des autres formes d'énergie, l'énergie éolienne tire son origine du soleil dont les fluctuations de la chaleur sont à l'origine des vents. En effet, l'air ambiant chauffé par le soleil s'élève rapidement créant, de ce fait, une zone de basse pression au sol et une zone de haute pression au-dessus du sol. Le vent résulte de la circulation naturelle de l'air entre les zones de haute et basse pression. C'est ainsi que les toutes premières éoliennes, conçues pour transformer directement l'énergie du vent en énergie mécanique, ont été construites en Perse il y a plus de 20 siècles.

Les éoliennes modernes convertissent la force et la vitesse du vent en électricité grâce à des ensembles hélices turbines / réducteurs / alternateurs. Les turbines sont placées à des hauteurs, variant de quelques mètres à près de 100 m ; des automatismes les orientent et les débrayent en fonction du vent. L'emprise au sol est en fait très raisonnable : 10 MW nécessitent une surface au sol de l'ordre de 1 km^2, dont la plus grosse partie reste employable pour un autre usage (agriculture). En moyenne, on considère généralement qu'une éolienne sur un bon site terrestre, avec une vitesse moyenne annuelle du vent de 7,5 m/s, fonctionne en régime nominal aux alentours de 2 500 h/an, soit un facteur d'utilisation de l'ordre de 30 %. L'énergie produite par les éoliennes dépend essentiellement de la vitesse du vent dans le site considéré. Mais, d'autres facteurs, tels que l'altitude, la température et la pression de l'air ou les caractéristiques de la surface terrestre, peuvent avoir une incidence sur le rendement. L'emplacement privilégié des éoliennes peut être les régions côtières, les plaines plates, les sommets des collines et les cols de montagne.

Puisqu'une éolienne fournit une puissance variable selon la vitesse du vent, le caractère aléatoire du vent entraîne une production localement variable, voire discontinue, mais de plus en plus prévisible grâce aux progrès de la météorologie. Le foisonnement des installations raccordées au réseau en permet l'amortissement puisqu'il y a toujours du vent quelque part. De ce fait, la disponibilité globale n'a nullement à être garantie, et la gestion du réseau n'est pas plus délicate que celle des habituelles fluctuations de la demande.

3.3.2.1. Capacité éolienne installée

Depuis plus d'un quart de siècle, l'énergie éolienne est la source d'énergie qui connaît la plus forte croissance dans le monde, de l'ordre de 25 à 30 % par année. Comme l'illustre la figure 61, rien qu'en 2006, un record de 13 400 MW de capacité éolienne supplémentaire a été ajouté au réseau électrique, contre 11 500 l'année précédente et 8 200 en 2004. En ne considérant que ces 14 dernières années, la puissance éolienne installée dans le monde est passée de 2 900 MW en 1993 à 17 684 MW en 2000, à plus de 47 000 MW en 2004 et plus de 72 600 MW en 2006. La figure 62 montre cette croissance prodigieuse alors que la figure 63 met en évidence les pays qui émergent le plus dans le développement de l'éolien : l'Allemagne (20 622 MW), l'Espagne (11 615 MW), les États-Unis (11 603 MW), l'Inde (6 053 MW) et le Danemark (3 136 MW). Cette même figure 63 présente ce que l'on peut appeler le « top 10 » des pays qui ont, en 2006, la plus grande puissance éolienne installée.

FIGURE 61

Capacité éolienne annuellement installée

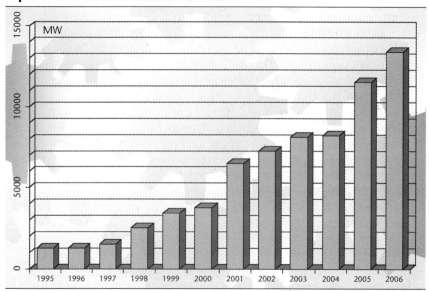

Sources : GWEC, © Benhaddadi.

FIGURE 62

Puissance éolienne dans le monde au 1er janvier 2007

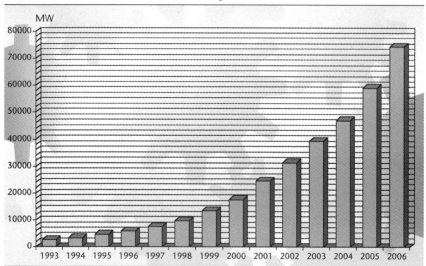

Sources : GWEC, EurObserv'ER, © Benhaddadi.

L'Europe est le leader incontesté du développement éolien, avec près de 8 000 MW supplémentaires en 2006, portant ainsi à plus de 48 000 MW sa puissance installée. Avec quatre années d'avance, ce continent a déjà atteint l'objectif initialement fixé pour 2010. En 2006 et pour l'Europe des 25, si l'on considère que la production d'électricité d'origine éolienne s'établit à 81,35 TWh et en sachant que la puissance totale installée était alors de 48 000 MW, on peut déduire que le facteur d'utilisation (FU) moyen est de l'ordre de 18 %. Évidemment, ce FU varie d'un pays à un autre : il est de 17 % pour l'Allemagne, 23,5 % pour l'Espagne et le Danemark où l'éolien représente plus de 18 % de l'électricité générée.

De tous les pays européens, c'est l'Allemagne qui a le plus contribué à faire avancer le continent dans une direction déjà très enviable pour l'énergie éolienne. En 2006, elle a ajouté plus de 2 200 MW à son parc éolien, dépassant 20 600 MW de puissance installée. Qui plus est, ce pays est en train de se lancer sérieusement dans le développement de l'énergie éolienne en mer, avec l'annonce du premier parc offshore, au large de la mer Baltique, et des projets en mer du Nord. L'Espagne, aussi, a connu un fulgurant développement éolien, étant le seul pays au monde, avec l'Allemagne et les États-Unis, à dépasser la barre symbolique de 10 000 MW de puissance installée.

Dans d'autres pays européens (Royaume-Uni, Italie, Portugal, Pays-Bas...), d'ambitieux programmes de développement de la filière éolienne ont été lancés pour dépasser la puissance symbolique de 1 000 MW, surtout que le lucratif marché émergent des « certificats verts » permet à ces pays d'être en phase avec la réglementation européenne relative aux aides aux énergies renouvelables. Avec un modeste 405 MW de puissance éolienne installée fin 2004, la France a accumulé un retard important sur les leaders européens. Ce retard s'explique essentiellement par l'action du lobby nucléaire qui ne s'est pas contenté de développer sa propre filière, attendu qu'il a fait la pluie et le beau temps des filières concurrentes. Néanmoins, le vent éolien souffle de plus en plus fort sur ce pays qui a installé une capacité de plus de 350 MW supplémentaires en 2005, soit une croissance de 140 % par rapport à 2004 et 1 000 % par rapport à 2001. En 2006, la capacité installée a atteint 1 635 MW. Aussi, avec une délimitation de zones de développement de l'éolien et un ambitieux objectif de 10 000 MW de puissance installée à l'horizon 2010, la France met les bouchées doubles et commence à se mettre au diapason que cette énergie suscite, surtout que la population appuie massivement ces choix (84 %), alors que moins du tiers de cette même population appuie le développement futur du nucléaire.

Bien que l'Europe représente encore plus des deux tiers de la capacité éolienne mondiale, d'autres régions commencent à émerger en tant que grands marchés : c'est ainsi qu'en Amérique du Nord, l'éolien connaît un engouement sans précédent, avec une nouvelle capacité installée qui a crû de 37 % en 2005 ! D'ailleurs, aussi bien en 2005 qu'en 2006, les États-Unis ont été le leader mondial en termes de croissance de la capacité installée, avec chaque fois un ajout de plus de 2 400 MW, comme on peut le voir à la figure 64. Le Canada n'est pas en reste puisqu'en 2006 ce pays a tout simplement doublé sa puissance installée qu'il a portée à plus de 1 450 MW et l'objectif minimal pour 2015 est désormais fixé à 10 000 MW.

Avec une puissance installée de plus de 9 200 MW, l'éolien connaît également un grand développement en Asie où émergent l'Inde, avec 6 000 MW et qui a connu en 2006 une croissance de 1 620 MW, et la Chine, avec 1 700 MW et un ajout de 440 MW.

Même en Afrique, on peut déceler des signes avant-coureurs d'un futur développement éolien, tels les récents progrès du Maroc et de l'Égypte dont le rêve de 1 000 MW à l'horizon 2010 peut devenir réalité.

FIGURE 63

Puissance éolienne : top 10 en 2006

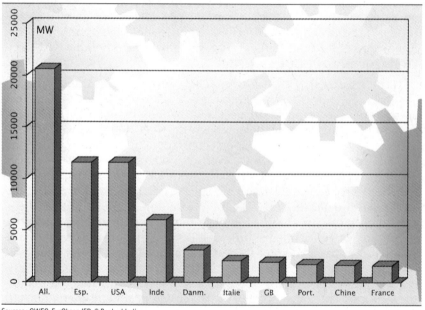

Sources : GWEC, EurObserv'ER, © Benhaddadi.

Le potentiel d'énergie éolienne récupérable à l'échelle planétaire est immense, estimée à plus de 50 000 TWh/an, alors que, toutes sources confondues, la production mondiale a été de 18 900 TWh[4] en 2006. Qui plus est, quand des évaluations plus précises sont effectuées, elles tendent à mettre en évidence un potentiel éolien encore plus élevé que ne le suggé-raient les études préliminaires. C'est le cas de l'Allemagne qui s'est retrouvée avec un potentiel cinq fois supérieur à ce qui était initialement supputé. Il est d'ores et déjà avéré qu'en Europe le potentiel est amplement suffi-sant pour satisfaire au moins 20 % de la demande d'électricité d'ici 2020, en particulier si le nouveau marché offshore est valorisé. L'Amérique du Nord n'est pas en reste : rien que la province du Québec (Canada) recèle un potentiel de plus de 100 GW de puissance en considérant uniquement les sites avec des vitesses de vents de 7 m/s et situés à 25 km des lignes de transport existantes[68].

FIGURE 64

Nouvelle capacité installée en 2005 et 2006

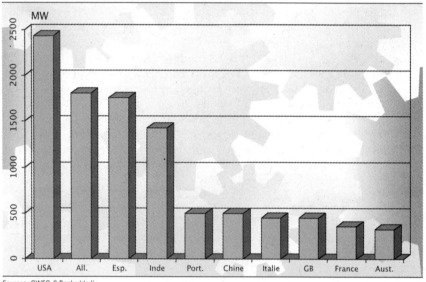

Sources : GWEC, © Benhaddadi.

Toutes les prévisions à court et moyen terme indiquent que l'énergie éolienne est en mesure de maintenir une formidable croissance de 20-25 % qui lui permettrait, dès 2012, de tabler sur une puissance installée de l'ordre de 300 GW. D'ailleurs, la croissance extraordinaire que connaît actuellement l'éolien a déjà été observée par le passé pour le nucléaire, au cours des années 1970-1990, de sorte que sa part du marché peut devenir tout aussi substantielle.

3.3.2.2. Croissance de l'éolien en 10 arguments

Au début des années 1980, la croissance annuelle de l'éolien a été de 40 % ; elle a été de l'ordre de 25 % au cours de ces dernières années et il n'y a aucun signe d'essoufflement à court et moyen terme. Ce scénario d'une croissance soutenue de l'énergie éolienne peut être justifié par les 10 arguments qui suivent.

  1. La demande en électricité a toujours crû de plus de 1 % de plus que celle de l'énergie en général. Bien plus, dans un quart de siècle, le scénario de référence prévoit un doublement des besoins actuels. Or,

que ce soit par conviction ou sous la contrainte, beaucoup de pays, d'États et de province adoptent des politiques où l'approvisionnement en électricité doit contenir une part de plus en plus grande en énergie renouvelable.

2. L'augmentation de la puissance unitaire des éoliennes, où les turbines de 1,8 MW constituent désormais la part prépondérante du marché actuel, alors qu'une nouvelle génération de 2 à 3 MW de puissance unitaire est opérationnelle et prête à prendre la relève. Qui plus est, déjà de nos jours, des éoliennes de plus de 5 MW sont expérimentées; elles pourraient pénétrer le marché après 2010. Rien que pour l'année 2006, la puissance moyenne des éoliennes a augmenté de 125 kW en Allemagne, qui est le marché de référence. Par conséquent, si l'on considère ces huit dernières années et dans le cas de l'Allemagne, la taille moyenne des éoliennes installées est passée de 750 MW en 1999 à 1849 MW en 2006. Il convient de relever que cette tendance à augmenter la puissance unitaire des éoliennes est renforcée par la désinstallation des éoliennes plus petites sur les sites les plus venteux, où il est plus judicieux d'installer les grandes puissances. Le tableau ci-dessous donne la taille moyenne des éoliennes chez les leaders européens.

Année	Allemagne	Espagne	Danemark	Royaume-Uni
1999 (kW)	919	589	750	617
2006 (kW)	1 849	1 375	1 800 (en 2004)	2 103

3. Le prix de l'énergie éolienne a connu une baisse radicale: le coût de production d'un kWh n'est aujourd'hui que le cinquième de ce qu'il était dans les années 1980. Il est déjà compétitif par rapport aux nouvelles centrales au charbon. Dans certaines régions d'Amérique du Nord, l'éolien commence à concurrencer sérieusement le gaz naturel importé, surtout que ce dernier est en train de connaître une substantielle et structurelle augmentation. En Europe, de nos jours, les éoliennes nécessitent près de 800 $US/kWh installé et la production coûte 4 ¢US/kWh. À l'horizon 2010 et 2020, on prévoit que le coût d'un kilowattheure éolien tombera à 3 ¢US/kW puis à 2,5 ¢US/kW, alors que le coût d'installation baissera à 650 $US/kWh puis autour de 500 $US/kWh. Ainsi, du point de vue strictement économique, le coût de l'énergie éolienne sera de plus en plus attractif par rapport à celui des autres technologies énergétiques.

4. L'octroi d'un prix minimal de production, source de garantie de revenus réguliers aux promoteurs de projets, a fourni un incitatif supplémentaire aux investisseurs dont les risques ont ainsi été atténués.

5. Par des mesures et des politiques incitatives, les gouvernements donnent la nette impression de vouloir réellement créer un environnement propice au développement à grande échelle de cette filière.

De plus, cela représente une occasion en or de créer des emplois et de stimuler le développement économique de certaines régions où de massives délocalisations d'entreprises ont été effectuées.

6. L'ouverture du marché de l'énergie éolienne offshore, où un nouveau secteur de marché est en train d'émerger, avec plus de 20 000 MW de parc éolien en projet dans les mers d'Europe du Nord.

7. Il y a de moins en moins d'obstacles techniques à l'intégration de plus grandes quantités d'énergie éolienne au réseau électrique, comme l'attestent les exemples du Danemark, de l'Espagne... Ainsi, au Danemark, pays chantre de l'éolien, on est parvenu à atteindre des pics où la part de l'éolien s'est élevée à plus de 50% dans la partie occidentale du pays lors de périodes particulièrement venteuses. Néanmoins, l'hypothèse conservatrice adoptée est celle d'un seuil de pénétration, aisément atteignable, de 20%.

8. Le boom de l'énergie éolienne n'a pas laissé indifférents les géants de l'industrie électrique comme General Electric, Siemens, Mitsubishi et bien d'autres multinationales, qui sont en train de développer des éoliennes d'une nouvelle génération. De plus, on assiste à l'émergence de nouveaux acteurs capables de supporter de lourds investissements et de réaliser de substantielles économies d'échelle, à l'instar des compagnies pétrolières qui, comme le consortium Royal Dutch/Shell, s'apprête à ériger un parc d'éoliennes sur l'estuaire de la Tamise (Grande-Bretagne).

9. La limitation et la réduction des émissions de GES vont désormais se faire au moyen d'outils économiques: systèmes commerciaux d'émissions, impôts, Bourse... Avec l'attribution d'une valeur monétaire aux dommages causés à l'environnement par les combustibles fossiles utilisés pour produire de l'électricité, le prix de l'énergie éolienne baisserait encore sensiblement, ou alors ceux de l'énergie concurrente thermique au charbon ou au gaz naturel (qui sont les références dans la production d'électricité) augmenteraient de façon importante.

10. L'argument principal qui permettrait le maintien d'une expansion toujours accrue de l'énergie éolienne provient de l'urgence de plus en plus reconnue de lutter contre les changements climatiques. La réduction des émissions de CO_2, gaz responsable de l'aggravation de l'effet de serre qui a pour conséquence la perturbation du climat planétaire, est certainement le bénéfice écologique le plus important de la génération d'énergie éolienne. Pour atteindre ces objectifs, plusieurs pays ont adopté divers mécanismes de soutien du marché, qui vont de l'achat au prix fort de l'électricité produite, dans le cas de pays européens, à des mécanismes plus complexes se fondant sur l'obligation pour les fournisseurs d'énergie de tirer un pourcentage croissant de leur production de sources renouvelables, dans le cas de certains États américains.

Grâce au protocole de Kyoto, des objectifs de réduction des émissions de gaz à effet de serre (GES) ont été fixés à la plupart des pays développés, ce qui se traduit systématiquement par l'augmentation de l'énergie éolienne. De nos jours, les deux sources d'énergie les plus couramment utilisées pour produire l'électricité sont, dans l'ordre, le charbon et le gaz naturel. Or, l'énergie éolienne peut éviter l'émission de 400 000 tonnes de CO_2 par TWh généré dans le cas de la technologie la plus récente au cycle combiné au gaz; dans le cas du charbon, c'est environ 1 Mt (million de tonnes) d'équivalent CO_2 que l'on éviterait par TWh généré. On considère généralement que l'éolien pourrait éviter l'émission annuelle de près de 2 Gt (milliards de tonnes) de CO_2 dès 2020 et 5 Gt en 2040!

3.3.3. Énergie solaire et photovoltaïque

L'énergie solaire est émise par le Soleil sous forme de rayonnement électromagnétique, dont la quantité perçue est de l'ordre de 1 000 W/m^2 par une belle journée ensoleillée. Classiquement, on distingue deux types d'énergie solaire: le solaire thermique, où la chaleur est récupérée directement par de grands panneaux dans lesquels circule l'eau, et le solaire photovoltaïque, où les panneaux solaires sont constitués de cellules au silicium qui produisent l'électricité. Cette énergie est essentiellement tributaire de la position du soleil et de la nébulosité. C'est ainsi que lors d'une journée couverte en été, l'installation produit encore plus des trois quarts de son électricité maximale, alors que par une journée couverte en hiver, elle produit le quart de celle d'une journée ensoleillée.

Il faut reconnaître que l'énergie solaire thermique, tout comme le photovoltaïque, n'a pas encore connu l'essor de l'éolien et ces énergies ne devraient pas représenter une part significative de la consommation mondiale avant 2020. En effet, même si la ressource fournie par l'énergie solaire peut être considérée comme quasi inépuisable, les progrès de son exploitation sont relativement lents. Néanmoins, la production d'électricité par énergie solaire pourrait présenter un intérêt particulier, principalement dans les régions non équipées de réseau électrique de pays en voie de développement. Ainsi, cette forme d'énergie pourrait approvisionner les 1,2 milliard de personnes qui, aujourd'hui encore, n'ont pas accès à l'électricité. Mais, malheureusement, ces pays sont généralement dépourvus des moyens financiers nécessaires pour développer cette forme d'énergie, alors que les pays riches se contentent de vœux pieux de les aider, malgré les immenses dividendes politiques et humanitaires qui pourraient en résulter.

En ce qui concerne le photovoltaïque, les questions de coût et de durée de vie des capteurs doivent encore faire de gros progrès. En effet, les cellules au silicium sont encore très coûteuses avec un rendement médiocre, plafonnant à 17 % pour les productions industrielles, ce qui grève le prix du kilowattheure d'électricité photovoltaïque (PV) produite. Typiquement, on considère qu'une centrale solaire photovoltaïque de 1 MW pourrait produire par année 1 GWh. De plus, cette énergie très diffuse ne correspond pas aux besoins concentrés des grandes agglomérations urbaines. Néanmoins, avec le concours du Département américain de l'Énergie[1], Boeing vient de mettre au point des modules photovoltaïques dont le rendement atteint 40 %. En outre, le marché est en pleine croissance, de l'ordre de 25 % : des programmes incitatifs initiés en Allemagne, aux États-Unis et au Japon ont permis l'ajout de plusieurs centaines de MW annuellement. De plus, à l'instar de l'éolien, on assiste à l'émergence de nouveaux acteurs capables de supporter de lourds investissements et de réaliser de substantielles économies d'échelle, à l'image de British Petrolum Solar qui s'apprête à ériger au Portugal la plus grande centrale solaire photovoltaïque du monde : un parc de 350 000 panneaux solaires installés sur 114 hectares pour donner une puissance installée de 62 MW.

Mais le développement de la filière solaire n'est pas l'apanage des pays du Sud de l'Europe, surtout que c'est le pays du Soleil Levant, le Japon, qui est le leader mondial du photovoltaïque puisqu'il a produit, en 2005, plus de 1,5 TWh (figure 65a), soit plus du tiers de toute l'énergie solaire mondiale. La raison de ce succès réside essentiellement dans la politique gouvernementale de subvention de près d'un quart de million de systèmes PV chez les particuliers japonais. Bien plus, le Japon a établi comme objectif d'installer 4 800 MW de systèmes PV en 2010 et 100 000 MW en 2030. Toutefois, dès la publication des statistiques de 2006, il s'est avéré que l'Allemagne a ravi au Japon la place de leader mondial du solaire, confortant ainsi sa position de chef de file mondial dans les énergies renouvelables.

Par ailleurs, contrairement à une idée répandue, le potentiel solaire d'une région géographique ne dépend pas de son climat mais davantage de la... météo. À titre d'illustration, malgré son climat nordique, le temps d'ensoleillement à Montréal (Canada) est supérieur à celui de la majorité des villes allemandes ou nippones. Mais le Québec vient à peine de s'éveiller à cette source d'énergie, ce qui s'explique essentiellement par l'absence d'incitations financières et les bas coûts de l'électricité résidentielle, de l'ordre de moins de 7 ¢/kWh.

En ce qui concerne l'usage thermique de l'énergie solaire, la production d'eau chaude et le chauffage sont les applications de prédilection. Avec la conjugaison des incitations financières et l'amélioration de l'esthétique, on s'attend à un plus grand déploiement de cette source. Au Canada, la province de l'Ontario vient de lancer un ambitieux projet où, en plus de subventionner l'installation de chauffage solaire, elle offre de racheter l'excédent d'électricité réinjectée au réseau au prix de 42 ¢/kWh.

Pour ce qui est de l'usage thermique de l'énergie solaire, la production d'eau chaude et le chauffage sont les applications de prédilection et, avec l'amélioration de l'esthétique, on s'attend à un plus grand déploiement de cette source. Quant à la production d'électricité dans les centrales solaires thermiques, elle nécessite la concentration de l'énergie par d'immenses miroirs orientables, produisant ainsi de la vapeur capable d'entraîner une turbine. L'Afrique, le Moyen-Orient et l'Asie centrale présentent des sites particulièrement favorables et le Sud des États-Unis et celui de l'Europe ne sont pas en reste, ce qu'illustrent bien la Californie et l'Espagne, puisque ce dernier pays est en train d'ériger une centrale thermosolaire de 50 MW.

FIGURE 65a

Électricité solaire : top 10 en 2005

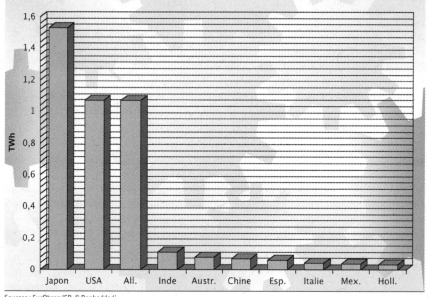

Sources : EurObserv'ER, © Benhaddadi.

En termes de coût, une baisse sensible des prix de l'électricité photo-voltaïque est prévue. Aujourd'hui, ce coût n'est que le double du tarif que pratiquent les compagnies d'électricité, alors qu'il était 10 fois plus élevé il y a moins de 15 ans. Certaines projections montrent même que cette filière va s'imposer graduellement non seulement par souci environnemental, mais parce qu'elle sera économiquement plus rentable. D'ailleurs, l'industrie du PV démontre avec l'exemple du Japon, de l'Allemagne et de la Californie que si on lui en donne la possibilité, elle peut contribuer de plus en plus notablement et durablement à l'augmentation de la part d'énergie verte dans le monde. De toute évidence, il se dessine clairement que l'énergie PV tout comme le solaire thermique vont connaître, à court terme, un essor et un développement qui ressemblent, à bien des égards, à celui de l'énergie éolienne.

3.3.4. Autres énergies renouvelables

Il existe également toute une panoplie de sources d'énergie que l'on peut qualifier de renouvelables et parmi lesquelles on peut citer celles qui suivent.

- **L'énergie géothermique** est basée sur l'usage de l'eau chaude pour chauffer l'eau ou les bâtiments ou la vapeur d'eau pour entraîner les turbines. Classiquement, on distingue trois types d'exploitations géothermiques, en fonction des températures : la géothermie très basse énergie, la géothermie basse énergie et la géothermie moyenne et haute énergie. Seule cette dernière est utilisée pour produire de l'électricité. La géothermie est développée dans les zones volcaniques et d'activité tectonique ; la puissance électrique géothermique installée dans le monde en 2007 avoisine 10 000 MW dont près de la moitié est concentrée dans deux pays : les États-Unis et les Philippines (figure 65b). L'Indonésie arrive à grands pas, mais c'est l'Islande qui a pris une forte avance ces deux dernières années. La puissance de l'ensemble de l'Union européenne est de 850 MW, essentiellement concentrée en Italie (810 MW). Par contre, avec une puissance totale de plus de 2 200 MW, l'Europe utilise à plus grande échelle la géothermie basse et très basse énergie pour le chauffage à l'aide de pompes à chaleur géothermique. Il convient de préciser que la comptabilisation de ce type d'énergie est difficile à établir avec précision, surtout que le recensement du chauffage de bains, de piscines et de serres n'est pas systématiquement réalisé.

FIGURE 65b

Puissance géothermique : top 10 en 2007

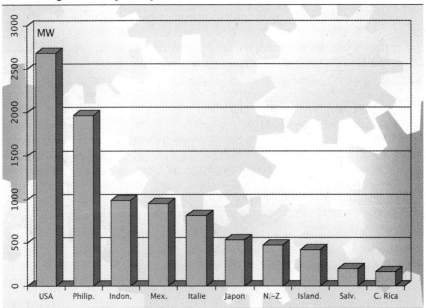

Sources : EurObserv'ER, © Benhaddadi.

- L'intérêt pour les **biocarburants** ne cesse d'augmenter, surtout qu'ils présentent le double avantage de diminuer les émissions de GES, d'une part, et de réduire la dépendance totale du pétrole du secteur des transports, d'autre part. L'éthanol et le biodiesel sont les deux principaux biocarburants actuellement utilisés, mais d'autres sont en cours de développement. L'éthanol est obtenu par fermentation du sucre extrait du blé, du maïs, du soja, de la canne à sucre et de la betterave ; le biodiesel est obtenu par transformation chimique du tournesol, du colza ou d'autres huiles végétales. L'éthanol est surtout produit en Amérique avec l'émergence du Brésil qui, grâce à l'abondance de la canne à sucre et à l'imposition obligatoire de la teneur en éthanol dans l'essence dès le deuxième choc pétrolier, s'est lancé dans un vaste programme de production qui lui a permis de s'accaparer plus de la moitié de la production mondiale. Grâce à un vaste programme de subventions à la production, les États-Unis sont également en train de prendre le virage biocarburant qu'ils tirent du maïs.

  Le biodiesel est produit essentiellement par l'Europe qui, grâce à une réforme de sa politique agricole commune PAC, utilise pour cela les terres mises en jachère. Comme pour les autres énergies renouvelables (éolien, solaire), c'est l'Allemagne qui conduit le peloton de pays du Vieux Continent qui ont pris le virage du biodiesel.

  Néanmoins, certaines organisations, y compris l'AIE, jugent discutable l'efficacité environnementale des biocarburants, surtout avec la transformation de forêts en terres agricoles et les émissions de protoxyde d'azote que cause l'usage d'engrais. Aussi, des organismes onusiens et le FMI (Fonds monétaire international) s'inquiètent de l'expansion des surfaces cultivables que requièrent ces biocarburants. C'est ainsi que, comme les produits alimentaires subissent une si vive concurrence des biocarburants, certaines organisations ont réclamé un moratoire sur ces derniers ; même le FMI s'est inquiété des conséquences d'une plus grande utilisation de céréales, dont les prix volent de sommet en sommet. Même l'élevage bovin perd du terrain, ce qu'illustre l'exemple de l'Argentine, qui lui préfère la culture du soja dont la rentabilité est hyperdopée par l'essor des biocarburants.

  Peut-être que la planche de salut du développement des biocarburants sans impacts négatifs sur les autres secteurs se trouve dans le plus grand recours aux déchets végétaux et aux ressources non alimentaires (bois, paille…).

- L'énergie des **océans** est potentiellement infinie à l'échelle humaine, mais la seule jusqu'ici canalisée est celle des marées. Le principe consiste à installer un bassin dont le niveau de hauteur d'eau par rapport à la mer va permettre de faire tourner des turbines qui produiront l'électricité. Cette technologie d'énergie marémotrice est exploitée depuis déjà plus de quatre décennies, mais requiert de lourds investissements. Seules quelques centrales expérimentales ont été développées (France, Canada, Angleterre).

3.4. Économie d'électricité

Devant l'épuisement inéluctable des hydrocarbures, d'une part, et le réchauffement climatique, d'autre part, on doit développer des solutions de rechange, avec des impératifs du long terme qui prennent le dessus sur le court terme.

Dans cet esprit, la meilleure des énergies est celle que l'on peut éviter d'utiliser sans incidence négative sur l'économie et le bien-être. Le gisement d'économie d'énergie est extrêmement élevé, particulièrement dans les pays tels que le Canada et les États-Unis où, pour un niveau de vie équivalent, la consommation d'énergie par habitant est le double de celle en cours dans les autres pays développés. Le potentiel d'économie d'énergie est immense et ce créneau s'impose de plus en plus comme une nécessité fondamentale dont la promotion doit être sans cesse réitérée.

Dans le secteur de l'électricité, la promotion de ces économies d'énergie pourrait se faire de deux façons distinctes, mais complémentaires.

- Encourager le progrès scientifique et technique en préconisant et adoptant des solutions novatrices, moins énergivores dans tous les secteurs de l'économie. À titre d'illustration, dans le domaine du génie électrique, de substantielles économies d'énergie électrique peuvent être réalisées en recourant à des entraînements à vitesse variable et à base de machines électriques à rendement élevé. À cet effet, les auteurs du présent livre ne se sont pas contentés de mettre en évidence l'immense potentiel des économies d'énergie qui réside dans l'économie canadienne[69] et québécoise[76], mais ont formulé des recommandations quant aux politiques incitatives pouvant faire fructifier ce potentiel[71]. L'ensemble des résultats de ces travaux[69, 71, 74, ...] fait l'objet d'une réflexion en vue d'une publication ultérieure.

- Modifier les comportements en sensibilisant davantage les citoyens sur une utilisation plus rationnelle de cette énergie. À cet égard, les auteurs du présent livre ne se contentent pas de sensibiliser leurs propres étudiants, mais donnent des conférences dans les universités et collèges canadiens et québécois pour porter, entre autre message, le fait qu'il n'y a pas de petites économies et que la contribution de chacun, par son comportement rationnel en ce qui a trait à la consommation d'énergie, est attendue.

3.5. L'énergie à l'horizon 2030

Tout d'abord, il est important de souligner qu'il est impossible de «couler dans le béton» les projections des futures perspectives énergétiques mondiales. Ainsi, on ne peut faire fi des conséquences d'éventuelles politiques volontaristes que bien des États peuvent élaborer, tout comme on ne peut ignorer une possible percée technologique à long terme. Ces facteurs sont susceptibles de bouleverser les projections de consommation d'énergie, ou du moins d'apporter des changements notables dans les projections.

Malgré ce qui précède, les récentes projections de l'Agence internationale de l'énergie[2], celles du Département américain de l'Énergie[1] tout comme celles de la multinationale pétrolière Exxon Mobil[5], montrent que la demande mondiale d'énergie continuera à croître assez fortement pendant au moins tout le premier quart du XXIe siècle. Les principaux facteurs qui peuvent justifier l'évolution de la demande énergétique sont ceux-ci.

- La croissance économique qui, malgré quelques progrès dans la dématérialisation, reste encore fortement couplée à la croissance de la consommation énergétique, en particulier celle des pays asiatiques dits à économies émergentes. En effet, si pour les pays du G8, l'accroissement annuel prévu est de l'ordre de 1,3 %, il est de 3 % pour les pays asiatiques en développement qui devraient absorber plus de 40 % de l'accroissement global prévu, ce qui ferait plus que doubler leur consommation énergétique à l'horizon 2030. Pour la seule Chine et son prodigieux taux de croissance économique de près de 10 % tout au long de ce dernier quart de siècle, il est prévu qu'elle serait à l'origine de l'augmentation de 20 % de la croissance énergétique mondiale. D'ailleurs, selon le Conseil mondial de l'énergie, 90 % de la croissance énergétique aura lieu dans les pays en développement qui consomment actuellement 35 % de l'énergie mondiale, mais qui consommeront 50 % d'ici 2020. Les pays dont la demande d'énergie va le plus augmenter sont essentiellement la Chine, la Russie, l'Inde, l'Indonésie, le Brésil et la Malaisie.

- La croissance démographique, puisque la population mondiale croît quotidiennement de 200 000 âmes et que, dans moins d'un quart de siècle, la Terre pourrait compter jusqu'à 8 milliards d'habitants, contre un peu plus de 6,5 milliards aujourd'hui.

- L'urbanisation, puisque sur le plan mondial, la population urbaine a déjà atteint son homologue rurale et, surtout, continue à croître plus rapidement. Les formes d'énergie demandées seront fonction du poids de l'habitat urbain concentré qui requiert plus d'énergie et prend maintenant une place dominante dans de nombreux pays en développement. En 2030, la population mondiale serait urbaine aux deux tiers, alors que dès 2015, Mumbai (anciennement Bombay) et Mexico remplaceraient New York et Londres parmi les trois plus grandes villes du monde. Déjà aujourd'hui, on compte dans le monde 400 mégapoles de plus de un million d'habitants dont une vingtaine en ont plus de 10 millions. Selon la banque asiatique de développement[13], la migration de la population rurale vers la ville s'accroît de 44 millions annuellement, de sorte qu'elle atteindra dans cette région géographique 2,6 milliards dans un quart de siècle.

L'impact de la croissance économique et de la croissance démographique sera, dans une certaine mesure, atténué par une diminution de l'intensité énergétique, que va induire le progrès technologique, d'une part, et la hausse particulièrement élevée des prix de l'énergie, observée au cours de ces dernières années, d'autre part.

Avec ces nouveaux besoins, les sources d'énergie fossile (charbon, pétrole et gaz), qui représentent actuellement 85 % de la consommation mondiale d'énergie, continueront à se tailler la part du lion, puisque leur part atteindra également 85 % en 2030.

Selon les estimations de l'Agence internationale de l'énergie AIE[2], la consommation mondiale d'énergie devrait croître de plus de 50 % dans un quart de siècle par rapport à son niveau actuel, passant ainsi à 12,2 Gtep dès 2010 et à 16,5 Gtep en 2030 (figure 66). Ce scénario, qui nécessitera des investissements de 17 000 milliards de dollars américains, n'est pas forcément le plus contraignant puisque, pour la seule année 2004, selon BP[3], la croissance a connu un taux historique de 4,4 %, contre de « modestes » 2,7 % en 2005 et 2,4 % en 2006[3]. De même, l'AIE prévoit que la Chine et l'Inde consommeront dans un quart de siècle autant d'énergie que l'Amérique du Nord et l'Europe réunies.

La demande finale d'énergie aura un rythme de croissance semblable à celui de la consommation intérieure. Comme tous les secteurs devraient connaître une croissance similaire, leur part dans la demande finale restera à peu près constante au plan mondial, soit environ 35 % pour l'industrie, 25 % pour les transports et 40 % pour les secteurs résidentiel et commercial (institutionnel). La répartition de la demande énergétique entre les différents secteurs varie selon les régions : dans les pays développés, c'est le secteur des services qui enregistre la croissance la plus rapide de la demande énergétique, tandis que dans les pays en développement, tous les secteurs connaissent une croissance soutenue de 2 à 3 % par an.

Aussi, il apparaît de plus en plus évident que les énergies primaires disponibles pour au moins les deux décennies à venir seront les mêmes que celles que nous utilisons aujourd'hui : en effet, les chances d'une percée technologique majeure ouvrant la voie à une énergie nouvelle sont, pour l'instant, très limitées. En 2007, les réserves connues de combustibles fossiles correspondent approximativement à[1, 2, 3, 4] :

- 40 ans de consommation pour le pétrole ;

- 70 ans de consommation pour le gaz ;

- 150 ans de consommation pour le charbon.

FIGURE 66

Consommation d'énergie par source

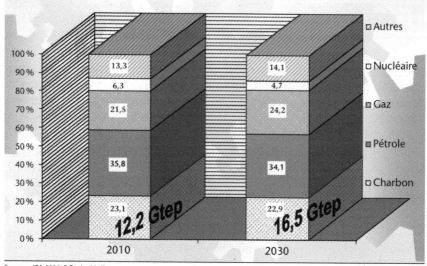

Sources : IEA 2006, © Benhaddadi.

Cela nous autorise à penser que les réserves de pétrole et de gaz seront épuisées vers le milieu de ce siècle et, même s'il est difficile d'évaluer objectivement l'ampleur des ressources ultimes disponibles, ces dernières ne pourront retarder l'échéance que de une ou deux décennies. On ne peut s'empêcher de mettre en exergue qu'il n'a fallu que deux siècles pour consommer totalement les réserves de ces deux combustibles fossiles dont la formation a pris des dizaines de millions d'années.

D'après les projections[1, 2 ,4, ...], d'ici 2030, la consommation de pétrole devrait augmenter à 115-120 Mb/j et celui-ci restera, avec 38 %, la première source d'énergie. À cet horizon, l'OPEP assurera plus de 60 % de la production, contre moins de 40 % actuellement. Le Moyen-Orient représente de nos jours près de la moitié des exportations mondiales de pétrole et cette région névralgique continuera de dominer le marché pétrolier car c'est elle qui devrait fournir la plus grande partie des 30-40 Mb/j supplémentaires requis à l'horizon 2030. Cependant, il convient de rappeler que cette production de 115 à 120 Mb/j repose uniquement sur les besoins mondiaux, tels qu'ils se dessinent et sur la base de la disponibilité d'un pétrole abondant et bon marché. Ces projections ignorent totalement les contraintes sur la capacité réelle de l'offre à y faire face, ainsi que l'incidence à long terme de la revalorisation des cours de l'énergie. En effet, la nuance est de taille et la question mérite d'être posée, indépendamment des parti pris de l'AIE et de l'EIA qui, dans leurs prévisions, tiennent pour acquises la disponibilité de ce pétrole et l'accessibilité de son prix.

Les plus gros consommateurs resteront les États-Unis, les pays industrialisés européens, la Chine et l'Inde, le Japon et la dépendance globale de ces pays à l'égard des importations de pétrole dépassera 70 %. À cet horizon, la Chine et l'Inde, qui ont plus que doublé leur consommation en 1994-2004, vont de nouveau la doubler dans deux décennies.

Les réserves de pétrole dans le monde sont encore suffisantes pour satisfaire la demande prévue pour les trois prochaines décennies. Mais, même si la baisse des réserves de pétrole ne peut devenir préoccupante qu'après 2030, les premières prémisses sur le prix se manifestent déjà aujourd'hui.

Il est prévu que d'ici 2030 la consommation de charbon devrait approximativement doubler, avec près des deux tiers de l'augmentation de l'approvisionnement charbonnier qui proviendra de l'Asie. Par ailleurs, dès 2005, les émissions de dioxyde de carbone causées par le charbon ont nettement dépassé la barre fatidique des 10 milliards de tonnes (Gt), soit plus de 40 % des émissions totales d'équivalent CO_2 causées par la consommation d'énergie. Or, à l'instar des pays développés, il est attendu que les grands pays charbonniers (Chine, États-Unis, Inde, Australie...) participent à l'effort global de réduction des émissions de GES. On peut donc déduire de ce fait que le doublement de la consommation de charbon ne pourrait se faire que si l'humanité accepte de payer le prix : un risque de dommage irréversible à l'environnement plus élevé que ce qui est raisonnablement admissible.

D'ici 2030, la consommation de gaz devrait également doubler. Le gaz naturel représentera alors 28 % de l'approvisionnement énergétique mondial et cette augmentation est essentiellement attribuable à l'augmentation de la production d'électricité. De plus, la construction de terminaux méthaniers à travers les cinq continents laisse présager une plus grande place au GNL, appelé à se développer davantage et à mondialiser le marché.

L'évolution de la demande en énergie finale est d'abord caractérisée par le développement de la consommation d'électricité, dont l'utilisation est un important indicateur d'efficacité énergétique. La consommation d'électricité devrait croître beaucoup plus vite que celle des autres énergies finales : on admet qu'il faudrait que la production d'électricité augmente de 100 % si l'on veut limiter la croissance de la consommation d'énergie finale à 50 % d'ici 2030 ! À cet effet, on prévoit la construction de 850 GW en Amérique du Nord, 800 GW en Chine et 600 GW en Europe[2]. Ainsi, pour économiser l'énergie primaire, il faut augmenter la part de l'électricité dans la consommation d'énergie finale.

C'est ainsi que d'ici le prochain quart de siècle, on construira autant de centrales que durant tout le siècle passé. Il va de soi que toute part du marché, gagnée par le gaz est une contribution positive à l'environnement car il pollue au moins deux fois moins que le charbon. Mais, à plus long terme, il est impératif de passer à une autre étape : des changements technologiques fondamentaux s'imposent. Il serait indispensable d'investir dans des activités de recherche et développement concernant des technologies d'extraction, de récupération et de traitement capables de transformer les combustibles fossiles en électricité sans émission de gaz carbonique. De même, les coûts de production de technologies faisant appel à l'hydrogène devraient commencer à être concurrentiels à l'horizon 2030. Par ailleurs, il est plus qu'urgent de réduire la dépendance quasi totale envers le pétrole dans le secteur des transports, en développant une nouvelle génération de véhicules fondés sur la technologie des piles à combustibles ou roulant à l'hydrogène.

La place de l'énergie nucléaire dans l'avenir dépendra essentiellement de deux facteurs :

- les performances technico-économiques des réacteurs de la nouvelle génération ;
- les choix stratégiques que seront amenés à faire différents pays.

Ainsi, il n'est pas inutile de rappeler qu'indéniablement la filière nucléaire est celle qui a la plus faible intensité de carbone par kWh d'électricité produite, alors que la production thermique classique est en train d'atteindre des seuils pouvant causer des dommages irréversibles à la planète. Rien que pour l'année 2006, les 2 800 TWh générés à partir de centrales nucléaires ont évité des émissions pouvant être évaluées à 2,4 milliards de tonnes de CO_2, si l'on considère que cette électricité était produite par un mixage de centrales thermiques au charbon (deux tiers) et au gaz (un tiers). Cet atout, conjugué avec l'épuisement des réserves de pétrole et de gaz qui se dessine à l'horizon, montre que la planète aura besoin de l'énergie nucléaire pour satisfaire ses besoins dès le premier quart de ce nouveau siècle.

C'est pour cela que le Conseil mondial de l'énergie, tout comme le Département américain de l'Énergie, retient aujourd'hui comme scénario de référence un développement favorable du nucléaire, avec une augmentation substantielle de la puissance nucléaire installée, en particulier en Asie. L'Agence internationale de l'énergie atomique recommande même de porter l'actuelle 370 GW de puissance installée à 520 GW à l'horizon 2030. Les pays à économie développée devraient être les premiers à accroître le recours à l'énergie nucléaire car leurs sociétés sont les plus énergivores et ils ont les moyens d'assurer un développement fiable et efficace de cette source.

La Russie et les pays en développement dits à économies émergentes (Corée, Chine, Inde...), confrontés à une croissance rapide de leurs besoins énergétiques, continuent à développer un ambitieux programme nucléaire.

Les émissions de gaz à effet de serre constituent, incontestablement, l'un des problèmes les plus importants de ce nouveau siècle et les politiques énergétiques doivent impérativement tenir compte de ce paramètre.

Les sources d'énergie qui émettent très peu ou pas de gaz à effet de serre constitueraient, sans nul doute, un des éléments clés de la solution. À ce propos, le fulgurant développement de l'éolien ne devrait pas connaître d'essoufflement et pourrait aisément atteindre son objectif de 3 000 TWh dans deux décennies, soit 12 % de la demande d'électricité.

L'exemple de l'Allemagne et du Japon nous convainc de plus en plus que, moyennant une politique d'encouragement, le solaire peut contribuer à l'augmentation de la part d'énergie verte dans le monde.

Pour ce qui est de l'énergie hydroélectrique, à l'échelle mondiale, il reste encore un potentiel hydroélectrique à développer de plusieurs dizaines de GW, en particulier, en Chine, au Canada, au Brésil et au Congo.

Signalons que les projections données ne doivent être considérées qu'à titre indicatif et qu'elles peuvent ne pas correspondre à ce que l'on pourra observer dans le futur, ne serait-ce que pour les raisons suivantes.

- On ignore encore aujourd'hui quel sera l'impact réel des ruptures technologiques potentielles qui pourront se produire dans un quart de siècle, en particulier l'implémentation à grande échelle de la capture et de la séquestration du CO_2 dans les centrales thermiques et, surtout, le recours aux nouvelles sources d'énergie propre (hydrogène, pile à combustible, charbon propre...).

- On ignore également dans quelle mesure la société acceptera les risques de dommages à l'environnement et à quel point le comportement rationnel déterminera les choix fondamentaux de la société, surtout que d'autres phénomènes extrêmes, à l'image de Katrina, peuvent favoriser la prise de conscience de l'urgence d'agir.

- On ne saurait non plus négliger le rôle des pouvoirs publics qui, pour respecter leurs obligations de réduction des émissions de CO_2, peuvent initier des politiques volontaristes basées sur diverses formules associant la carotte (mesures d'encouragement aux économies d'énergie) et le bâton (durcissement de la réglementation, augmentation des prix, substitutions interénergétiques, etc.).

Faute d'une évaluation exhaustive aujourd'hui impossible à réaliser, tous ces facteurs ne peuvent être pris en considération, alors que l'avenir de la consommation énergétique en dépendra très largement. En attendant, étant donné le peu de temps qui reste à la période de conformité 2008-2012 à l'égard des engagements pris à Kyoto, pour tout gouvernement, il s'agirait de trouver le dosage de politiques qui cadre le mieux avec leurs spécificités et/ou leurs contextes nationaux.

Les défis que posent les dilemmes énergétiques sont immenses, mais l'histoire de l'humanité enseigne que c'est en situation de crise que la société réalise les avancées technologiques majeures, en particulier lorsque le dilemme suscite une profonde prise de conscience. Aujourd'hui, on se trouve vraisemblablement à l'orée de ce type de situation !

CHAPITRE 4

L'ÉNERGIE, LA POLLUTION ET L'ENVIRONNEMENT

4.1. L'énergie et les grands pollueurs

Selon les estimations de l'Agence internationale de l'énergie[2], tout comme celles du Département américain de l'Énergie[1], les émissions mondiales de dioxyde de carbone (CO_2) dues à la combustion des énergies fossiles ont dépassé, dès le début de ce millénaire, la barre fatidique des 25 milliards de tonnes (Gt), s'établissant à 27,1 Gt en 2005 selon l'AIE (figure 67) et à 27 Gt en 2004 selon le Département de l'Énergie (figure 68). Il convient de mentionner que ces valeurs ne tiennent pas compte des données reliées à la déforestation, alors que le dernier rapport (préliminaire) publié par le Groupe d'experts intergouvernemental sur l'évolution du climat ou GIEC[29] estime les émissions totales à 27,5 Gt en 2005.

Il est notable de constater que, ces dernières années et contrairement aux prévisions initiales, la part relative du charbon dans la pollution de la planète a connu un net accroissement (figure 68). D'ailleurs, d'après les données de British Petroleum[3], le charbon s'est accaparé 0,7 % supplémentaire des parts du marché de l'énergie, alors que les statistiques du Département américain de l'Énergie publiées en septembre 2007[1] montrent qu'avec avec des émissions de 11,36 Gt $CO_{2\ eq}$, ce charbon est devenu en 2005 la première source de pollution devant le pétrole à 11 Gt, alors que le gaz naturel émet 5,84 Gt.

Figure 67

Émission de CO_2 par combustible fossile

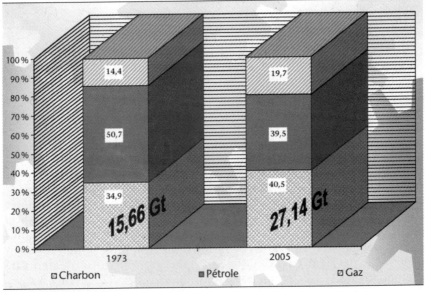

Sources : IEA 2007, © Benhaddadi.

Selon les États-Unis[1], en ne comptabilisant que les émissions causées par la combustion des énergies fossiles, les cinq plus grands pollueurs de la planète, présentés à la figure 69, sont dans l'ordre :

- les États-Unis, avec 5,96 Gt ;
- la Chine, avec 5,32 Gt ;
- la Russie, avec 1,7 Gt ;
- le Japon, avec 1,23 Gt ;
- l'Inde, avec 1,17 Gt.

FIGURE 68

Pollution des combustibles fossiles

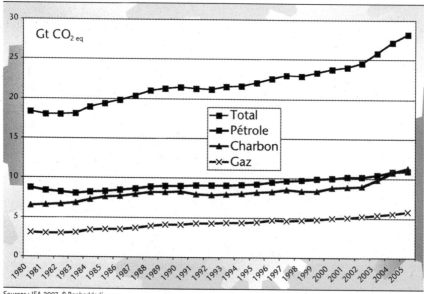

Sources : IEA 2007, © Benhaddadi.

Ces cinq pays mis ensemble, sorte de « club select de pollueurs par milliards de tonnes », émettent plus de la moitié de la totalité des émissions mondiales, mais représentent aussi près de la moitié de la population de la planète. Derrière ce simple constat se cache un certain nombre de réalités complexes, incontournables dans les futures luttes pour la réduction de la pollution. En effet, comme le révèlent les figures qui suivent, ces cinq plus grands pollueurs de la planète sont aussi les cinq plus grands consommateurs d'énergie (figure 6) et les cinq plus grands consommateurs de charbon (figure 11). Or, parmi les combustibles fossiles, le charbon est particulièrement polluant. Pour la production d'électricité, où il est souvent en concurrence avec le gaz, le charbon est de 2 à 2,5 fois plus polluant (figure 51), selon la technologie utilisée comme référence. Par ailleurs, ironie du sort, les trois pays qui consomment le plus de charbon sont les trois plus grands pollueurs de la planète, soit, dans l'ordre, les États-Unis, la Chine et la Russie. En outre, avec des émissions de 5,32 Gt en 2005 contre 4,71 Gt en 2004, la Chine a augmenté ses émissions de 600 Mt en une année. Au rythme actuel de sa croissance économique, il se dessine clairement que la Chine va détrôner les États-Unis comme premier pollueur mondial avant la fin de la présente décennie. Cela pourrait même se produire dès que les chiffres de 2007 seront rendus disponibles alors que, dans le même temps, l'Inde va dépasser le Japon. Cette pollution causée par le charbon est particulièrement perceptible dans les villes chinoises où se trouvent 16 des 20 villes les plus polluées du monde, où l'air devient de plus en plus irrespirable. Pendant que l'économie chinoise, dont le moteur énergétique est le charbon, tourne à plein régime, l'air à Hong Kong n'est de bonne qualité que un jour sur trois, alors que cette ville était réputée pour la qualité de son environnement il y a à peine un peu plus d'une décennie. Il est vrai qu'on a souvent tendance à oublier qu'en Chine comme ailleurs, il n'y a pas de frontière, réelle ou artificielle, qui puisse arrêter la pollution.

D'ailleurs, cette pollution ne se rend pas que jusqu'à Hong Kong. Dans un récent rapport déposé au Congrès[65] des États-Unis et sur la base d'observations par satellites, il a été attribué une origine chinoise à la pollution par aérosols dans la côte ouest des États-Unis (Pacifique).

FIGURE 69

Répartition des émissions de dioxyde de carbone

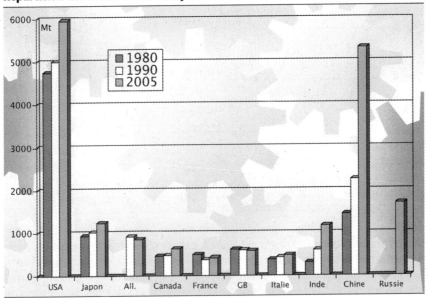

Sources : EIA 2007, © Benhaddadi.

Cela dit, il convient de relativiser les choses : les plus grands pollueurs de la planète sont, incontestablement, les nations développées, ce qu'illustre bien les pays du G8 qui, avec 13 % de la population mondiale, sont responsables de 43 % des émissions (figure 69). De plus, comme les changements climatiques sont le résultat des émissions passées de GES dont les pays développés assurent une responsabilité particulière, il revient d'abord à ces derniers d'assumer la juste « dîme ».

La figure 70a illustre l'intensité des émissions de CO_2, exprimée en tonnes de dioxyde de carbone par millier de dollars américains constants de 2000[1]. On constate que, pour la production d'une même unité de richesse, la Chine émet 4,5 fois plus de CO_2 que les États-Unis, qui en émettent près de 2 fois plus que l'Europe de l'Ouest. Par ailleurs, pour l'ensemble des pays du monde et pour la période 1980 à 2005, ce facteur tend à baisser, sensiblement plus en Chine dont l'économie se rapproche à pas de géant de celle des pays développés.

Figure 70a

Intensité énergétique

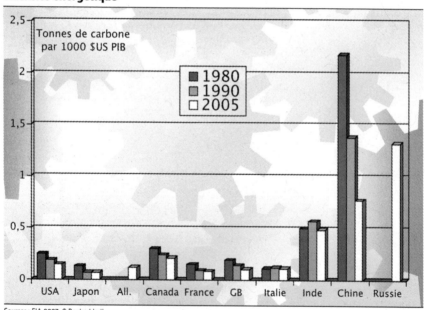

Sources : EIA 2007, © Benhaddadi.

La figure 70b montre l'intensité des émissions de CO_2, exprimée en tonnes de dioxyde de carbone par millier de dollars américains constants de 2000 de production et à parité de pouvoir d'achat (PPA)[1]. Cette parité PPA est un correctif qui permet de tenir compte du pouvoir d'achat réel car il prend en considération la différence de niveau de vie entre les pays. À titre d'illustration, si une baguette de pain coûte au Québec (Canada) 1,50 $

et en Chine 0,75 $ et en supposant une généralisation de cet exemple à l'ensemble des produits, cela signifie qu'en parité réelle mais non bancaire, la monnaie chinoise vaut le double de son homologue canadienne. Ainsi, en tenant compte de cette parité PPA, on constate que pour la production d'une même unité de richesse, la Chine ne pollue pas plus que le Canada ou les États-Unis.

Figure 70b

Intensité énergétique

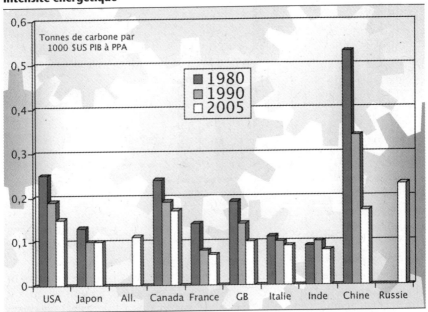

Sources : EIA 2007, © Benhaddadi.

La figure 71 fait état des émissions de CO_2 par habitant qui montrent, qu'en moyenne, les Nord-Américains polluent au moins deux fois plus que les Européens et les Japonais, ce qui s'explique par notre insatiable consommation d'énergie. En Europe, les Français sont les moins polluants, ce qui s'explique par le développement du nucléaire, d'une part, et le plus grand recours à l'électricité comme source d'énergie, d'autre part. Cette figure 71 montre aussi la pollution élevée de plus en plus avérée des habitants de pays à économies émergentes. Mais, malgré une hausse significative qui a vu leur doublement au cours de ce dernier quart de siècle, les émissions d'un Chinois (4 tonnes/h) et d'un Indien (1 tonne/h) sont encore nettement inférieures à celles d'un Étasunien (20 tonnes/h) ou d'un Européen de l'Ouest (8 tonnes/h).

FIGURE 71

Répartition des émissions de CO$_2$ par habitant

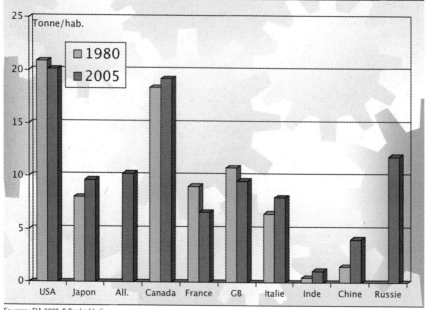

Sources : EIA 2007, © Benhaddadi.

4.2. L'effet de serre

La planète Terre reçoit, en moyenne annuelle, 342 W/m^2 de rayonnement incident du soleil. Environ un peu moins du tiers de ce rayonnement est directement réémis vers l'espace dans le spectre du visible, par les diverses couches de l'atmosphère (les nuages, l'air et les aérosols) et la surface de la Terre. Comme illustré sur la figure 72, le reste, soit plus des deux tiers, est absorbé par les divers composants de notre planète (sol, océans, atmosphère), transformé en chaleur, puis finalement réémis vers l'espace sous forme de rayons infrarouges.

Mais certains gaz naturellement présents dans l'atmosphère (vapeur d'eau, gaz carbonique...) interfèrent avec ces rayons en les empêchant de s'échapper vers l'espace, contribuant ainsi à réchauffer les basses couches de l'atmosphère. Ce phénomène, appelé «effet de serre», est non seulement naturel mais, surtout, vital car, sans lui, la planète aurait été beaucoup moins hospitalière, avec une température moyenne de –18 °C, au lieu de l'agréable +15 °C. À titre de comparaison, la température sur la planète Mars est de –50 °C car l'effet de serre est totalement absent, alors que sur la planète Vénus, elle est de +420 °C car son atmosphère est particulièrement riche en gaz carbonique.

FIGURE 72

L'effet de serre : un phénomène naturel et vital

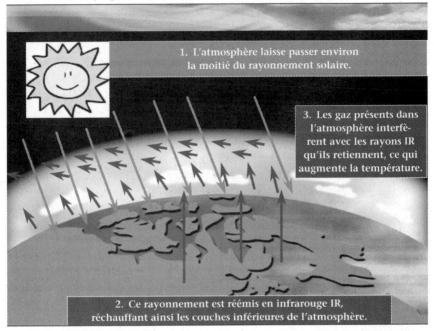

1. L'atmosphère laisse passer environ la moitié du rayonnement solaire.

3. Les gaz présents dans l'atmosphère interfèrent avec les rayons IR qu'ils retiennent, ce qui augmente la température.

2. Ce rayonnement est réémis en infrarouge IR, réchauffant ainsi les couches inférieures de l'atmosphère.

Ainsi donc, ce qui est dangereux, ce n'est pas le phénomène lui-même, parfaitement naturel et essentiel à la vie sur Terre, mais sa modification du fait de l'homme qui est porteuse de graves dangers. En effet, par suite de la modification de la composition de l'atmosphère, son opacité aux infrarouges, c'est-à-dire son effet de serre, augmente légèrement au cours du temps. Cela veut dire qu'un peu plus d'infrarouges restent davantage prisonniers de l'atmosphère chaque jour, contribuant à réchauffer globalement l'atmosphère et la planète. Donc, si l'opacité aux infrarouges de l'atmosphère augmente, le nouvel équilibre en termes de radiations est atteint pour une température supérieure, puisqu'il faut remettre plus d'infrarouges pour que la partie qui arrive à quitter l'atmosphère équilibre toujours le rayonnement incident qui est supposément resté le même.

La prédiction de l'évolution du système climatique a été rendue possible grâce aux carottages glaciologiques. En effet, de la composition chimique de la glace peut être déduite avec suffisamment de précision les températures d'autrefois, alors que la concentration en eau lourde est tributaire de la température de condensation dans la haute atmosphère. Récemment, une équipe de chercheurs européens a réalisé un profond forage en ramenant des carottes de glace de neige tombée il y a 650 000 ans. C'est ainsi qu'il a été établi que le taux de concentration de CO_2 dans l'atmosphère oscillait entre 190 ppm (parties par million), pendant les ères glaciaires, et 300 ppm pendant les ères interglaciaires, la ppm étant la partie par million de particules de molécules de GES sur le nombre total de molécules d'air sec.

Au courant du siècle passé, la température de la Terre a augmenté de 0,6° C, alors que la concentration dans l'atmosphère des gaz à effet de serre (GES) a augmenté de 50 %. Les activités humaines, qui ont considérablement augmenté depuis le début de l'ère industrielle, ont bouleversé l'équilibre de la planète en augmentant le taux de concentration de ces gaz à effet de serre dans l'atmosphère. C'est pour cela que l'hypothèse la plus plausible au sein de la communauté scientifique pour expliquer ce réchauffement est de l'imputer aux émissions humaines de GES.

Les six gaz à effet de serre, identifiés dans le protocole de Kyoto, n'ont pas tous le même pouvoir de réchauffement global (PRG – Global Warming Potentiel – GWP), ni la même durée de vie. L'unité commune aux six gaz est l'équivalent dioxyde de carbone CO_2 ou, plus rarement, l'équivalent carbone. Ainsi, à titre d'illustration, le PRG du protoxyde d'azote est de 310, ce qui signifie qu'il a un pouvoir de réchauffement 310 fois supérieur à celui du dioxyde de carbone. Le tableau 6 ci-dessous donne l'origine et le pouvoir de réchauffement global (PRG) des six gaz à effet de serre.

Certains auteurs utilisent comme référence l'équivalent carbone qui est plus simple pour déterminer les émissions directes et indirectes produites par une entreprise. Pour faire la conversion entre les deux équivalents, il suffit de savoir que :

1 kg de CO_2 vaut 0,2727 kg d'équivalent carbone.

Et pour les autres gaz à effet de serre, l'équivalent carbone vaut :
PRG * 0,2727

TABLEAU 6

PRG et origine des GES

Gaz	PRG	Origine
CO_2 – Gaz carbonique	1	Combustion énergie fossile (charbon, pétrole, gaz), industrie (ciment)
CH_4 – Méthane	21	Élevage de ruminants, culture du riz, décharges, exploitation de pétrole et gaz
N_2O – Protoxyde d'azote	310	Engrais azotés, procédés chimiques
HFC – Hydrofluorocarbone (gaz fluorés)	140 - 11700	Gaz réfrigérants, gaz propulseurs, industries (plastique, ordinateurs…)
PFC – Hydrocarbures perfluorés	6500 – 9200	Fabrication d'aluminium
SF_6 – Hexafluorure de soufre	23900	Isolation électrique

Il est évident que les scientifiques ne connaissent pas encore avec suffisamment de précision le niveau de concentration de gaz à effet de serre qui peut empêcher toute perturbation dangereuse du système climatique. En revanche, on sait que le changement climatique est désormais une réalité et que le niveau atteint aujourd'hui est sans précédent dans l'histoire de l'humanité. Cette expression est même devenue une lapalissade, bien que l'on ne prenne pas encore suffisamment conscience des conséquences catastrophiques qui pourraient en découler. En effet, si l'on prend en considération l'existence d'un effet retard du réchauffement par rapport aux concentrations de GES, on peut déduire que l'on a peut-être déjà atteint un seuil critique pour éviter des catastrophes majeures dans un proche futur. De plus, ce qui inquiète le plus n'est pas tant l'ampleur de la concentration des GES, mais surtout la vitesse à laquelle les changements se produisent. C'est pourquoi la majorité des scientifiques sont d'avis qu'il faut prendre des mesures dès maintenant car demain il sera déjà trop tard pour revenir en arrière.

De nos jours, n'en déplaise à ceux qui voient d'abord un frein au développement économique ou des *complots socialistes,* il n'est plus permis de douter de la véracité des changements climatiques. Pour s'en convaincre, même si la météo n'est pas le climat, il suffit de prendre en considération les indices clairs que sont : la fonte des glaciers dans le Nord canadien et en Sibérie, l'élévation du niveau moyen de la mer, la prolifération des cyclones, des tempêtes et des canicules.

Les grandes dates historiques de ces changements climatiques peuvent être résumées comme suit :

- 1898 : le scientifique suédois Svante Ahrrenius a émis l'hypothèse que le CO_2 dégagé par la combustion du charbon et du pétrole pouvait avoir un effet sur le réchauffement de la planète ;
- 1938 : Callendar est le premier à noter que les émissions anthropiques de CO_2 peuvent faire augmenter de façon importante les concentrations naturelles de ce gaz dans l'atmosphère ;
- 1955 : le scientifique étasunien Charles Keeling a découvert que le taux de concentration de CO_2 dans l'atmosphère a substantiellement augmenté, s'établissant alors à 315 parties par million (ppm), alors qu'il n'était que de 280 ppm à l'aube de la révolution industrielle ;
- 1979 : première étude rigoureuse sur le réchauffement de la planète par l'Académie des sciences des États-Unis ;
- 1992 : signature à Rio (Brésil), lors du « Sommet de la Terre », de la Convention-cadre des Nations Unies sur les changements climatiques (CCNUCC) qui fixe pour objectif ultime une « stabilisation des concentrations de GES dans l'atmosphère à un niveau qui empêche toute perturbation anthropique dangereuse du système climatique » ;

- 1995 : le deuxième rapport des 2000 scientifiques organisés sous l'égide des Nations Unies dans le Groupe d'experts intergouvernemental sur l'évolution du climat (GIEC), conclut que «dans l'ensemble, les observations portent à croire à une influence humaine sur le climat planétaire» ;

- 1997 : signature du protocole de Kyoto qui prévoit la réduction des émissions de GES des pays industrialisés de 5,2% ;

- 1998 : année la plus chaude jamais répertoriée dans le monde depuis que l'on a commencé à archiver les relevés de températures ;

- 2001 : le troisième rapport du GIEC conclut que «des observations récentes plus convaincantes indiquent que le réchauffement constaté au cours des 50 dernières années est probablement dû à l'augmentation des concentrations de gaz à effet de serre». Cette même année, la nouvelle administration étasunienne rejette le protocole de Kyoto ;

- 2002, 2003 et 2004 sont, respectivement, les 2e, 3e et 4e années les plus chaudes jamais répertoriées dans le monde ;

- 2005 : le 16 février, le protocole de Kyoto entre en vigueur. Il est alors ratifié par 141 pays. La même année s'est tenue la 11e session de la CCNUCC et la première rencontre des Parties à Montréal (Québec, Canada).

- 2007 : le quatrième rapport du GIEC (préliminaire) conclut que «l'essentiel de l'augmentation observée des températures moyennes depuis le milieu du XXe siècle est très probablement dû à des concentrations de gaz à effet de serre engendrées par l'homme». Au cours de la même année se tiendra la 13e session de la CCNUCC à Bali (Indonésie).

4.3. Les rapports du GIEC

Pour comprendre l'évolution des connaissances relatives à l'incidence des humains sur les changements climatiques, il est approprié de mettre en exergue les rapports du Groupe d'experts intergouvernemental sur l'évolution du climat (GIEC), un réseau de plus de 2000 scientifiques multidisciplinaires, mais spécialisés principalement dans les sciences atmosphériques. Ce réseau de scientifiques a été créé en 1988 sous l'égide des Nations Unies à partir des compétences de l'Organisation mondiale de la météorologie (OMM) et du Programme des Nations Unies pour l'environnement (PNUE). Il a pour mission d'évaluer les informations scientifiques et techniques nécessaires pour mieux comprendre les risques reliés aux changements climatiques, ainsi que d'élaborer des stratégies d'atténuation et d'adaptation à ces changements climatiques. Il est incontestable que les travaux du GIEC prennent de plus en plus d'ampleur, contribuant à faire évoluer l'opinion publique mondiale et celle des dirigeants politiques.

Le GIEC a jusqu'ici produit trois rapports officiels et le contenu des grandes lignes du quatrième qui devrait sortir cette fin d'année 2007 est déjà connu grâce à la publication des travaux des trois groupes de travail. Ces trois groupes de travail sont chargés d'étudier :

- la science de l'évolution du climat ;
- les conséquences et la vulnérabilité aux changements climatiques ;
- les mesures d'atténuation.

Le quatrième rapport, qui synthétise les conclusions des trois groupes de travail, devrait être rendu public vers novembre 2007, juste avant la conférence annuelle des Nations Unies sur le climat, prévue en décembre 2007, à Bali (Indonésie).

De plus, sur demande de la Conférence des Parties, il arrive aussi au GIEC de produire des rapports et documents techniques sur des questions spécifiques, comme cela a été fait à Montréal en septembre 2005 pour la capture et la séquestration de CO_2. Les points saillants de ces rapports peuvent être résumés comme suit.

- Ainsi, dans son 1er rapport (1990), le GIEC a fait preuve de prudence puisqu'il a conclu que «l'ampleur du réchauffement est comparable à celle de la variabilité naturelle du climat».

- Mais, déjà, dans son 2e rapport (1995), il met en exergue son sérieux doute sur la base d'«observations qui portent à croire à une influence humaine sur le climat planétaire».

- Le 3e rapport (2001) est beaucoup plus explicite puisqu'il stipule que «le réchauffement constaté au cours des cinquante dernières années est probablement dû à l'augmentation des concentrations de gaz à effet de serre».

- La publication officielle du 4e rapport est attendue au courant de décembre 2007. Mais, déjà dans son rapport préliminaire[29], le GIEC est sans équivoque quant au réchauffement climatique puisqu'il confirme avec plus de certitude que jamais qu'«il est très vraisemblable que la hausse moyenne des températures observée depuis le milieu du XXe siècle soit très probablement provoquée par l'augmentation des émissions de GES produites par les activités humaines».

Les conclusions abrégées des trois rapports produits par le GIEC, ainsi que celui, préliminaire, produit en 2007 par le premier groupe de travail, se retrouvent dans l'encadré suivant.

L'évolution de la certitude du GIEC

1er rapport (1990): «[...] Il nous semble qu'en général l'ampleur du réchauffement est conforme aux prévisions des modèles climatiques, mais que cette ampleur est comparable à celle de la variabilité naturelle du climat.»

2e rapport (1995): «[...] Dans l'ensemble, les observatins portent à croire à une influence humaine sur le climat planétaire.»

3e rapport (2001): «[...] Des orservations récentes plus convaincantes indiquent que le réchauffement constaté au cours des cinquante dernières années est probablement dû à l'augmentation des concentrations de gaz à effet de serre.»

4e rapport (2007) préliminaire: «[...] Le réchauffement du système climatique est sans équivoque... Il est très vraisemblable que la hausse moyenne des températures observée depuis le milieu du XXe siècle soit très probablement provoquée par l'augmentation des émissions de GES produites par les activités humaines.»

Sources: GIEC, © Benhaddadi.

Ainsi, on peut constater que les rapports du GIEC attribuent aux émissions de gaz à effet de serre la responsabilité des changements climatiques, à raison de «probablement» en 2001 à «très probablement» en 2007, ce que les experts en sémantique traduisent par des chiffres, respectivement, de plus de 66% à plus de 90%. Le message de la communauté scientifique internationale est on ne peut plus clair et devrait confondre les sceptiques du changement climatique.

D'après le rapport préliminaire du premier groupe de travail du GIEC publié à Paris en février 2007[29], la concentration de CO_2 dans l'atmosphère en 2005 a atteint 379 ppm, contre 280 ppm à l'aube de la révolution industrielle. Pour le méthane CH_4[29], la concentration est passée de 715 ppb (parties par milliard) en 1750 à 1774 ppb en 2005. Toujours pour cette période, la concentration de protoxyde d'azote N_2O[29] est passée de 270 ppb à 319 ppb, dont plus du tiers est d'origine anthropique. La concentration dans l'atmosphère de ces trois GES pour ces 10 000 dernières années, ainsi que depuis 1750 (graphique interne), est donnée sur la figure 73.

Pour ce qui est du réchauffement du système climatique, son caractère sans équivoque est démontré par le fait que 11 des 12 années les plus chaudes jamais répertoriées l'ont été au cours de ces 12 dernières années (1995-2006). La couverture de neige et de glace a baissé dans les deux hémisphères, contribuant très probablement à l'accroissement du niveau de la mer, comme on peut le voir à la figure 74. Le taux d'accroissement a été de 1,8 mm par année sur la période 1961-2003, mais de 3,1 mm pour la période 1993-2003[29].

FIGURE 73

L'évolution des trois principaux GES

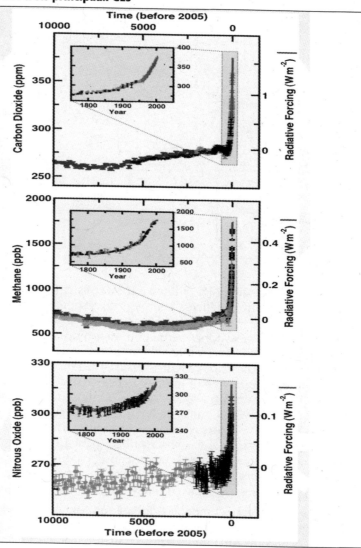

Source : GIEC.

FIGURE 74

Réchauffement global et continental

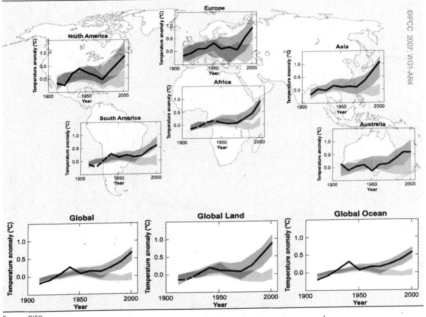

Source : GIEC.

Il faut dire que depuis la publication du troisième rapport, les scientifiques du GIEC ont bénéficié de milliers de recherches leur permettant d'assigner un degré élevé de confiance à la plupart de leurs prévisions. Ainsi, des modèles plus affinés permettent désormais de reconstituer fidèlement l'évolution du changement climatique au cours du siècle passé. La figure 74 illustre la comparaison entre les observations et les simulations de variation de température en utilisant le forçage naturel causé par l'activité solaire (lignes plus claires) avec le forçage humain (lignes moins claires) pour la période 1906-2005. Ainsi, que ce soit au plan global ou continental, le modèle qui utilise le forçage naturel et anthropique est en excellente adéquation avec les relevés des observations (lignes les plus foncées). Ces résultats comparatifs témoignent des immenses progrès qui ont été réalisés dans l'affinement des modèles climatiques, capables de relater avec suffisamment de précision la réalité climatique tout au long du siècle passé.

En conséquence, si les modèles climatiques sont en mesure de reconstituer avec suffisamment de précision l'évolution du climat au siècle passé, cela veut dire aussi qu'ils peuvent prédire celui du siècle courant. Ainsi, la figure 75 présente les six scénarios de réchauffement climatique que le GIEC a retenu. Le cas le plus favorable (scénario B1) est basé sur un réchauffement moyen de 1,8 °C, alors que le cas le plus défavorable (scénario A1F1) prévoit 4 °C. Globalement, selon le dernier rapport préliminaire du GIEC[29], l'augmentation prévue des températures vers «[...] 2100 varie entre 1,1 et 6,4 °C», tandis que le niveau moyen des mers augmentera de «[...] 18 à 59 cm», et même de 10 à 20 cm de plus si la fonte des glaciers se poursuit.

En outre, on peut envisager le pire car, même avec une stabilisation du niveau actuel des émissions, une fois que le processus est enclenché, le réchauffement de la planète va se poursuivre pendant des siècles.

FIGURE 75

Projections du réchauffement de la planète

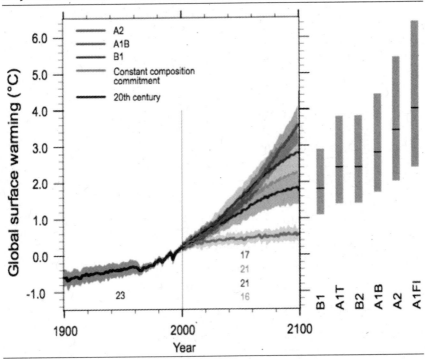

Source : GIEC.

Il faut comprendre que cette variation de 1,1 à 6,4° C est énorme car un tel réchauffement climatique a eu lieu il y a deux milliards d'années. Aussi, d'après les spécialistes en changement climatique, une augmentation de température de plus de 2 °C pourrait avoir des conséquences catastrophiques pour la planète puisqu'on pourrait observer :

- un accroissement de l'ampleur et de la fréquence des phénomènes climatiques extrêmes comme les inondations, les tempêtes, les orages... ;
- une accélération du recul des glaciers avec un enneigement toujours moindre ainsi que de l'avancée du désert ;

- une élévation du niveau de la mer et une accentuation des saisons ;

- un bouleversement écologique, avec un cataclysme pour bien des espèces animales et végétales.

Selon le Centre pour la recherche internationale sur le climat et l'environnement, pour avoir une chance sur deux d'empêcher une hausse de 2 °C des températures par rapport à l'ère préindustrielle, on doit réduire de 80 % d'ici 2050 les émissions mondiales de GES et tout éventuel retard dans la mise en œuvre de ces réductions mettra hors d'atteinte cet objectif de 2 °C. À ce propos, il n'est pas inutile de rappeler que durant les négociations pré-Kyoto, les scientifiques pensaient qu'une réduction de 60 % des émissions était suffisante pour stabiliser les concentrations de GES durant tout le XXIe siècle, ce qui montre, d'une part, que ces prévisions sont aujourd'hui dépassées et, d'autre part, le long chemin à parcourir pour modérer le réchauffement climatique.

4.4. Le protocole de Kyoto

Le protocole de Kyoto, ratifié par 141 États, fixe des objectifs contraignants à 35 pays industrialisés qui, dans l'ensemble, devront réduire de 5,2 % sous le niveau de 1990 leurs émissions de gaz à effet de serre (GES) à l'horizon 2008-2012. Pour la plupart de ces pays, l'objectif est une diminution des émissions de GES. Ainsi, les pays ont pris des engagements différents de réduction des émissions de GES :

- −8 % pour les pays de l'Union européenne avec des réductions nationales variant d'un pays à l'autre ;

- −7 % pour les États-Unis ;

- −6 % pour le Canada et le Japon.

Quelques pays sont autorisés à maintenir leurs émissions (Russie, France) alors que d'autres sont carrément autorisés à accroître les leurs (Norvège : +1 %, Islande : +10 %), mais moins qu'ils auraient pu le faire sans le protocole de Kyoto. Il n'est pas inutile de spécifier que ces 35 pays ne produisent que le tiers des émissions mondiales de GES.

Conformément à son article 25, il était prévu que ce protocole entrerait en vigueur aussitôt que 55 pays représentant au moins 55 % des émissions de GES des pays industrialisés l'auraient ratifié. La ratification tant attendue de la Russie a permis finalement son entrée en vigueur le 16 février 2005.

Le protocole de Kyoto est issu de la Convention-cadre des Nations Unies sur les changements climatiques (CCNUCC), élaborée à New York le 9 mai 1992 et signée à l'issue du Sommet de la Terre, qui s'est tenu en juin 1992 à Rio de Janeiro, au Brésil. L'article 2 de la Déclaration de Rio affirme que « L'objectif ultime de la présente Convention est de stabiliser, conformément aux dispositions pertinentes de la Convention, les concentrations de gaz à effet de serre dans l'atmosphère à un niveau qui empêche toute perturbation anthropique dangereuse du système climatique».

En revanche, le protocole de Kyoto, tout comme la Convention-cadre des Nations Unies sur les changements climatiques, ne tient pas compte des gaz à effet de serre (les chlorofluorocarbones CFC et les hydrochlorofluorocarbones HCFC) couverts par le protocole de Montréal (Québec, Canada), l'entente internationale de 1992 visant à préserver la couche d'ozone stratosphérique.

Il est important de souligner que l'engagement pris à Kyoto par les pays développés de réduire en 2008-2012 leurs émissions de 5,2 % en dessous du niveau de 1990 ne constitue aucunement une réponse élaborée scientifiquement pour se couvrir d'un risque, désormais dûment identifié. Le protocole de Kyoto est plutôt le résultat de négociations politiques sur la base du constat qu'il est déjà impératif d'agir avant qu'il ne soit trop tard. En fait, Kyoto n'est qu'un premier pas censé être suivi de beaucoup d'autres, beaucoup plus significatifs.

Aussi, le protocole de Kyoto laisse aux pays qui ont souscrit à des engagements chiffrés de réduction de leurs émissions de GES une certaine marge de manœuvre en ce qui concerne les moyens d'atteindre leurs objectifs. C'est ainsi que trois mécanismes de flexibilité ont été prévus.

– *Le mécanisme de développement propre (MDP)* permet aux pays industrialisés d'obtenir des crédits d'émissions s'ils financent des projets de réduction d'émissions dans les pays en voie de développement. Par exemple, une aciérie canadienne devant réduire de 100 000 tonnes ses rejets de carbone d'ici 2012 pourra payer une vieille aciérie indienne pour effectuer la même réduction, si elle peut le faire à un coût beaucoup moins élevé grâce à un transfert de technologie. Ainsi, le Canada pourrait porter à son crédit la réduction des émissions de GES produites en Inde. Aujourd'hui, on dénombre plus de 1 500 projets MDP, dont plus de 80 % sont situés dans les trois pays à économie émergentes : la Chine, l'Inde et le Brésil. À date, il n'y a que les pays attractifs pour les investissements qui profitent de ces projets MDP, ce qu'illustre aussi l'exemple de toute l'Afrique, qui ne reçoit que 3 %.

Lors de la conférence de La Haye, le Canada a vainement proposé que l'énergie nucléaire soit incluse dans ce mécanisme, en faisant valoir que l'électricité produite à partir du nucléaire est une source d'énergie qui ne produit pas de GES.

– *La mise en œuvre conjointe* consiste à réaliser un projet de réduction d'émissions de GES entre les pays ayant souscrit à des engagements chiffrés de réduction de leurs émissions et communément appelés pays de l'Annexe B. Le projet de réduction d'émissions fait l'objet d'un contrat entre les deux Parties dans lequel sont réparties les réductions chiffrées entre les deux pays. Les réductions découlant du projet sont directement applicables sur les engagements chiffrés de chaque pays.

– *L'échange international de droits d'émissions* consiste à vendre ou à acheter des droits d'émissions entre deux pays de l'Annexe B. Les échanges seront contrôlés afin qu'un pays de l'Annexe B ne vende pas plus de droits d'émissions qu'il n'en détient. Une certaine quantité de droits ne pourront être vendus (réserve) afin que chaque pays soit en mesure de respecter les engagements chiffrés de réduction d'émissions qu'il a pris dans le cadre du protocole de Kyoto. Les pays ayant développé une technologie permettant de réduire les émissions pourront vendre un permis, équivalent à cette réduction, aux pays intéressés à se procurer des droits d'émissions supplémentaires. Rappelons que cette idée de «permis négociables» a été proposée par les États-Unis, en échange de leur approbation du protocole. En Europe, il y a déjà huit Bourses de carbone en activité et aux États-Unis, la Bourse de Chicago a désormais une filiale verte. Au Canada, même s'il n'y a pas encore de cadre réglementaire au marché boursier spécialisé, les Bourses de Montréal, Toronto et Winnipeg sont en lice pour accueillir le futur marché canadien du droit de polluer. Il faut reconnaître que les sociétés sont encore en période d'apprentissage et les spécialistes misent sur un marché annuel de 4 à 5 milliards de tonnes à l'horizon 2010.

L'élaboration de la réglementation du protocole de Kyoto (le calcul des émissions, les rapports nationaux, le système de droits d'émission, la conformité et le règlement de litiges) a fait l'objet de plusieurs rencontres subséquente (La Haye, Bonn) et elle a été définitivement adoptée avec les Accords de Marrakech.

Les États-Unis et le protocole de Kyoto

Lors de la signature du protocole de Kyoto, les États-Unis, alors gouvernés par un président démocrate, se sont engagés à respecter leur engagement chiffré de réduction de 7% relativement à leurs émissions de gaz à effet de serre. Néanmoins, il y a lieu de préciser qu'à l'époque, déjà, le Sénat était plutôt réticent, voire hostile, car avant la ratification du protocole, il posait deux conditions, impossibles à remplir:

- que les engagements de réduction puissent être atteints en recourant aux seuls mécanismes du marché, d'une part;
- que les grands pays à économie émergente, comme la Chine et l'Inde, aient aussi pris un engagement chiffré de réduction de leur pollution, d'autre part.

Pour justifier leurs demandes, les Étasuniens appliquent le raisonnement suivant : même s'ils sont les plus grands producteurs d'émissions de GES du monde (plus de 20 tonnes de CO_2 par habitant et par an, contre 10 tonnes par Allemand et 4 tonnes par Chinois), ils considèrent qu'ils font davantage preuve d'efficacité énergétique que les autres. Un Étasunien est en effet beaucoup moins polluant que son homologue chinois quand on raisonne en termes de CO_2 par unité de produit intérieur brut (PIB). Autrement dit, les Étasuniens font valoir que c'est l'inefficacité énergétique de certains pays qui met en péril l'atmosphère de la Terre, et non leur propre mode de vie. Cela dit, même si cet argument est loin d'être farfelu, on ne doit pas perdre de vue que si les 1,3 milliard de Chinois et le 1,1 milliard d'Indiens avaient, par habitant, le même niveau de consommation d'énergie que les 300 millions d'Étasuniens, la pollution de la Terre aurait augmentée de plus de 150 % !

Toutefois, il faut convenir que les émissions de GES des pays à économie émergente pourraient sérieusement hypothéquer les bienfaits du protocole de Kyoto : pour la seule Chine qui déjà en 2006 a produit et consommé près de 2,5 Gt de charbon[3], la production de gaz carbonique pourrait être supérieure à celle des États-Unis et de l'Europe entière dans moins de deux décennies. C'est pour cela que l'on s'attend à ce que ce protocole de Kyoto soit suivi d'autres engagements contraignants, auxquels les pays en développement seront invités à se joindre. Il est d'ailleurs prévu au protocole que des négociations débutent en 2005, et ce, pour une deuxième période d'engagement postérieure à 2012.

Par la suite, l'élection de George W. Bush à la Maison-Blanche au début de l'année 2001 a fait basculer le processus. Le 29 mars 2001, le nouveau président a annoncé que les États-Unis ne ratifieront pas le protocole de Kyoto parce qu'il ne va pas dans le sens de leurs intérêts économiques. Depuis septembre 2001, obnubilée par la guerre au terrorisme, l'administration étasunienne n'arrive même pas à admettre que le principe de prévention doit s'appliquer aussi aux changements climatiques et que la mondialisation ne peut être exclusivement économique ou sécuritaire, mais aussi écologique. En revanche, le président républicain dit préférer « travailler » avec ses alliés avec un plan sans cible chiffrée. La décision étasunienne de se retirer du protocole de Kyoto provoqua un tollé, mais n'empêcha pas la communauté internationale d'aller de l'avant.

Par ailleurs, pour montrer qu'ils agissent aussi réellement contre les changements climatiques, les États-Unis affectent annuellement 5 milliards de dollars à des programmes en matière de changement climatique et projettent, selon le Département américain de l'Énergie[1], de réduire de 18 % leur intensité énergétique à l'horizon 2012. De plus, ils se sont associés avec cinq autre pays (Chine, Inde, Japon, Australie, Corée du Sud) dans le cadre d'un partenariat régional Asie–Pacifique pour le développement propre et le climat. Ce partenariat vise à développer, dans un contexte pro-croissance énergétique, des technologies plus propres, dont le fameux «charbon propre» et rejette tout objectif chiffré de réduction des émissions de GES. Ironiquement, ce partenariat Asie–Pacifique a été qualifié par le sénateur et lauréat du prix Nobel 2007 de la paix Al Gore de «stratégie du village Potemkine», en référence aux villages factices que le célèbre général russe G. Potemkine faisait construire en Crimée pour impressionner l'impératrice Catherine II. Ce même Al Gore considère que les changements climatiques constituent la «crise la plus dangereuse à laquelle nous devons faire face en tant que civilisation».

Il n'est pas superflu de constater que les six pays inclus dans ce partenariat consomment ensemble plus de 70% du charbon mondial et sont responsables de 50% des émissions de GES. Il est loin d'être exclu que pour la majorité des pays qui ont souscrit à ces objectifs sans cible obligatoire, cette entente soit une option stratégique en vue de se positionner sur les négociations à venir pour l'après-Kyoto.

Il est connu que la nouvelle administration conservatrice des États-Unis a non seulement refusé de ratifier le protocole de Kyoto mais qu'elle l'a de surcroît rejeté. Néanmoins, en 2001, les USA ont connu une baisse d'émissions de CO_2 de 1,1% alors que ces émissions ont augmenté en moyenne de 1,2% par an au cours de cette dernière décennie. Cependant, cette baisse n'a pas été occasionnée par des actions visant spécifiquement la réduction de CO_2, mais plutôt par une croissance économique ralentie et un hiver plus doux. Globalement, en 2006, les émissions étasuniennes ont augmenté de l'ordre de 20% par rapport à 1990[1].

Cela dit, même si les États-Unis ont rejeté le protocole de Kyoto, cela ne signifie pas pour autant que les différents États étasuniens n'agissent pas sur les changements climatiques. Ainsi, 13 d'entre eux ont des normes locales d'énergie renouvelable qui exigent des compagnies d'électricité de s'approvisionner en partie de sources propres telles que l'éolien. Sur un autre registre, l'appui financier de la seule région de New York au transport en commun est le double de celui de tout le Canada! Ce même État de New York vient de conclure à son avantage une entente avec les propriétaires de centrales thermiques au charbon pour réduire leur niveau de pollution, après cinq ans de poursuites judiciaires[1].

Il faut dire qu'à l'image de Katrina les ouragans sont de plus en plus dévastateurs et, malgré l'insuffisance des données scientifiques, pour certains chercheurs étasuniens, la compréhension actuelle de la dynamique des cyclones a plutôt tendance à indiquer une relation possible entre l'activité cyclonique et l'élévation de la température à la surface des océans. Or, la population étasunienne est de plus en plus vulnérable et peut représenter un atout et allié indéniable, car cette population est de plus en plus consciente que ses besoins énergétiques ne peuvent plus être découplées de l'avenir de la planète. En tout cas, depuis la destruction de La Nouvelle-Orléans par l'ouragan Katrina, les habitants des États-Unis se sont rendu compte que l'imposante puissance de leur pays ne peut rivaliser avec celle de la nature. Aussi, deux Étasuniens sur trois attribuent au changement climatique la responsabilité de l'existence de puissants ouragans ; même si cela s'appelle aller vite en besogne, il faut convenir qu'à quelque chose malheur est bon. Depuis le passage dévastateur de cet ouragan, il se trouve même des élus républicains qui se font les chantres de l'environnement. Cette prise de conscience des communautés locales est déjà utilisée à bon escient par certaines villes et plusieurs États américains qui, telle la Californie, commencent à imposer des mesures plus qu'appréciables de réduction de la pollution. De plus, on ne doit pas perdre de vue que la Mecque de la recherche sur la climatologie se trouve dans les Rocheuses étasuniennes et que les données dont se sert le GIEC proviennent, pour une bonne partie, de l'Administration nationale pour l'océanographie et l'atmosphère (NOAA) du gouvernement étasunien.

En outre, selon une analyse produite par l'Institut albertain Pembina[48] à l'échelle de l'Amérique du Nord, si l'on compare les mesures prises par plusieurs États américains, tels que le New Jersey, New York et la Californie, avec celles relevées par cinq provinces canadiennes émettant le plus de GES, on s'aperçoit que, sur la plupart des points, les États-Unis surpassent le Canada, en particulier sur ceux-ci.

- Les États-Unis ont de l'avance quant aux politiques visant à accroître la part de l'énergie renouvelable, que ce soit l'éolien, le solaire ou la géothermie.

- Les États-Unis, qui misent essentiellement sur les percées technologiques pour régler l'effet de serre, ont consacré 5,2 milliards de dollars, rien qu'en 2005, aux recherches sur les énergies propres.

- L'appui du Canada au transport en commun est très faible en comparaison de celui des États-Unis. Au Canada, l'investissement de capitaux était légèrement inférieur à un milliard de dollars canadiens, alors que l'État de New York et le gouvernement fédéral américain ont dépensé plus de deux milliards de $US dans la seule ville de New York.

- La lutte contre les gaz à effet de serre est en train de devenir une réalité pour les neuf États du Nord-Est des États-Unis qui ont finalisé un accord de réduction des émissions de GES de leurs centrales électriques de 10 % à l'horizon 2020.

- Les règlements fédéraux prescrivent la récupération des gaz de décharges dans tous les grands sites d'enfouissement des États-Unis. Au Canada, on ne trouve cette exigence qu'en Ontario, le Québec est en train de suivre, alors qu'en Colombie-Britannique, elle ne s'applique qu'aux nouveaux sites d'enfouissement.

Toutes ces mesures, au demeurant fort louables, sont particulièrement perceptibles dans l'État de Californie qui, sous l'impulsion du gouverneur Arnold Schwarzenegger, vient de ratifier un texte de loi imposant une limitation des émissions de gaz à effet de serre dans les services publics, la production d'électricité, les raffineries et les manufactures. De plus, non satisfaite d'avoir introduit le pot catalytique et l'essence sans plomb et malgré toutes les réticences et injonctions fédérales, la Californie veut enfoncer le clou écologique en projetant rien de moins que de réglementer la pollution automobile, en demandant aux constructeurs de réduire les émissions de GES de leurs voitures de 22% d'ici 2012 et de 30% d'ici 2016. Pour atteindre ses objectifs, la Californie veut se donner les moyens en tant que pionnière dans la lutte contre la pollution, en intentant des poursuites pour «nuisance publique» contre les six plus grands constructeurs automobiles (General Motors, Ford, Chrysler et les branches américaines de Toyota, Honda et Nissan). La procédure engagée, au grand dam de l'administration fédérale, invoque l'érosion des plages, la pollution à l'ozone dans les grandes villes et la baisse des ressources en eau potable. Devant le peu d'intérêt du gouvernement fédéral, la Californie franchit une nouvelle étape en intentant une poursuite contre l'organisme fédéral, l'Agence de protection de l'environnement (EPA), accusée de retard abusif. Cette initiative, fort redoutée par l'industrie automobile, pourrait faire des émules aux États-Unis, où une douzaine d'autres États sont disposés à emboîter le pas. La lutte de la Californie contre l'effet de serre est menée tous azimuts et la procédure engagée s'oppose frontalement à l'administration fédérale qui continue à soutenir que toute réduction des GES doit se faire de façon volontaire, donc cet État peut être accusé d'honorer le protocole de Kyoto! Précisons que ces actions sont entreprises avec l'assentiment massif du parlement et du sénat californiens, alors que l'opinion publique, de plus en plus conscientisée par les défis environnementaux, vient de plébisciter le nouveau «Terminator» des gaz à effet de serre pour un second mandat.

4.5. Kyoto et les puits de carbone

Il est possible à des puits forestiers et agricoles d'absorber et d'emmagasiner du dioxyde de carbone CO_2. En effet, à mesure qu'ils grandissent, les arbres respirent du CO_2 de l'atmosphère et, par photosynthèse, les feuilles captent le carbone du CO_2 et relâchent de l'oxygène. Quant aux terres agricoles, elles peuvent être gérées de manière à emmagasiner du CO_2 que les plantes stockent lors de leur croissance sous forme de gaz carbonique dans le sol. C'est ainsi que les forêts et les sols agricoles sont connus sous le nom de puits de carbone. *A contrario*, une mauvaise gestion des terres forestières et agricoles peut engendrer des émissions supplémentaires de GES que le GIEC estime à 20% de l'ensemble des émissions anthropiques. Il convient de mentionner que le GIEC a déjà confirmé que l'utilisation des forêts et de l'agriculture pour diminuer la concentration de CO_2 dans l'atmosphère est fondée sur une base scientifique établie, mais qu'il faut mener des recherches supplémentaires dans certains domaines. C'est ainsi que le protocole de Kyoto exige la comptabilisation des changements, survenus à partir de 1990, dans les stocks de carbone résultant du boisement, reboisement et déboisement (BRD) mais a laissé la porte ouverte aux futures négociations sur les puits de carbone.

Certains pays, à l'image du Canada, ont essayé de faire admettre la pertinence de tenir compte des puits de carbone dont le principe de base consiste à :

- s'attribuer des crédits lorsque les forêts et les terres agricoles ont eu pour effet de réduire du CO_2 ;
- faire l'objet d'un débit, dans le cas contraire.

Tout en rappelant que les émissions de GES causées par le secteur agricole sont comptabilisées dans le protocole de Kyoto, ces pays font valoir qu'il faut encourager les bonnes pratiques agricoles qui peuvent contribuer à réduire les émissions de GES, tout en procurant d'autres avantages environnementaux indéniables (conservation de la biodiversité, assainissement de l'air, protection des cours d'eau et lacs, amélioration de la qualité des sols...). L'absorption du carbone constitue un important processus de réduction des émissions de GES car, grâce au phénomène de conversion chimique, une tonne de carbone provenant des sols peut produire 3,67 tonnes de CO_2. Ainsi, plus on stocke du carbone, plus la libération de CO_2 est réduite.

Les détracteurs de cette démarche, au premier rang desquels se trouvent les pays européens, lui font le double reproche de :

- vouloir se dérober de leurs obligations environnementales en profitant au maximum de leurs immenses forêts et exploitations agricoles pour réduire leurs obligations de réduction de leurs émissions de GES dans les autres secteurs économiques ;
- ouvrir dans le protocole de Kyoto des brèches qui rendront sa mise en application encore moins efficiente.

C'est à Marrakech (Maroc), lors de Conférence des Parties (CdP$_7$) en 2001, qu'ont été adoptés les Accords régissant les règles d'estimation, de comptabilisation et de comptes rendus relatifs aux puits de carbone. Ces Accords, objet d'un compromis proche de la thèse de ceux qui jouissent d'un potentiel de crédit, autorisent un pays avec un débit dans le chapitre BRD d'utiliser en compensation les absorptions potentielles de la gestion des forêts, jusqu'à concurrence de 33 Mt/an. En outre, l'Accord permet un crédit supplémentaire plafond pour la gestion des forêts.

Ainsi, dans le cas du Canada, ce plafond est évalué à 44 Mt/an et, selon les estimations du gouvernement canadien faites en 2000, la prise en compte des puits peut représenter jusqu'à 20 Mt de carbone de l'effort de réduction des émissions de GES que le pays s'est engagé à fournir. Néanmoins, les recherches jusqu'ici effectuées ne permettent pas de prouver que les forêts canadiennes absorbent plus de carbone qu'elles ne réémettent. Certains avancent même que ces forêts présentent désormais un bilan plutôt neutre. Il est intéressant de remarquer que même dans le *Plan sur les changements climatiques de 2005*, élaboré par le gouvernement canadien, on fait preuve à ce propos de davantage de circonspection par rapport à l'an 2000.

D'ailleurs, même si cela peut paraître paradoxal, une récente étude publiée par l'Académie des sciences des États-Unis a démontré que les arbres peuvent contribuer au réchauffement climatique en absorbant davantage de radiations solaires et que la déforestation peut aider à lutter contre le réchauffement climatique dans certaines parties du monde où il neige abondamment, comme en Sibérie, en Europe du Nord et au Canada. Évidemment, ces études méritent d'être corroborées par des travaux supplémentaires, surtout que la forêt boréale contient des milliards de tonnes de carbone dont elle empêche l'émission dans l'atmosphère. Cela dit, *a contrario* et pour les pays tropicaux, il n'y a pas l'ombre d'un doute que la plus grande partie de la déforestation est occasionnée par la population qui s'en sert comme source principale d'énergie, ce qui offre une opportunité inouïe de les aider en lui substituant de l'énergie renouvelable.

Pour ce qui est des exploitations agricoles, l'Accord de Marrakech prévoit, sans limitation de plafond et sur la base de la comptabilité nette, l'inclusion des activités suivantes : gestion des terres cultivées, gestion des pâturages, régénération du couvert végétal.

4.6. Nouvelle donne : capture et séquestration du CO_2

Aussi étonnant que cela puisse paraître, l'idée de l'enfouissement du CO_2 émis lors de la combustion de l'énergie, on la doit aux géologues qui, en cherchant du pétrole et du gaz, sont souvent tombés sur du gaz carbonique. En principe, la capture du CO_2 peut être obtenue à son lieu d'émission, en aval et en postcombustion, à la sortie de la cheminée d'une installation industrielle où il est séparé des autres émanations. La séparation du CO_2 peut aussi être obtenue en amont et en précombustion avec, en plus, l'avantage d'utiliser l'hydrogène extrait de cette séparation pour alimenter une turbine ou une pile à combustible productrice d'électricité.

Pour être efficiente, une installation qui capture du CO_2 doit être intégrée à une importante source d'émissions. On pense en général aux grands émetteurs finaux (GEF) comme les cimenteries, les raffineries et, surtout, les 5 000 centrales thermiques au charbon et au gaz qui ont émis en 2005 plus de 10,5 Gt/an (milliards de tonnes par an) de CO_2 qui peut être extrait et envoyé par gazoduc ou tanker vers un site d'enfouissement géologique.

Les bons sites d'enfouissement peuvent être :

- les aquifères profonds et salins dont les capacités de stockage se mesurent en plusieurs milliers de Gt de CO_2, même s'il n'y a pas encore de méthode de calcul affinée ;

- les mines désaffectées de charbon profond où, de plus, le CO_2 injecté permettrait de récupérer du méthane ;
- les gisements de pétrole et de gaz en voie d'épuisement que les multinationales pétrolières vont tout faire pour prioriser car cela leur permettrait de faire d'une pierre deux coups : en plus de récupérer d'un même puits des quantités de pétrole supplémentaires, elles seront admissibles au futur marché international de permis d'émissions de GES. Ainsi, grâce à la transformation de leurs émissions en profits et aux cours actuels de l'énergie, les coûts de capture et de séquestration du CO_2 seraient plus rapidement amortis.

Mentionnons qu'en 1997, lorsque le protocole de Kyoto a été signé, même si la recherche sur la capture et la séquestration de CO_2 était encore à ses premiers balbutiements, il y avait déjà deux projets en liaison avec la production d'hydrocarbures en Norvège et au Canada. En effet, en Norvège, un consortium international, piloté par Statoil, réalise depuis plus de 10 ans le stockage de 1 Mt de CO_2 en milieu aquifère salin par 1 000 mètres de profondeur lors de l'extraction du gaz naturel de son champ de Sleipner Vest, en mer du Nord.

Au Canada, quotidiennement, 5 000 tonnes de CO_2, en provenance d'une usine de gazéification du charbon du Dakota du Nord est enfoui dans le site de Weyburn, en Saskatchewan (Canada).

Un autre projet important d'enfouissement de 1 Mt de CO_2 a été réalisé en 2004 à In Salah (Algérie) par la multinationale British Petroleum. Ces trois projets sont les plus importants au monde et totalisent un stockage de 3-4 Mt de CO_2 et on prévoit le lancement prochain de nouveaux projets d'importance aux États-Unis, en Australie, en Allemagne...

De nos jours, techniquement, la maîtrise de cette nouvelle technologie de capture et de séquestration de CO_2 a déjà été démontrée, même si beaucoup de progrès restent à faire, en particulier quant à l'assurance que les futurs sites pourront offrir un confinement et une étanchéité qui se mesureraient en plusieurs siècles. En effet, malgré les immenses perspectives qu'elle offre, cette technologie est encore imparfaite, surtout que nul ne peut prédire comment va se comporter, dans le temps, le gaz carbonique séquestré. La question que beaucoup de scientifiques se posent encore est celle-ci : aussi minime soit-il, est-ce qu'il n'y aurait pas un risque de voir le CO_2 migrer hors de l'endroit où il est séquestré et, ainsi, contaminer l'environnement ? *A priori*, le risque est faible car les réservoirs géologiques recèlent, sans fuites, du gaz carbonique depuis des millions d'années. Malgré cela, la prudence doit être de mise, même si les conséquences d'une fuite de CO_2 sont sans commune mesure avec celle des déchets nucléaires.

Selon Ressources naturelles Canada (RNC)[60], la première phase du projet canadien a conclu que les conditions géologiques sont favorables au stockage prolongé du CO_2 qui a, de plus, permis la récupération du pétrole dans le champ partiellement épuisé. La phase suivante aura pour objectif de réduire les coûts, aussi bien pour le stockage que pour la récupération assistée des hydrocarbures.

Par ailleurs, comme le démontre l'analyse donnée dans le chapitre précédent, on s'attend à une augmentation de plus de 50 % des besoins énergétiques lors du prochain quart de siècle, dont plus de 80 % serait comblée par le pétrole, le gaz et le charbon.

En supposant que les émissions mondiales de CO_2 se maintiennent au niveau relevé par le GIEC de 27,5 Gt et dont la part de l'énergie est de l'ordre de 80 %, on peut s'attendre à ce qu'en 2050 les émissions cumulées atteignent près de 1 000 Gt! En considérant les installations où ces émissions sont potentiellement récupérables (centrales thermiques, industrie de la fonte et affinage, cimenteries...), on peut évaluer dans une première approximation à plus de 500 Gt les émissions récupérables de CO_2.

Mais, de nos jours, la capture du CO_2, son transport et son enfouissement coûtent encore des sommes faramineuses, surtout en l'état actuel de la législation. Les chiffres les plus couramment avancés par les Européens, leader mondial en la matière, se situent dans une fourchette de 50 à 100 euros par tonne de CO_2. Dans un rapport préliminaire, rendu public au mois de septembre 2005 à Montréal, le GIEC retient comme coût une fourchette de 4 à 5 ¢/kWh. Ainsi, on peut en gros considérer ce qui suit :

- Pour une centrale thermique typique au charbon de 1 000 MW qui émet en moyenne 6 Mt de CO_2, le coût de chaque kWh d'électricité produite serait majoré de 5 ¢/kWh, ce qui revient à plus que doubler le coût de production actuel.

- Pour une centrale thermique de la nouvelle génération à cycle combiné au gaz naturel du type de Suroît à laquelle le Québec (Canada) vient de renoncer, le coût de chaque kWh d'électricité produite serait majoré de l'ordre de 4 ¢/kWh, ce qui est mieux que le charbon mais demeure encore très élevé.

Comme le montre bien ces deux exemples, il est évident que le coût actuel de la capture et de la séquestration constitue un handicap majeur à son développement. De plus, le stockage en milieu océanique pose un problème juridique, surtout qu'une convention internationale datant de 1992 interdit tout déversement de déchets industriels dans l'océan. Mais, d'une part, de multiples projets en cours un peu partout dans le monde (mer du Nord, Amérique, Méditerranée, Japon...) ont pour objectif de non seulement étudier comment va se comporter le CO_2 dans le temps, mais aussi de baisser les coûts de sa capture et de son enfouissement ; de plus, de substantielles économies d'échelle peuvent être réalisées, surtout pour le charbon. D'autre part, en 2008 déjà, le marché du carbone ferait partie de la réalité mondiale et les dommages causés à l'environnement par le CO_2 commenceraient à avoir un prix. Ainsi, eu égard à la nécessité de réduire encore plus les émissions de GES à l'avenir, la capture et séquestration du CO_2 pourrait devenir économiquement attractive, surtout qu'au moment opportun, tout un arsenal législatif pourrait être déployé pour que la taxe sur le carbone soit plus élevée que les coûts de capture et d'enfouissement.

Par ailleurs, on peut émettre l'hypothèse que les perspectives qu'offrent la capture et la séquestration du CO_2 puissent être utilisées comme « monnaie d'échange »[72] pour élaborer un cadre de travail qui permettrait de réintégrer dans les négociations non seulement les deux « délinquants écologiques » que sont les États-Unis et l'Australie, mais aussi les pays charbonniers tels que la Chine et l'Inde.

Signalons que, déjà, certaines voix s'élèvent pour dire que la séquestration du CO_2 n'est qu'une façon déguisée de prolonger l'exploitation des énergies fossiles (charbon, pétrole et gaz) et que, pour cela, l'enfouissement ne fait que servir d'alibi. Évidemment, il est incontestable que d'ici deux décennies, si la généralisation de la capture et séquestration de CO_2 aboutissait, elle redonnerait une impulsion nouvelle à la mal aimée des énergies, le charbon, aujourd'hui si polluant mais dont les réserves prouvées dépassent un siècle et demi.

Mais, au-delà de toute polémique, aussi prometteuse que puissent être les perspectives offertes, la capture et séquestration du CO_2 ne peut être qu'une partie de la solution future, une contribution supplémentaire pour lutter contre les changements climatiques. En tout cas, elle ne peut être la « panacée », surtout que des technologies encore plus prometteuses vont certainement émerger au cours des deux prochaines décennies. On pense, en particulier, à la production de l'hydrogène et au stockage de l'électricité qui doivent néanmoins passer par une rupture technologique qui tarde encore à se manifester. En attendant, la tendance doit être maintenue concernant la priorité qui doit sans cesse être donnée aux politiques visant la diminution de la consommation d'énergie, ainsi qu'aux économies d'énergie qui souffrent, avant tout, de manque de moyens.

4.7. Rencontres de Montréal, Nairobi et Bali : un nouveau tournant

Au lendemain de l'entrée en vigueur du protocole de Kyoto, le Canada a accueilli à Montréal la 11e conférence internationale sur le réchauffement climatique, dite Conférence des Parties CdP[11]. En effet, comme le compte à rebours pour l'implémentation du protocole de Kyoto est commencé, il fallait, conformément à ce qui avait été prévu, passer à l'étape suivante en se fixant de nouvelles cibles de réduction de GES pour l'après 2012. Il est indéniable que l'on ne peut compter sur le seul marché ou les nouvelles techniques de capture et d'enfouissement du CO_2 pour protéger notre environnement, surtout que pour freiner le réchauffement de la planète, il est nécessaire, selon les spécialistes, de réduire de 80 % les émissions de

GES. Cela dit, même si son impact réel est limité, il faut tout de même reconnaître que le protocole de Kyoto a le grand mérite de montrer qu'une coopération internationale est possible dans la réduction des émissions de gaz à effet de serre (GES). En fait, Kyoto n'est qu'un petit pas dans la bonne direction et le défi de l'après-Kyoto a commencé à Montréal. Ce défi est de taille mais il n'y a pas d'autres alternatives que d'y faire face car il est impératif de poser les jalons du défi principal de ce nouveau millénaire : adopter, minimalement, le principe de nouvelles substantielles réduction des émissions de gaz à effet de serre.

Pour cela, la communauté internationale se devait impérativement de réembarquer avec elle les États-Unis, principal responsable des émissions de GES et qui devrait aussi verser sa « dîme », même si son actuel gouvernement continue à considérer « [...] qu'il est prématuré de créer de nouveaux mécanismes pour négocier de futurs engagements », alors que, comble de l'ironie, même son président G.W. Bush II a fini par admettre, sur le bout des lèvres, que l'activité humaine a un impact sur le climat. Sans donner de signal d'infléchissement de leur politique mais après des nuits de palabres et contre toute attente, les États-Unis ont fini par signer la déclaration finale de la rencontre de Montréal, s'engageant par là même à participer régulièrement aux discussions sur la réduction des émissions. L'autre probant résultat obtenu lors de cette rencontre réside dans l'acquis du principe de nouvel Accord de réduction des émissions qui prendrait effet en 2012.

Par ailleurs, il faut rappeler qu'il était prévu que le protocole de Kyoto serait suivi d'autres engagements contraignants, auxquels les pays en développement seraient invités à se joindre. L'un des objectifs assignés à la rencontre de Montréal était de persuader les pays à économie émergente (Chine, Inde, Brésil, Corée, Afrique du Sud...) de souscrire au principe des engagements contraignants de réduction des émissions de GES. Ces pays n'ont pour l'instant que des obligations d'inventaire et ont plutôt tendance à considérer, à des degrés divers, que la lutte contre l'effet de serre est une entrave à leur développement. Le Canada, qui bénéficie auprès de ces pays d'une aura et d'un crédit particuliers grâce à son multilatéralisme et sa politique pacifique, a vainement (pour l'instant), mais rentablement (à long terme) essayé de faire comprendre et admettre que c'est surtout le changement climatique qui va désormais constituer un obstacle majeur à leur développement.

C'est à Nairobi (Kenya) que s'est tenue la 12e Conférence des Parties (CdP$_{12}$) à la Convention Climat. Dynamisée par la mise sur rails du processus post-Kyoto obtenu lors de la Conférence de Montréal (CdP$_{11}$) et dopée par la publication du rapport Stern, cette rencontre est la première en sol africain subsaharien. L'Afrique est le continent le plus vulnérable aux effets du réchauffement de la planète, alors que, paradoxalement, elle a beaucoup moins de responsabilité dans les changements climatiques et possède des ressources très limitées pour s'opposer à la dégradation de son environnement. En même temps, l'impact vraisemblable du réchauffement (climat, inondations, épidémies...) exacerbera les problèmes sur ce continent, ce dont témoigne sa partie subsaharienne, particulièrement touchée par les canicules et les pluies torrentielles occasionnelles, inutiles pour son agriculture. Le rendez-vous de Nairobi peut être considéré comme une rencontre de transition et de consolidation qui visait, d'une part, à promouvoir la progression du débat sur le régime multilatéral après 2012 amorcé à Montréal; l'accent a été mis sur l'impérieuse nécessité de conclure un Kyoto II au plus tard en 2009. D'autre part, cette rencontre visait à débattre de la mise en œuvre des accords existants et de l'amélioration des actions engagées; on a alors insisté sur les aspects techniques et financiers de l'adaptation aux changements climatiques, du transfert de technologie et du mécanisme pour un développement propre (MDP).

Fait insolite, c'est le Canada qui a présidé l'ouverture de cette conférence, alors que ce pays a, entre-temps, porté aux pouvoir les conservateurs, manifestement hostiles aux engagements pré- et post-Kyoto. D'ailleurs, dans une unanimité rarement atteinte, la presse canadienne en général et québécoise en particulier, ainsi que les organismes canadiens de défense de l'environnement ont mis en garde la communauté internationale contre le risque de voir ce gouvernement profiter de sa tribune pour jouer les trouble-fêtes en bloquant les négociations post-Kyoto pour des engagements futurs, ce qui, *de facto*, aurait réduit à néant les engagements pris à Kyoto. À postériori, on peut dire que la mission a été accomplie puisque la représentante du Canada a dû adopter à cette rencontre un profil inhabituellement bas.

La rencontre de Bali (Indonésie) a été repoussée à plusieurs reprises, surtout à la lumière de la publication des trois rapports partiels du GIEC, dans la perspective que la synthèse finale de ces rapports puisse donner un nouvel élan politique à la rencontre. Autre signe des temps, les experts du GIEC ont obtenu le prix Nobel 2007 de la Paix qu'ils partagent d'ailleurs avec l'ancien vice-président étasunien Al Gore pour sa contribution à «éveiller la conscience mondiale» sur le danger des changements climatiques, ce qui a eu comme effet de braquer davantage les projecteurs de l'actualité sur l'urgence de l'heure.

Aujourd'hui, à défaut d'arriver à des engagements chiffrés de réduction des émissions de GES, nombreux sont ceux qui réclament pour la 13e Conférence des Parties (CdP$_{13}$), la rédaction d'une sorte de «feuille de route de Bali», soit un plan concret pour conclure un accord post-Kyoto. Cette feuille de route pourrait être centrée sur les trois points suivants:

- les pays riches doivent se situer à l'avant-garde de la lutte contre le réchauffement climatique;
- les cibles de réduction d'émissions de gaz à effet de serre doivent concerner tous les pays les plus polluants;

- les pays développés doivent concrétiser leur engagement d'aide financière et de transfert de technologie pour permettre aux pays en voie de développement de s'adapter à la politique de changements climatiques.

Il est évident que, lors de ce CdP$_{13}$ tout comme lors des rencontres précédentes, les négociations seront plus qu'ardues. Apôtres de la protection de l'environnement et voulant confirmer leur volonté d'aller de l'avant, les Européens ont mis la table en se disant prêts à s'engager immédiatement à réduire leurs émissions de 20 % à l'horizon 2020. Ils se disent même disposés à bonifier leur promesse, en réduisant leurs émissions de 30 % moyennant un engagement important des autres pays. Ces autres pays concernés sont les pays à économie émergente, telles la Chine et l'Inde, responsables de la plus grande partie de l'augmentation des émissions de GES de ces dernières années. Ces autres pays sont aussi et avant tout ceux qui, à l'image des États-Unis, du Canada et de l'Australie, sont les plus grands pollueurs de la planète par habitant.

Il semble bien qu'une partie de l'impasse actuelle provient surtout du fait que chacun des deux clans attend que l'autre agisse le premier, ou du moins fasse les premiers pas. De guerre lasse, il est temps que chacun assume ses responsabilités. Mais, pour se faire entendre, les pays du monde occidental se doivent, comme ils le prônent si bien, de prêcher par l'exemple. Pour cela, ne mettons pas la charrue devant les bœufs et commençons par reconnaître, sans hypocrisie, aux 2,4 milliards de Chinois et d'Indiens le droit à un niveau de vie équivalent au nôtre. Au demeurant, lors de la dernière rencontre des pays du G8 avec les pays en développement, gros émetteurs de GES (G8 + 5), la Chine, L'Inde, le Brésil, l'Afrique du Sud et le Mexique ont reconnu l'urgence de la menace. Partant de là, les pays cités et bien d'autres pourront rejoindre le camp des défenseurs de l'environnement car ces nations millénaires sont capables de comprendre par eux-mêmes que ce sont les changements climatiques qui vont désormais constituer le plus grand frein à leur développement économique et que les coûts de l'adaptation au changement climatique sont moins élevés aujourd'hui qu'ils ne le seront à l'avenir.

4.8. Le Canada et le protocole de Kyoto

Les changements climatiques constituent l'un des principaux enjeux du XXIe siècle et cela s'applique particulièrement au Canada, où le réchauffement climatique serait sensiblement plus important que dans le reste de la planète. D'ailleurs, selon le rapport préliminaire du GIEC sorti en février 2007, la température moyenne dans l'Arctique a augmenté du double de celle de la valeur moyenne enregistrée le siècle passé[29]. L'illustration de ce phénomène peut être résumée *de façon anecdotique*, en ce vendredi 15 décembre 2006 consacré à la rédaction du présent chapitre, nous avons une température record de +12 °C à Montréal, alors que la normale saisonnière est de –12 °C. D'ailleurs, selon Environnement Canada[52], la température moyenne au cours de l'hiver 2005-2006 a été de 3,9 °C au-dessus de la moyenne, alors que les cinq années les plus chaudes jamais répertoriées l'ont été durant cette dernière décennie.

Déjà pour le siècle passé, avec la température moyenne de la planète qui a augmenté de 0,6 °C, le Canada a eu droit à un «bonus» que certains évaluent à 0,3 °C. Maintenant que les scientifiques prévoient une augmentation de 1,4 °C à 5,6 °C à l'horizon 2100, il est de nouveau loin d'être exclu qu'au Canada ce réchauffement puisse être accentué.

En ratifiant le protocole de Kyoto, le Canada s'est engagé à réduire de 6% ses émissions de gaz à effet de serre (GES) par rapport à leur niveau de 1990, et ce, d'ici 2008-2012. Or, l'environnement est un champ de compétence qui pose problème pour le gouvernement fédéral car, en vertu de la Constitution canadienne, les provinces ont juridiction sur les ressources naturelles, mais partagent avec le gouvernement fédéral la compétence relative à l'environnement. C'est le gouvernement fédéral qui négocie des obligations internationales qui devraient être mises en application par les gouvernements provinciaux et territoriaux, surtout que les tribunaux ont déjà statué que la mise en œuvre d'un accord devrait se faire en respectant les champs de compétence des deux paliers de gouvernement.

C'est ainsi que le Manitoba et le Québec ont été les deux seules provinces qui ont milité en faveur d'une ratification immédiate du protocole, tandis que l'Alberta est celle qui s'y est opposée fermement. Pour les autres provinces, elles ont surtout fait part de leurs inquiétudes concernant les impacts sur la croissance économique et la compétitivité des entreprises canadiennes par rapport à leurs homologues étasuniens qui n'auraient pas des obligations de réduction des émissions de GES. Aussi, les provinces se sont longtemps interrogées sur la répartition respective des objectifs de réduction de GES.

Il faut dire que l'effort à fournir ne sera pas le même pour tout le monde. L'Alberta, avec seulement 10% de la population mais une très forte industrie pétrolière et gazière, est la province qui produit le plus d'émissions de GES, soit plus du tiers de toutes les émissions canadiennes. Elle est suivie de l'Ontario, avec 28%, et du Québec, avec 12,5%.

Le mardi 10 décembre 2002, la Chambre des communes a adopté par 195 voix contre 77 la ratification du protocole de Kyoto par le Canada. Tous les députés libéraux alors au pouvoir, de même que ceux du Bloc québécois et du Nouveau Parti démocratique, ont appuyé la motion. L'Alliance canadienne et le Parti conservateur, fusionnés depuis lors et actuellement au pouvoir depuis janvier 2006, ont voté contre. Il faut dire que ce vote était essentiellement symbolique puisque le gouvernement de l'époque pouvait procéder à la ratification par simple arrêté ministériel. Toutefois, le premier ministre d'alors a préféré qu'un vote se tienne, de façon à donner une plus grande légitimité au processus de ratification, d'une part, et à en tirer des dividendes politiques, d'autre part.

Le Canada est ainsi devenu le 99e pays à avoir ratifié le traité sur la réduction des gaz à effet de serre. Mais sa ratification n'a pas assuré son entrée en vigueur, puisque pour devenir effectif, le protocole de Kyoto doit avoir été ratifié par au moins 55 pays, dont les émissions combinées représentent 55 % du total des émissions de 1990, ce qui ne fut atteint que le 16 février 2005, avec la ratification de la Russie.

Au Canada, près de 60 % de l'électricité produite est propre et renouvelable car d'origine hydraulique. Néanmoins, malgré cet atout indéniable et avec seulement 0,5 % de la population mondiale, le pays contribue pour 2 % des émissions mondiales de CO_2, soit près de 20 tonnes par habitant. Qui plus est, par rapport à l'année de référence, ces émissions ont augmenté de 26 %, passant de 599 Mt équivalent CO_2 en 1990 à 758 Mt en 2004 et autant en 2005.

Ainsi, sur des émissions globales de 758 Mt de GES en 2004, les secteurs les plus en cause sont la production d'électricité (plus de 120 Mt), la production du gaz naturel (110 Mt), l'essence et le mazout (plus de 200 Mt) et les industries à forte consommation d'énergie (pâtes et papier, la sidérurgie, la fonderie, la métallurgie, la chimie...).

En 1990, les émissions canadiennes de GES atteignaient 599 Mt. Pour se conformer à son engagement pris à Kyoto de réduction de 6 %, ces émissions devaient, à l'horizon 2008-2012, baisser à 560 Mt. Or, en 2004 déjà, ces émissions ont atteint 758 Mt. Ainsi, le fossé entre les émissions de GES au Canada et l'engagement pris à Kyoto se situe déjà à environ 180 millions de tonnes ; on anticipe que ce fossé devrait être de l'ordre de 250 à 270 Mt d'ici l'an 2010 (figure 76).

Le gouvernement fédéral soutient que la hausse des émissions est attribuable, essentiellement, à la forte croissance économique de ces dernières années, alors que le Canada est le seul pays occidental à avoir un secteur pétrolier et gazier en pleine expansion. De plus, argue-t-il, le Canada n'est pas le seul à traîner de la patte puisque d'autres pays, notamment l'Espagne (+53 %), le Portugal (+43 %) et le Japon (+6,9 %), sont très loin d'atteindre leur cible de réduction par rapport aux engagements pris à Kyoto.

A priori, ce constat est correct, mais il ne peut pas servir d'alibi. Ce n'est certainement pas en cherchant des élèves aussi mauvais que soi que l'on peut se valoriser et faire avancer sa cause. D'ailleurs, comme l'a montré l'analyse du chapitre sur l'électricité, l'Espagne et le Danemark sont en train d'accomplir des *miracles* dans le domaine de l'énergie éolienne, comme le Japon avec l'énergie solaire. Et puis, pourquoi ne pas se comparer aux meilleurs de la classe, tels que l'Allemagne qui a réduit ses émissions de −18,4 %, le Royaume Uni de −14,8 %, la Suède de plus de −7 % et bien d'autres qui sont en train de dépasser leurs cibles de réduction par rapport aux engagements pris à Kyoto ?

FIGURE 76

Le fossé canadien par rapport à Kyoto

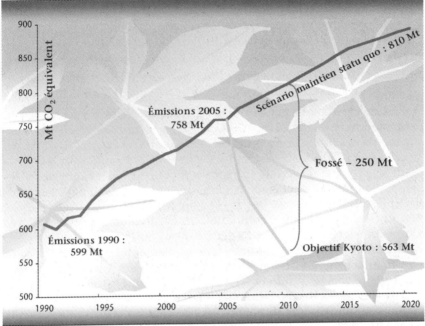

Source : © Benhaddadi.

Le problème fondamental du Canada, qui a signé le protocole de Kyoto en 1997 et l'a ratifié en 2002, c'est qu'il a longtemps dormi sur ses lauriers, ne sachant pas trop par quoi commencer. Si, dans l'ensemble, les pays de l'Union européenne sont en train d'atteindre leur objectif, c'est aussi parce qu'ils ont élaboré un plan concret d'actions, et ce, bien avant la ratification du protocole. Au Canada, par contre, on a longtemps tergiversé, ne sachant pas au départ sur quel pied danser, surtout avec la défection des États-Unis. De plus, le premier plan de réduction des émissions de GES, le *plan d'action 2000*, tout comme celui qui lui succéda l'année de la ratification, le *Plan du Canada sur les changements climatiques de 2002*, était basé sur des actions volontaires et insuffisamment orienté vers l'atteinte de résultats.

D'ailleurs, les détracteurs du protocole de Kyoto, avec au premier rang les lobbies pétroliers, ont longtemps fait croire que son application induirait une chute des revenus fiscaux, en plus de la perte de dizaines de milliers d'emplois. Pourtant, contrairement aux prévisions catastrophiques de ces groupes de pression et bien avant la ratification du protocole de Kyoto, le Pembina Institute [48] a publié un rapport mettant en évidence que relever le défi des changements climatiques est non seulement un impératif écologique, mais peut être un débouché économique. Les principaux arguments de ce rapport sont[48] les suivants :

- une stratégie de réduction de GES inciterait les entreprises à devenir plus efficaces et donc plus compétitives sur le marché, ce qu'illustre bien l'exemple de British Petroleum;
- le gouvernement peut développer, par mesure d'équité, des politiques flexibles qui mettraient sur un pied d'égalité les entreprises;
- des occasions d'affaires importantes sont créées par le processus de Kyoto, alors que les marchés financiers récompenseront les chefs de file de l'environnement.

Le Canada a commencé à investir dans la lutte contre les changements climatiques avec le *Plan d'action 2000*, le *Plan du Canada sur les changements climatiques de 2002* et le *Plan sur les changements climatiques de 2005*. Le *Plan d'action 2000* a instauré tout un éventail de programmes et d'actions visant les petites et moyennes entreprises, les transports, les immeubles, les énergies renouvelables et combustibles fossiles moins polluants, l'agriculture et l'exploitation forestière; quant à lui, le *Plan du Canada sur les changements climatiques de 2002* comportait un éventail de nouvelles mesures pour réduire les émissions de GES de 55 à 60 Mt. Le *Plan sur les changements climatiques de 2005* a franchi une étape fondamentale en dotant le Plan d'un financement de près de 10 milliards de dollars. Ce dernier plan se veut orienté vers les résultats avec des mesures innovatrices axées sur le marché, des approches diversifiées du financement et de la réglementation; au gré des évaluations et de l'apprentissage continu, de la souplesse dans la répartition du financement est prévue.

Pour ce qui est du secteur énergie, il fait partie des grands émetteurs finaux GEF (secteurs du pétrole, gaz, électricité thermique, mines et fabrication), responsables de près de la moitié de l'ensemble des émissions du pays. Dans le *Plan du Canada sur les changements climatiques de 2002*, le gouvernement fédéral proposait pour 2010 de réduire les émissions de ce secteur névralgique de 55 Mt par rapport au scénario ne tenant pas compte du protocole de Kyoto et connu sous l'expression anglaise «*business as usual*» et communément traduit par «maintien du statu quo» ou MSQ. L'effort exigé de ces GEF représentait une réduction de 15% pour ce secteur et les entreprises qui dépasseraient les permis alloués gratuitement pourraient acquérir des permis supplémentaires au prix maximal garanti de 15 $ la tonne pour toute la période de conformité 2008-2012. Notons tout de même que les cours actuels sont nettement inférieurs à 15 $ la tonne mais peuvent évoluer énormément car le marché est naissant et nul ne peut prédire ce qu'il sera après 2012. Par ailleurs, si ce secteur des GEF avait à assumer une réduction proportionnelle à sa pollution relative, ce sont 125 à 135 Mt de GES qu'il aurait dû cesser d'émettre.

Ce plan à l'intention des GEF a commencé à produire ses premiers ratés avant même sa réelle mise en application, puisqu'on s'est «vite» rendu compte que la réduction des émissions allait occasionner un problème de compétitivité dans certains secteurs clés, en particulier ceux qui produisent des émissions liées aux procédés fixes et non à l'utilisation de combustibles. L'intense lobbying déployé par l'industrie du pétrole et du gaz, conjugué à l'arrivée d'une nouvelle direction politique au pays, avec un changement de premier ministre au sein de la même famille politique a eu pour effet une réduction de la cible globale attribué aux GEF, désormais ramenée à 36 Mt au lieu de 55 Mt initialement prévu. En fait, cette nouvelle cible représente la moitié de l'augmentation des émissions du seul secteur de la production de pétrole et de gaz, dont les émissions devraient augmenter de 72 Mt sur la période 1990-2010. Ce recul a eu pour effet de déclencher, avec raison, un tollé, et pas seulement au sein des associations de défense de l'environnement. Il faut dire qu'avec le baril de pétrole qui valait alors 60 $US/b et, surtout, avec les réductions substantielles auxquelles British Petroleum était parvenu en un temps record, on peut penser que l'argent du contribuable aurait pu servir autrement.

Comprenons-nous bien : il ne s'agit pas ici de créer des embûches au développement des sables bitumineux albertains qui procurent au Canada une aisance financière sans précédent, ou de clamer que c'est à la province de l'Alberta d'assumer intégralement le fardeau de la pollution qu'elle occasionne, mais de rappeler qu'il y a un principe universellement admis, celui du pollueur-payeur, qui ne peut être totalement évacué de la politique de lutte contre les émissions de GES. De plus, en l'an 7 du nouveau millénaire, il est normal que des garde-fous encadrent toute exploitation de ressources naturelles, même s'il s'agit de sables bitumineux. Autrement, l'expression « *business as usual* » perdrait son sens, ou du moins elle ne pourrait être traduite par « maintien du statu quo ».

Le dernier *Plan sur les changements climatiques de 2005* n'a pas été mis en application que, dès janvier 2006, une nouvelle formation politique est arrivée au pouvoir. Cette nouvelle direction n'accorde crédit à la science sur les changements climatiques que du bout des lèvres, surtout qu'elle était initialement tentée de rejoindre les pays de « l'axe du mal » écologique, symbolisé par les deux délinquants que sont les États-Unis et l'Australie. Après bientôt deux ans au pouvoir et malgré quelques timides progrès, ce gouvernement n'a pas encore évacué totalement son scepticisme initial à l'égard des changements climatiques et le moins que l'on puisse dire, c'est que les réalisations concrètes, sous sa gouvernance, sont minces. Fonctionnant en vase clos, et après de longues tergiversations, ce gouvernement n'a rien trouvé de mieux que de recycler des programmes de l'ancien gouvernement qu'il n'avait pourtant cessé de décrier sous prétexte de gaspillage de fonds publics. À l'international, épousant les thèses étasuniennes, ce gouvernement met la charette devant les bœufs en exigeant des objectifs chiffrés de réduction des émissions de GES pour les pays en transition économique, comme la Chine et l'Inde.

Pour l'instant, il ne fait aucun doute que le Canada jouit encore d'une bonne image de marque. Tout au long de ces trois dernières décennies, la coopération internationale en faveur de l'environnement a permis au pays d'acquérir un capital progressiste indéniable au sein d'institutions multilatérales. Malgré quelques fausses notes (vaine tentative d'inclure le nucléaire dans le mécanisme MDP, le dossier des puits de carbone mal géré même si le pays a fini par obtenir gain de cause inutilement), le Canada a joué un rôle de premier plan dans l'adoption de la Convention sur la diversité biologique, la protection de la couche d'ozone, les pluies acides... Il n'est pas inutile de préciser le rôle de leadership particulier qu'a assumé le gouvernement conservateur de l'époque et la contribution canadienne a atteint son apogée avec la signature en 1987 du protocole de Montréal dont le pays fut non seulement l'hôte mais l'initiateur. Plus récemment encore, en 2005, c'est l'ensemble de la planète qui a salué les résultats positifs auxquels est parvenue la rencontre de Montréal qui a pu mettre sur rails les futures négociations internationales post-Kyoto, à l'occasion du CdP$_{11}$. Tout ce capital que le pays a mis plus de trois décennies à bâtir risque malheureusement d'être dilapidé très rapidement, si le gouvernement actuel ne met pas en place de politique pour réduire la pollution à court et moyen terme. En effet, ce gouvernement refuse de mettre en œuvre des règles obligatoires pour réduire les émissions de GES à court terme ; il pratique une politique de fuite en avant en voulant réduire de 20 % les émissions canadiennes de GES à l'horizon 2020, mais en prenant 2006 comme référence au lieu de 1990, soit un trou de 26 %. Cela constitue une façon détournée de rejeter Kyoto et l'après-Kyoto et de rejoindre la position des pays de l'axe du mal écologique.

Toutefois, à terme, ce gouvernement n'aura pas d'autre choix que d'admettre que, loin d'être un *complot socialiste*, les changements climatiques constituent le plus important problème de l'heure, et le réchauffement de l'Arctique, dont les ressources vont devenir accessibles grâce au convoité passage du Nord-Ouest, ne sera pas seulement une bonne occasion d'affaires. À cet effet, le rapport Stern constitue un excellent point de départ pour quantifier les répercussions économiques des changements climatiques. De plus, les conservateurs ont beau dénigrer Kyoto sans avoir encore le courage de le renier, force leur est de reconnaître que les Canadiens en général et les Québécois en particulier veulent se ranger du côté de la prochaine génération, peu importe les gouvernants. En attendant, la Bourse de Montréal se dit prête à accueillir le futur marché canadien de carbone, rêvant même d'un marché nord-américain.

CONCLUSIONS

Tout est parti de la crise californienne. Les auteurs, experts en énergie électrique, ont voulu expliquer l'origine de l'explosion du prix de l'électricité, après la déréglementation dans ce secteur, sachant que cette dernière était censée faire baisser les coûts. De fil en aiguille, ce dilemme s'est avéré être le prélude d'une série d'autres : retour en force du polluant charbon / le prix des hydrocarbures ; sécurité des approvisionnements / tensions géopolitiques ; rejet du nucléaire / nécessité de réduire les émissions de GES ; promotion des énergies renouvelables / besoins futurs ; rapport alarmant du GIEC / lenteur des négociations ; engagements post-Kyoto / réticences des grands pollueurs.

L'énergie en Amérique du Nord

Les Nord-Américains consomment, par habitant, le double des Européens, pour un niveau de vie sensiblement équivalent. Ce niveau de consommation énergétique très élevé, nous dit-on, fait partie du «mode de vie nord-américain», alors que c'est avant tout la conséquence de la disponibilité et de l'accessibilité des ressources énergétiques nationales (bois, charbon, pétrole, gaz, électricité) abondantes, diversifiées et bon marché. Peut-être que la flambée sans précédent des prix de l'ensemble des produits de l'énergie sera l'une des solutions futures au problème de surconsommation énergétique et finira par induire de véritables plans d'économie de cette énergie.

Charbon

L'une des conséquences de la revalorisation de l'ensemble des produits énergétiques depuis le début de ce millénaire est le retour en force du recours massif au charbon. De plus, à long terme, l'usage du charbon apparaît comme le recours le plus envisagé pour la satisfaction des besoins énergétiques difficile à réaliser autrement, surtout avec l'épuisement des réserves ultimes de pétrole et de gaz. Cet accroissement de la part relative du charbon devrait soulever davantage d'inquiétude à cause de son niveau relatif de pollution, de 2 à 2,5 fois plus élevée que le gaz. Par ailleurs, les recherches sur le «charbon propre» suscitent un intérêt particulier mais, malgré les progrès intéressants dans la capture du CO_2, on ne prévoit pas de percée majeure dans sa séquestration pour la décennie en cours, eu égard aux coûts élevés et à certaines incertitudes qui continuent à planer.

Pétrole

Depuis cinq ans, les cours pétroliers ne cessent de grimper, ce qui s'explique essentiellement par la forte demande et les tensions géopolitiques. Or, les projections pour 2030 montrent que la production mondiale de pétrole atteindra 115 Mb/j dont l'OPEP assurera plus de 60%, contre moins de 40% actuellement, ce qui pourrait exacerber les tensions actuelles. De prime abord, la raréfaction du pétrole est très improbable avant cette échéance-là, car le ratio réserves/production est de plus de 40 ans. Par contre, après 2030, la baisse des réserves de pétrole peut devenir préoccupante surtout eu égard à certains «ajustements comptables» avérés. De toute évidence, le pétrole lourd, la liquéfaction du charbon et le recours aux schistes bitumeux seront alors d'un grand secours. Néanmoins, les lois environnementales et la nécessité de réduire les émissions de gaz à effet de serre conduiront inévitablement à limiter l'utilisation de ces différents pétroles non conventionnels, à moins que les nouvelles techniques de capture et de séquestration du CO_2 ne tiennent toutes leurs promesses.

Gaz

L'émergence du gaz a commencé avec les deux chocs pétroliers et sa croissance devrait se poursuivre au moins dans les deux prochaines décennies, entraînée par la ruée vers le gaz pour la production d'électricité. Le marché est encore continental mais tend à se mondialiser, surtout avec la floraison de terminaux méthaniers qui acheminent du gaz naturel liquéfié (GNL) aux quatre coins de la planète. Même si les réserves mondiales de gaz sont estimées à 70 ans, son prix a connu une très forte hausse au cours de cette dernière décennie. Par ailleurs, il est établi que les prix du gaz et du pétrole sont corrélés et la parité actuelle est de l'ordre de 1 à 10, alors que du point de vue équivalent thermique, elle devrait être de l'ordre de 1 à 6. Cette parité pourrait s'ajuster d'elle-même, surtout que la concurrence entre les deux combustibles serait, à l'avenir, encore plus vive avec l'émergence de l'atout environnemental du gaz.

Électricité

Ce secteur a connu cette dernière décennie une profonde restructuration de son organisation, jusqu'alors basée sur des sociétés verticalement intégrées. La leçon à retenir du crash californien qui a découlé de cette restructuration est que la conception de nouvelles règles de marché doit être accompagnée de mesures d'encadrement, ce qui, pour les autres pays, a servi de rempart contre la précipitation dans les prises de décision.

Pour produire cette électricité, on continue à recourir massivement au charbon, dont la part dans le marché de l'électricité, aujourd'hui comme il y a 30 ans, est de 40 %. L'autre fait notable est la continuité de la ruée vers le gaz dont la plus grande partie de la nouvelle production provient de turbines à gaz à cycle combiné. Quant au développement de l'énergie nucléaire, il connaît un tassement et sa part relative de marché commence à baisser ; elle baissera encore sensiblement à l'avenir, si cette filière n'est pas relancée à moyen terme. Parmi les énergies renouvelables, l'hydroélectricité tient encore le haut du pavé et il reste toujours un important potentiel hydroélectrique à développer. Mais, depuis deux décennies, c'est surtout l'énergie éolienne qui connaît la plus forte croissance dans le monde, de l'ordre de 25 à 30 % ! D'ambitieux programmes de développement de la filière éolienne ont été lancés dans tous les pays développés, avec en tête l'Allemagne et de l'Espagne. D'ici 2020, l'énergie éolienne pourrait produire plus de 3 000 TWh, soit 12 % de la demande d'électricité mondiale. Faute de percée dans les matériaux, l'énergie solaire n'a pas encore connu l'essor de l'éolien. Néanmoins, le marché est en pleine croissance, de l'ordre de 25 %, et des programmes incitatifs initiés en Allemagne et au Japon lui ont permis d'atteindre des puissances de plus en plus significatives. Parmi les autres énergies renouvelables, les biocarburants et le géothermique commencent aussi à émerger comme une option à considérer de plus en plus.

L'énergie à l'horizon 2030

De prime abord, il semble impossible de « couler dans le béton » les projections des futures perspectives énergétiques mondiales, tant on ne prévoir les conséquences d'éventuelles politiques volontaristes, tout comme celles d'une possible percée technologique à long terme. Néanmoins, on prévoit que la consommation mondiale d'énergie devrait croître de plus de 50 % dans un quart de siècle par rapport à son niveau actuel. Pour répondre à ces nouveaux besoins, les combustibles fossiles (pétrole, charbon et gaz), qui représentent actuellement 85 % de la consommation mondiale d'énergie, continueront à se tailler la part du lion puisque leur part serait minimalement de 80 %. Les réserves de pétrole dans le monde sont encore suffisantes pour satisfaire la demande prévue pour les trois prochaines décennies, mais la baisse peut devenir préoccupante après 2030, les premières prémisses sur le prix se manifestent déjà aujourd'hui. Avec un décalage de l'ordre de 20 ans, c'est la même situation qui se produira pour le gaz naturel. Selon toute vraisemblance, la consommation de charbon doublera à l'horizon 2030, et ce, à condition que l'humanité accepte de payer le prix : un risque de dommage irréversible à l'environnement plus élevé que raisonnablement admissible. Cependant, on ne peut passer sous silence les récents progrès dans l'obtention d'un charbon propre. La place de l'énergie nucléaire dans l'avenir dépendra pour beaucoup des performances technico-économiques des réacteurs de la nouvelle génération et, surtout, des choix stratégiques que seront amenés à faire différents pays. Quant aux énergies renouvelables (éolien, solaire, géothermique...), l'impact réel des immenses progrès réalisés demeure modeste, de sorte que ces énergies ne pourront notablement se substituer aux énergies fossiles avant 2030.

Canada

En janvier 2006, une nouvelle formation politique est arrivée au pouvoir. Ce gouvernement ne donne crédit à la science sur les changements climatiques que du bout des lèvres et, de ce fait, est tenté de rejoindre les pays de «l'axe du mal écologique», représenté par les deux délinquants en puissance que sont les États-Unis et l'Australie. Pourtant, le pays jouit encore d'une bonne image de marque car, tout au long de ces trois dernières décennies, la coopération internationale en faveur de l'environnement lui a permis d'acquérir un capital progressiste indéniable. Ainsi, malgré quelques fausses notes, le Canada a joué un rôle de premier plan dans l'adoption de la Convention sur la diversité biologique, la protection de la couche d'ozone, les pluies acides et, plus récemment, la mise sur rails des négociations post-Kyoto, à l'occasion du CdP_{11}. Tout ce capital que le pays a mis des décennies à bâtir risque d'être dilapidé, si le gouvernement actuel met en pratique sa volonté manifeste de ne pas honorer l'engagement canadien pris à Kyoto. Toutefois, à terme, ce gouvernement n'aura pas d'autre choix que d'admettre que, loin d'être un *complot socialiste*, les changements climatiques constituent le problème de l'heure et que le réchauffement de l'Arctique, dont les ressources vont devenir accessibles grâce au convoité passage du Nord-Ouest, ne sera pas seulement une bonne occasion d'affaires. Outre de se donner bonne presse en renforçant la capacité d'afficher une présence substantielle dans les eaux convoitées de l'Arctique, ce gouvernement doit se rendre à l'évidence que les Canadiens en général et les Québécois en particulier veulent se ranger du côté de la prochaine génération, peu importe les gouvernants. En attendant, la Bourse de Montréal est prête à accueillir le marché canadien de carbone, rêvant même d'un marché nord-américain.

Post-Kyoto et réduction de la pollution

L'augmentation des émissions de gaz à effet de serre (GES) constitue, indéniablement, un des problèmes les plus importants de ce nouveau siècle et les politiques énergétiques doivent impérativement tenir compte de ce nouveau paramètre. Même si les scientifiques ne connaissent pas de façon précise le niveau de concentration de GES qui peut empêcher toute perturbation dangereuse du système climatique, ils sont particulièrement préoccupés par la vitesse à laquelle les changements climatiques se produisent. D'où l'urgence de mesures dès maintenant car la rupture de l'équilibre écologique induirait des dommages irréversibles. Déjà dans son quatrième rapport préliminaire, le GIEC est, pour la première fois, sans équivoque quant au réchauffement climatique, d'une part, et confirme avec plus de certitude que jamais l'impact de l'activité humaine sur ces changements, d'autre part.

Il était prévu que le protocole de Kyoto serait suivi d'autres engagements contraignants de réduction du niveau des émissions de GES. Justement, l'un des objectifs assignés aux deux précédentes rencontres des Nations Unies sur les changements climatiques (CdP$_{11}$ à Montréal en 2005 et CdP$_{12}$ à Nairobi en 2006) est de persuader les États-Unis et les pays à économie émergente (Chine, Inde, Brésil...) de souscrire aussi au principe des engagements contraignants de réduction des émissions de GES, alors que jusqu'ici, ces derniers ont plutôt tendance à considérer que la lutte contre l'effet de serre est une entrave à leur développement. Il faut dire que depuis la destruction de La Nouvelle-Orléans par l'ouragan Katrina, les Étasuniens se rendent compte que l'imposante puissance de leur pays ne peut rivaliser avec celle de la nature. Cette prise de conscience des communautés locales est déjà utilisée à bon escient par certaines villes et plusieurs États qui, à l'image de la Californie, commencent à imposer des mesures plus qu'appréciables de réduction de la pollution. Quant aux pays à économie émergente (Chine, Inde...), ils seront capables de comprendre par eux-mêmes que c'est le changement climatique qui va désormais constituer l'obstacle majeur à leur développement économique. Mais, pour se faire entendre, les pays du monde occidental se doivent, comme ils le prônent si bien, de prêcher par l'exemple.

Enfin, le moins que l'on puisse dire, c'est que les dilemmes que posent l'énergie et l'environnement à l'humanité sont de taille. Cependant, l'histoire de l'humanité enseigne que c'est également en situation critique que la société réalise les avancées technologiques les plus importantes. Aujourd'hui, on se trouve vraisemblablement à l'orée de ce type de situation!

ANNEXE

FACTEURS
DE CONVERSION
EN ÉNERGIE

Tableau A1

Facteurs de conversion de l'énergie

Équivalence	GJ	Tep	MBtu	kWh	m^3 gaz	Baril de pétrole
1 GJ	1	0,024	0,95	278	23,89	0,175
1 tep	41,85	1	39,68	11 630	1 000	7,33
1 MBtu	1,05	0,025	1	293,1	25,2	0,185
1 kWh	0,0036	$0,086 \cdot 10^{-3}$	$3,4 \cdot 10^{-3}$	1	0,086	$630 \cdot 10^{-6}$
1 m^3 gaz	0,042	10^{-3}	0,04	11,63	1	$7,33 \cdot 10^{-3}$
1 baril de pétrole	5,7	0,136	5,4	1580	136,4	1

Tableau A2

Facteurs de conversion de volumes

Équivalence	Gal	Baril	pi^3	l	m^3
1 gallon US (gal)	1	0,024	0,134	3,785	0,0038
1 baril (b)	42	1	5,615	159	0,159
1 pied cube (pi^3)	7,48	0,178	1	28,3	0,0283
1 litre (l)	0,264	0,0063	0,0353	1	0,001
1 mètre cube (m^3)	264	6,289	35,315	1 000	1

Tableau A3

Facteurs de conversion de masses

Équivalence	Kg	t	tc	lb
1 kilogramme (kg)	1	0,001	$0,98 \cdot 10^{-3}$	2,2
1 tonne (t)	1 000	1	1,1	2 204,6
1 tonne courte (tc)	907,2	0,893	1	2 000
1 livre (lb)	0,454	$45,4 \cdot 10^{-3}$	$50 \cdot 10^{-3}$	1

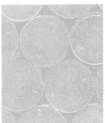

BIBLIOGRAPHIE

[1]   Energy Information Administration, *Official Energy Statistics from the US Government*, DOE/EIA, <www.eia.doe.gov>.

[2]   Agence internationale de l'énergie, OECD/IEA, <oecd.org/>.

[3]   British Petroleum (2007). *Statistical Review of World Energy*.

[4]   Enerdata (2007). *La demande énergétique en 2006*.

[5]   ExxonMobil (2006). *The Outlook for Energy: A View to 2030*.

[6]   International Energy Agency (2006). *Key World Energy Statistics*.

[7]   International Energy Agency (OECD/IEA) (2006). *World Energy Outlook 2006*.

[8]   Department of a Trade and Industry (2006). *The Energy Challenge Energy Review Report 2006*.

[9]   International Energy Agency – OECD/IEA (2005). *Manuel sur les statistiques de l'énergie*.

[10]   Energy Information Administration (2006). *International Energy Outlook 2006*.

[11]   Energy Information Administration (2004). *International Energy Outlook 2004*.

[12]   Energy Information Administration (2006). *Annual Energy Outlook 2006 with projections to 2030*, février.

[13]   Asian Development Bank, <www.adb.org>.

[14]   A.H. Cordesman et A.A. Burke (2005). *The Changing Balance of US and Global Dependence on Middle Eastern Energy Exports*, Center for Strategic and International Studies.

[15]   F. Verrastro (2006). *Comments and Observations on the Topic of US Energy Independence*, Center for Strategic and International Studies.

[16]   B. Château (2006). *La demande énergétique en 2005 : poussée confirmée des consommations énergétiques malgré l'envolée des prix*, Enerdata.

[17]   Coal Industry Advisory Board International Energy Agency – OECD/IEA (2006). *Case Studies in Sustainable Development in the Coal Industry.*

[18]   World Oil Markets (2006). *International Energy Outlook,* <www.eia.doe.gov/oiaf/ieo/index.htm>.

[19]   Direction générale de l'énergie et des matières premières – Direction des ressources énergétiques (2005). *L'industrie pétrolière en 2004,* <www.industrie.gouv.fr/energie>.

[20]   J. Laherrère (2005). *Prévisions de production des combustibles fossiles et conséquences sur l'économie et le climat,* Séminaire d'analyse économique du ministère de l'Équipement, des Transports, de l'Aménagement du territoire, du Tourisme et de la Mer.

[21]   A. McKillop (2003). «Why We Need $60/barrel oil», *Arab Oil & Gas Magazine,* vol. XXX, septembre.

[22]   The Institute for the Analysis of a Global Security (2006). *China's Oil Rush in Africa.*

[23]   International Energy Agency – OECD/IEA (2006). *Medium-term Oil Market Report.*

[24]   K. Smith (2006). *How Dependent Should We Be on Russian Oil and Gas?,* Center for Strategic and International Studies.

[25]   G. Luft (2006). *The Oil Crisis and Its Impact on the Air Cargo Industry,* Center for Strategic and International Studies.

[26]   G. Luft (2005). *Oil Puts Iran Out of Reach,* août, <www.baltimoresun.com>.

[27]   Center for Strategic and International Studies (2004). *New Study Raises Doubts about Saudi Oil Reserves.*

[28]   A.H. Codesman (2005). *Saudi Arabia: Friend or Foe in the War on Terror,* Center for Strategic and International Studies.

[29]   Intergovernmental Panel on Climate Change (2007). *Climate Change 2007: The Physical Science Basis.* Summary for Policymakers, Paris, février.

[30]   Organisation mondiale de la santé (2006). *Lignes directrices OMS relatives à la qualité de l'air: particules, ozone, dioxyde d'azote, dioxyde de soufre. Synthèse de l'évaluation des risques.*

[31]   International Energy Agency (2005). *Reducing Greenhouse Gas Emissions. The Potential of Coal.*

[32]   International Energy Agency (2005). *Energy to 2050. Scenarios for a Sustainable Future.*

[33]   International Energy Agency (2003). *Power Generation Investment in Electricity.*

[34]   International Energy Agency (2001). *Regulatory Institutions in Liberalised Electricity Markets.*

[35]   Sandia National Laboratories (2004). *Guidance on Risk Analysis and Safety Implications of a Large Liquefied Natural Gas (LNG) Spill Over Water.*

[36]   «Quand l'Algérie faisait découvrir au monde le GNL», *Revue Énergie et Mines,* n° 3, novembre 2004.

[37]   V. Issaev (2006). «Gazprom et le marché gazier européen», *Revue Medenergie,* n° 20, juillet.

[38]   National Council for Science and the Environment (2001). *Natural Gas Prices: Overview of Market Factors and Policy Options,* <www.ncseonline.org/NLE/CRS/>.

[39]   Natural Gas Exchange <www.ngx.com/>.

[40]   International Atomic Energy Agency (2007). *Annual 2006 Report.*

[41]   Statistique Canada (2006). *L'activité humaine et l'environnement: statistiques annuelles.*

[42]   Office national de l'énergie (2005). *Les sables bitumineux du Canada: perspectives et défis jusqu'en 2015,* juin.

[43]   Office national de l'énergie (2005). *Utilisation du gaz naturel pour la production d'électricité: enjeux et conséquences,* juin.

[44]   Office national de l'énergie (2005). *Le potentiel ultime des ressources en gaz naturel classique de l'Alberta,* mars.

[45] Office national de l'énergie (2006). *Technologies émergentes en production d'électricité,* mars.

[46] Office national de l'énergie (2005). *Perspectives à court terme du gaz naturel et des liquides de gaz naturel jusqu'en 2006,* octobre.

[47] Ressources naturelles Canada (2006). *Guide de données sur la consommation d'énergie, 1990 et 1998 à 2004,* août.

[48] Pembina Institute <www.pembina.org>.

[49] Groupe de travail sur l'énergie, Groupe d'experts sur les échanges et les interconnexions de gaz naturel (2005). *Vision du marché nord-américain du gaz naturel.*

[50] Gouvernement du Canada (2001). *2001 Troisième rapport national du Canada sur les changements climatiques.*

[51] Commission canadienne de sûreté nucléaire (CCSN) (2003). « Le nucléaire au Canada », *Bulletin électronique de l'association nucléaire canadienne,* vol. IV, n° 4.

[52] Environnement Canada <www.ec.gc.ca/>.

[53] Office national de l'électricité – ONE (2003). *L'avenir énergétique au Canada : scénarios sur l'offre et la demande jusqu'à 2005.*

[54] Office national de l'électricité – ONE (2003). *Le secteur de l'électricité au Canada. Exportations et importations.*

[55] Ressources naturelles Canada – RNC (2004). *Faits importants sur les ressources naturelles au Canada,* <www.nrcan.gc.ca/statistiques/>.

[56] Gouvernement du Canada (2005). *Aller de l'avant pour contrer les changements climatiques. Un plan pour honorer notre engagement de Kyoto,* <www.changementsclimatiques. gc.ca>.

[57] Ressources naturelles Canada – RNC (2005). *Le gouvernement du Canada stimule la recherche sur le stockage et la surveillance de CO_2,* <www.nrcan.gc.ca>.

[58] Environnement Canada (2004). *Inventaire canadien des gaz à effet de serre. Faits saillants 1990-2002,* octobre.

[59] Ressources naturelles Canada – RNC (2006). *Évolution de l'efficacité énergétique au Canada, 1990 à 2004,* août.

[60] Ressources naturelles Canada <www.nrcan.gc.ca>.

[61] Environnement Canada (2003). *Analyse de la répartition de l'électricité au Canada. Rapport final,* <www.ec.gc.ca/pdb/ghg/Electric2003/Final_Results_Aug13_f.pdf>.

[62] A. Tremblay, L. Varfalvy, C. Roehm et M. Garneau (2005). *Greenhouse Gas Emissions – Fluxes and Processes,* Springer.

[63] Office national de l'énergie – ONE <www.neb-one.gc.ca>.

[64] A. Ayoub (1997). « Service public et secteur de l'énergie : problématique, enjeux et politiques », *Revue de l'énergie,* n° 486, p.177-281.

[65] US-China Economic and Security Review Commission, *2007 Report to Congress* <www. uscc.gov>.

[66] Régie de l'énergie sur la sécurité énergétique des Québécois (2004). *Avis de la Régie de l'énergie sur la sécurité énergétique des Québécois à l'égard des approvisionnements électriques et la contribution du projet de Suroît,* juin.

[67] Commission parlementaire sur les transports et l'environnement (2003). *Contexte, enjeux et orientations sur la mise en œuvre du protocole de Kyoto au Québec.* Document de référence aux fins des audiences générales de la Commission parlementaire sur les transports et l'environnement.

[68] Le secteur énergétique au Québec (2004). *Contexte, enjeux et questionnements,* Ministère des Ressources naturelles, de la Faune et des Parcs, Québec.

[69] M. Benhaddadi et G. Olivier (2007). *Energy Savings by Means of Generalization Adjustable Speed Drive Utilization,* IEEE Canadian Conference on Electrical and Computer Engineering, CCECE, Vancouver, British Columbia, Canada.

[70]   M. Benhaddadi et G. Olivier (2006). *Energy Production and GHG Emissions: Analysis of the Canadian Dilemma,* IEEE International Symposium on Power Electronics, Electrical Drives, Automation and Motion SPPEDAM, Taormina, Italie, 23-26 mai.

[71]   M. Benhaddadi et G. Olivier (2004). *Kyoto, Canada, Québec et... Suroît,* Mémoire déposé et présenté à la Régie de l'énergie lors des audiences sur l'avis sur la sécurité énergétique des Québécois à l'égard des approvisionnements électriques et la contribution du projet du Suroît, Montréal, Canada, <www.regie-energie.qc.ca/audiences/3526-04/>.

[72]   M. Benhaddadi et G. Olivier (2005). «Conférence de Montréal: les raisons d'être optimiste», *La Presse,* Montréal, 28 novembre, <www.cyberpresse.ca>.

[73]   M. Benhaddadi et G. Olivier (2005). «Prix du pétrole: à l'aube du 3e choc?», *Le Devoir,* Montréal, 16 juillet, <www.ledevoir.ca>.

[74]   M. Benhaddadi et G. Olivier (2005). *Avis sur la distribution d'électricité aux grands consommateurs industriels,* Mémoire déposé à la Régie de l'énergie, Montréal, Canada, <www.regie-energie.qc.ca>.

[75]   M. Benhaddadi et G. Olivier (2005). *Le secteur énergétique au Québec – contexte, enjeux et questionnement,* Mémoire soumis et présenté en Commission parlementaire, Québec, Canada, <www.rbibliotheque.assnat.qc.ca/01/mono/2005/03/804973.pdf>.

[76]   M. Benhaddadi et G. Olivier (2005). *Un immense réservoir d'économie d'énergie: les pompes à vitesse variable,* Communication présentée au LXXIVe Congrès de l'ACFAS, Montréal, Québec, Canada.

[77]   M. Benhaddadi et G. Olivier (2006). *Canada's Kyoto GHG Gap Analysis,* IEEE Canadian Conference on Electrical and Computer Engineering, CCECE 2006, Ottawa, Ontario, Canada.

[78]   M. Benhaddadi et G. Olivier (2005). *Politique énergétique et environnement: le dilemme québécois,* Communication présentée au LXXIIIe Congrès de l'ACFAS, Chicoutimi, Québec, Canada.

[79]   M. Benhaddadi, G. Olivier et G. Roy (2005). «Le thermique a-t-il un avenir au Québec?», *La Revue de l'énergie,* Paris, France, n° 566, juillet-août, p. 259-266.

[80]   M. Benhaddadi et G. Olivier (2004). *Including Kyoto in Electrical Engineering Curriculum,* IEEE Canadian Conference on Electrical and Computer Engineering, CCECE 2004, Niagara Falls, Ontario, Canada.